《广州改革开放四十年》丛书

丛书主编　徐咏虹

广州当代大事纪略

黄小晶　李汉强　冯秋航　主编

广州新华出版发行集团
广州出版社

图书在版编目（CIP）数据

广州当代大事纪略 / 黄小晶，李汉强，冯秋航主编.—广州：广州出版社，2018.12

（《广州改革开放四十年》丛书 / 徐咏虹主编）

ISBN 978-7-5462-2854-9

Ⅰ.①广…　Ⅱ.①黄…　②李…　③冯…　Ⅲ.①城市发展—大事记—广州—1978-2018　Ⅳ.①F299.276.51

中国版本图书馆CIP数据核字（2018）第288255号

书　　名　广州当代大事纪略
　　　　　Guangzhou Dangdai Dashi Jilüe
出版发行　广州出版社
　　　　　（地址：广州市天河区天润路 87 号 9 楼、10 楼　邮政编码：510635
　　　　　网址：www.gzcbs.com.cn）
责任编辑　蚁燕娟
责任校对　蒋美秀　龚莉莎
封面设计　舒　巧
印刷单位　佛山市华禹彩印有限公司
　　　　　（地址：佛山市南海区罗村联和工业区西二区三路 1-1 号　邮政编码：528226）
规　　格　787 毫米 ×1092 毫米　16 开
字　　数　347 千
印　　张　26
版　　次　2018 年 12 月第 1 版
印　　次　2018 年 12 月第 1 次
书　　号　ISBN 978-7-5462-2854-9
定　　价　68.00 元

《广州改革开放四十年》丛书
编委会

《广州当代大事纪略》
编委会

总 序

四十而不惑。置身历史的长河，改革开放自1978年开始，走过了40年的风风雨雨，值得庆祝，值得铭记。

40年改革开放绘就壮美长卷。中国人民自力更生、发愤图强、砥砺前行，依靠自己的辛勤和汗水书写了国家和民族发展的壮丽史诗。对中国而言，这40年不仅是一个时间概念，更是一段非凡历程，正是这40年的发展让中国富了起来，并不断强起来。40年来，我们党团结带领全国各族人民，从"摸着石头过河"到建立社会主义市场经济体制，从由下而上的基层试点改革到自上而下全面深化改革，从打开国门实施开放政策到张开怀抱自信拥抱世界，从积极吸引外资"引进来"到主动到境外投资"走出去"，从加入世界贸易组织到共建"一带一路"，从聚精会神搞国内建设到为世界发展贡献中国方案，成功走出了一条中国特色社会主义发展道路。改革开放使中国走向了世界，正日益走近世界舞台的中央。改革开放的中国实践是21世纪马克思主义在中国焕发出勃勃生机和无限生命力的生动写照。

改革开放不仅深刻改变了中国，也深刻影响了世界。40年的改革开放，不仅发展了中国，也造福了世界和全人类。特别是党的十八大以来，以习近平同志为核心的党中央统筹推进"五

位一体”总体布局，协调推进“四个全面”战略布局，着力提高国家治理体系现代化能力和水平，形成了习近平新时代中国特色社会主义思想，指引着中国坚定前行。面对世界格局的深刻变化，中国坚定笃行经济全球化大道，以大国情怀与担当提出构建人类命运共同体的理念，发出“一带一路”倡议，主动为各国搭乘中国发展“快车”提供便利和条件，改革的决心从未动摇。开放已经成为当代中国的鲜明标识。中国开放的大门不会关闭，只会越开越大！

春江水暖鸭先知。在中国改革开放发展的历史进程中，广州是一座具有特殊重要地位的城市。作为一座因海而生、向海而兴的千年商都和有着2200多年建城史的国家中心城市和国际大都市，广州的历史文化脉络、商业发展盛景、改革开放成就在全球城市发展史上独树一帜，占有一席之地。40年来，面临改革大潮，广州人坚持做改革的弄潮儿，有着强烈的历史担当精神。广州坚定传承改革开放的历史基因，大力发扬敢为人先、敢闯敢试的精神，以“杀出一条血路”的胆识与魄力，在诸多领域开创了可资全国借鉴的先行经验，从改革开放初期率先进行价格闯关，推进流通体制改革，鼓励非公企业生产发展，到20世纪80年代依托广州开发区建设推动外向型经济发展，再到近年来建设南沙自贸区以点带面构建全面开放新格局，广州的创新探索实践始终走在全国前列，始终引领着改革开放的发展步伐。

一滴水能反映出太阳的光辉，一个城市可以体现一个国家的风貌。进入新时代，全球经济不确定因素增加，国内经济呈现新的发展态势，发展机遇和挑战并存。广州坚持把学懂弄通做

实习近平新时代中国特色社会主义思想作为第一要务，源源不断地从新思想中汲取真理力量和实践智慧，坚定践行新发展理念，积极适应引领经济发展新常态，在不断深化的改革开放实践中破解发展难题，推动经济由高速增长向高质量发展转换，通过扎实推进创新驱动发展战略，培育新的动力源和增长极，保持经济发展“换挡不失速”。40年间，广州经济总量从1978年的43亿元跃升到2017年的21503亿元，人均地区生产总值从1978年不足1000元提升到2017年突破15万元（按平均汇率折算为22317美元），接近发达国家水平。与此同时，广州坚持以先进制造业为产业主攻方向，高标准高起点高质量谋划产业结构优化升级，构建起以IAB（新一代信息技术、人工智能、生物科技）、NEM（新能源、新材料）为主导的现代产业体系，将改善政治生态环境、提升城市环境与优化营商环境有机结合、同步推进，推动全球最高端资源要素向广州集聚，持续优化的经济结构和开放的发展环境为广州未来积极健康稳定发展奠定了良好的基础，为新时代广州改革开放发展积蓄了强大势能，创造了巨大空间。广州这座老城市，越来越充满新活力。

惟改革者进，惟创新者强，惟改革创新者胜。站在新时代新起点上，我们始终谨记：改革开放是决定当代中国命运的关键一招，也是决定实现“两个一百年”奋斗目标、实现中华民族伟大复兴的关键一招。正是在这个意义上，隆重庆祝改革开放40周年，更具有重大的历史意义和现实意义。当今的世界，你中有我，我中有你，经济全球化大潮浩浩荡荡、不可阻挡。改革开放40年的经验启示我们，中国发展离不开世界，世界发展也需要中国。只要我们保持战略定力，全面深化改革开放，深

化供给侧结构性改革，下大气力解决存在的突出矛盾和问题，中国经济就一定能加快转入高质量发展轨道，中国人民就一定能战胜前进道路上的一切困难挑战，中国就一定能迎来更加光明的发展前景。中国改革开放永不停步！下一个40年的中国，定当有让世界刮目相看的新成就！

党的十八大以来，习近平总书记两次亲临广东考察并发表重要讲话，多次对广东、广州工作作出重要指示批示，对广州发展寄予厚望。面对新征程，广州要保持走在全国前列，最根本的是要继续弘扬改革开放精神，推动思想再解放、改革再深入、工作再落实。为认真学习贯彻习近平总书记重要讲话精神，总结改革开放40年来的经验，乘势而上，在新起点上推动改革开放实现新突破，中共广州市委宣传部策划出版本套丛书，以回溯历史的形式重读历史，不仅是对广州改革开放40年历程经验的一个简单回顾总结，更是为了以问题为导向，深刻认识新形势下改革开放的时代性、体系性、全局性，高举新时代改革开放旗帜，不忘改革开放初心，坚定改革再出发、将改革开放进行到底的决心，凝心聚力，接续奋斗，激励广州在更高起点、更高层次、更高水平上推进改革开放，用新业绩抒写新时代改革开放恢宏的画卷。

祝愿每一位读者都能从品读广州改革开放40年的历史中获取源源不断的奋斗激情和前进动力。

是为序。

丛书编委会

2018年11月10日

前言

改革开放40年来，在中共广州市委、市政府的正确领导下，广州实现了从封闭、半封闭到全方位开放的伟大转折；实现了由计划经济向社会主义市场经济的转轨，建立并逐步完善了社会主义市场经济新体制；实现了由华南地区商业中心城市向国家重要中心城市的蜕变；基本实现了全面建成小康社会目标。

《广州当代大事纪略》以时间为经，事件为纬，展示了1978年12月中共十一届三中全会以来广州改革开放和创新发展的辉煌成就。本书作为《广州改革开放40年丛书》的第六分册，与其他分册的内容互为补充，编织出广州人民敢为人先、勇立潮头、开拓进取的壮丽画卷，实录了南国羊城激荡人心的沧桑巨变。

大事纪略采用纪事本末体，以事件（事物）为主体，撷取了广州市范围内1978年以来40年发展历程中的节点性、标志性大事，重点记载中共广州市委、市政府的一系列重大决策；广州运用中央赋予的特殊政策、灵活措施，大胆实践探索、不断开拓创新在改革开放中先行一步的重要举措；以及广州市各区（县级市）各条战线改革开放中的一些典型事例。大事纪略条目的入选标准为：政治、经济、文化、社会、生态等领域突破

旧的体制机制束缚，推进创新和开放发展的大事；对推动全国改革开放发展进程有引领作用的大事；对提升广州全球城市影响力有重要作用的大事；对推动全球科技革命有重大影响的大事；促进广州城市面貌发生根本性改变的重大建设成就。每年大事条目从实际出发，因事设目，不拘泥于数量。条目编写力求要素齐全、简明扼要，以时间、地点、人物（单位）、原因（背景）、经过、结果（影响）及相关的必要数据，全面客观反映大事的基本情况。

大事纪略重在记述“点”，加上篇幅影响，入选条目有限，难以全面展示广州改革开放40年来的成就。为此，本书还收录了1978—2018年广州大事记作为附录，将未能入选大事纪略的广州在全国、全省各行业（事业）范围内有较大影响的，具有资政、存史、育人价值的事件作为附录，弥补大事纪略之不足，让读者较为全面地了解广州改革开放40年发展进程。附录采用编年体，每个条目篇幅100字以内。

编者期望通过编写本书，全面回顾广州波澜壮阔的改革开放伟大历史进程，充分发挥其存史、资政、育人作用，为社会各界深入总结“广州经验”提供一份内容充实、鲜活生动的卷宗。

编　者

2018年11月

目　录

大事纪略

1978年

广州市委部署学习十一届三中全会精神

1978年12月18—22日，中共中央在北京召开了十一届三中全会，高度评价关于真理标准问题的讨论。停止使用“以阶级斗争为纲”口号，作出了把全党的工作重点转移到经济建设上来的正确决策。这次会议的召开，标志着中国共产党从根本上冲破了长期“左”倾错误的严重束缚，端正了党的指导思想，使广大党员、干部和群众从过去盛行的个人崇拜和教条主义束缚中解放出来，在思想上、政治上、组织上全面恢复和确立了马克思主义的正确路线，将党领导的社会主义事业引向健康发展的道路。中共十一届三中全会揭开了党和国家历史的新篇章，是中华人民共和国成立以来党和国家历史上具有深远意义的伟大转折。12月26日，广州市委发出了《关于认真学习党的十一届三中全会精神的通知》。通知指出：中共十一届三中全会决定把党的工作重点从1979年起转移到社会主义现代化建设上来，这是关系到我党、我国人民命运、前途的重大战略决策，在党的历史上具有重大意义。市委要求，各单位立

即广泛深入地开展学习和宣传，使广大干部、职工群众的思想和工作迅速跟上当前的形势发展。

农村实行家庭联产承包责任制

1978年以前，广州农村实行人民公社的管理体制，存在统得过死、管得过宽、平均主义等问题，农民生产积极性不高，农业发展缓慢。为了发展农村经济，1978年下半年，广州农村有些生产队开始以作业组为单位，包产到组，实行定工、定产、定成本、超额奖励的“三定一奖”生产责任制。中共十一届三中全会后，根据《中共中央关于加快农业发展若干问题的决定（草案）》，广州市拉开了以家庭联产承包责任制为中心的农村经济体制改革的序幕。1978年冬，广州市杨箕村搞起了“包产到户”；从化江浦公社禾仓大队迎福里生产大队和凤院大队黄一、黄二等三个生产队试行“包产量、包成本、包报酬、包上调、增产节约归己”的家庭联产承包责任制。广州市花县（今花都区）炭步公社大涡大队试行“包产到户、增产全奖、减产全罚”的联产承包责任制。以上责任制的实行，都取得了明显的经济效益。这些好做法逐渐扩散，1979年9月，广州市50多个生产队包产到户，60多个生产队分田单干。1980年9月，中共中央印发《关于进一步加强和完善农业生产责任制的几个问题》，对包产到户、包干到户等多种形式的生产责任制予以肯定。此后，广州市逐步推进包干到户的家庭联产承包责任制，完成人民公社体制的大转换。到1984年，广州市农村基本实现了以家庭联产承包为主的责任制，给予农民充分的生产自主权，极大地调动了农民的生产积极性，促进了农业和农村经济的发展。

率先放开河鲜杂鱼市场

计划经济时代，一切物品实行定量凭票供应，广州虽地处“鱼米之乡”的珠江三角洲地区，但一人一月最多半斤鱼，“吃鱼难”问题突出。为了改变这种状况，1978年12月25日，广州市开办了全国第一间自由贸易、自由议价的国营货栈——广州河鲜贸易货栈，对河鲜杂鱼实行自由购销，随行就市，议价成交，按质论价，货栈的开业标志着广州在全国率先开放了水产品市场。开放之初，一度出现了价格上涨，议价草鱼每公斤零售价达7.6元，为牌价的3倍，引起部分市民不满。社会上也一度议论纷纷，认为“牌价鱼少，买不到；议价鱼贵，吃不起”，有人还写信反映到政府部门。但是，很快市场机制发挥了调节作用，议价降到与牌价差不多的水平。接着成立广州咸鱼海味服务部，开放咸鱼海味市场。1979年3月，广州又开放塘鱼、冰鲜鱼市场，允许计划外的塘鱼、冰鲜鱼上市。行栏货栈的出现，对疏通商品流通渠道，减少流通环节，活跃城乡物资交流起到良好作用。过去农民运鱼进城卖议价，要在深夜偷偷地越过“关卡”，现在则可以光明正大地进城卖议价鱼。此举大大激活了鱼市场，鱼塘亩产大幅增加，品种逐渐增多，仅河鲜杂鱼品种就由过去的10多种增加到上百种，基围虾、石斑等名贵品种也源源上市。1983年，广州水产总销量8.29万吨，原来每年亏损达210万元的供销公司当年盈利600多万元。广州成为全国第一个成功解决“吃鱼难”的大城市，为后来在全国范围内进行的农副产品购销制度改革发挥了排头兵的作用。1984年1月，农牧渔业部在广州召开全国30多个大中城市水产品流通改革现场会，推广广州的做法和经验。1985年4月，随着广州水产市场的全面开放，沿袭了几十年的凭票买鱼成为历史回忆。

卓炯率先提出发展社会主义商品经济思想

1978年底至1979年初，卓炯在《广州日报》发表系列文章，提出发展社会主义商品经济的思想。

卓炯（1908—1987），湖南慈利人。曾任广东省社会科学院副院长，经济学家，是广州经济理论界解放思想的领军人物。早在20世纪60年代初就发表论文明确提出社会主义经济是计划商品经济的理论，成为国内首先提出这一概念的经济学家之一。1978年1月24日，卓炯在《广州日报》发表了题为《坚持社会主义的商品制度》的文章，再次公开为商品经济正名。他提出：只有大力发展社会主义的商品经济，才能把国民经济搞上去；社会主义必须尊重价值规律。此后，卓炯陆续在《广州日报》上发表了《要重视价值规律的作用》（1978年12月5日）、《怎样认识价值规律的调节作用》（1979年2月16日）、《价值规律是商品生产的基本规律》（1979年3月30日）等文章，大胆突破传统的马克思主义政治经济学的理论框框，在肯定价值规律的基础上，提出了市场取向的经济改革基本思路。卓炯认为，现实的社会主义应是商品经济，计划经济体制束缚了生产力的发展，经济改革是一个体系的转换，要对计划经济体制组成部分的财政、物资、企业、工资、计划、商业、金融等方面进行全面改革。

卓炯的市场取向的改革思路，超前于当时经济学界的观念，多年以后才被普遍接受。1984年12月，中共十二届三中全会通过了《中共中央关于经济体制改革的决定》，确认中国社会主义经济是有计划的商品经济，并把它作为中国进行经济体制改革的根本指导思想。1985年6月，为表彰卓炯在社会主义经济问题研究探索中所作的独特理论贡献，广东省人民政府授予卓炯“特等劳动模范”称号。1986年，中共广东省委授予卓炯“优秀共产党员”称号。

1979年

开展缔结国际友好城市活动

改革开放后，广州市为扩大和加强对外交往与合作，与一批外国城市缔结了友好城市关系。1979年5月2日，广州市革委会主任杨尚昆率广州市友好访问团访问日本福冈时，与福冈市市长进滕一马签署广州和福冈两市结为友好城市的协议书，开始了广州市与国外发展友好城市关系的活动。1981年4月14日，由广州市与福冈市合作兴建的广州市首家现代游乐场——金印游乐场建成并举行落成典礼，场内高速滑车、火箭型旋转秋千是福冈市赠给广州青少年的礼物。1981年12月8日，广州市市长梁灵光与美国洛杉矶市市长汤姆·布雷德利在洛杉矶签署广州和洛杉矶两市结为友好城市的协议书。此后，广州市积极稳妥地开展友好城市工作。

广州市与国际友好城市之间，每年均互派团组访问，开展各种交流和合作。至2000年，广州共组织各类出访代表团300多个、3000多人次；接待来自各友好城市的团组600多个、7000多人次。为巩固和发展与国际

友好城市的交流合作，广州市于1999年6月6—13日举行以“姐妹城市，姐妹情”为主题的纪念广州发展国际友好城市关系20周年系列活动。

至2017年，广州已与37个国际城市缔结友好城市关系。通过缔结友好城市活动，增进了广州与世界人民之间的了解与友谊，提高了广州的国际知名度，拓展了广州对外交流合作领域，促进了双方在经贸、科技、文化等各领域的交流。

率先在全国授予“荣誉市民”称号

20世纪70年代末至80年代初是广州对外开放和经济发展起步阶段，港澳同胞、海外华人对广州的发展做出了很大贡献。为鼓励和表彰对广州市经济建设、社会公益福利事业做出重大贡献的港澳台同胞、华人华侨和外国友人，1979年7月，广州市在全国率先举行授予“广州市荣誉市民”称号活动。第一位“广州市荣誉市民”是美籍华人许志俭，他在广州捐资并创办第一家机械化养鸡场，为广州市发展现代化养鸡事业做出重要贡献。1986年7月8日，举行了第一次“授荣”仪式，广州市政府授予新加坡中央包装（星）私人有限公司董事长陈德熏、广州中国大酒店总经理卜格“广州市荣誉市民”称号。广州“授荣”工作，开全国之先河。广大荣誉市民所带来的资金、先进技术、管理经验、经营模式和新的思维、理念，大大加快了广州走向国际化城市的步伐。此后，一批热心广州建设的海外侨胞、港澳台同胞和国际友人如霍英东、李嘉诚、胡应湘等也获得“广州市荣誉市民”称号。为规范授予“广州市荣誉市民”称号活动，1993年2月，广州市政府公布《广州市授予荣誉市民称号办法》，对“广州市荣誉市民”称号的条件、程序和礼遇做了明确规定，是全国最早以地方性法规的形式对“授荣”活动予以规范的城市。

这项活动延续至今，至2017年广州市分15批共授予437位华侨华人、港澳台同胞、外国友好人士“广州市荣誉市民”称号。历届荣誉市民向广州投资超过1300多亿元人民币，捐赠款物超过20亿元人民币，为广州的社会经济发展做出巨大贡献。

雕塑《猛士》冲破“禁区”

1979年下半年，广州颇具影响力的文艺刊物《作品》和《花城》，先后把一尊雕塑作为封面，这尊雕塑的名字是《猛士》，它还有一个副题——《献给为真理而斗争的人们》，这是以“文化大革命”中被残酷迫害但不低头不退却的女干部张志新为原型塑造的。

张志新是辽宁省委宣传部干部。“文化大革命”期间，她怀着对党、对人民的赤胆忠心，公开揭露林彪、江青一伙篡党夺权的阴谋活动，被定为“现行反革命”，于1969年9月被捕入狱，1975年4月4日惨遭杀害，年仅45岁。正是出于对中国社会大变革的深刻思考，雕塑家唐大禧创作了雕塑《猛士》，决心把这些禁锢年代里虽被压抑却仍然坚持理想和信念的“猛士”们表现出来。唐大禧的作品塑造了一个跪骑在腾空跃起的骏马上，弯弓搭箭、奋然疾射的矫健、刚劲的裸体少女形象。《猛士》面世后，引起强烈反响，有热烈赞扬的，也有尖锐批评的，有人甚至认为雕塑对整个社会的道德风尚产生不良影响，要求公开批判。就在唐大禧等人感到巨大压力的时候，1980年6月，中共广东省委书记任仲夷肯定了雕塑《猛士》，一场争论才宣告结束。这场争论，是对长期以来的保守思想和陈腐观念的一次有力回击。此后，裸体艺术进入大雅之堂，而《猛士》在中国雕塑史上具有里程碑意义。

美国、英国等国在广州设立总领事馆

中华人民共和国成立之初，美国、英国、法国、荷兰、葡萄牙、瑞士等国驻粤领事机构相继撤离。1979年8月中国正式加入《维也纳领事关系公约》。由于广州独特的地理位置和区域优势，华南地区经济建设和社会发展日新月异，对外经济、贸易、科技、文化、人员往来等方面的交流与合作日趋活跃，广州市成为外国在华设立领事机构的首选地区之一。1979年8月31日，美国在广州设立总领事馆，成为中国改革开放后第一个在广州设立领事机构的国家。此后，日本、泰国、波兰、澳大利亚、越南、马来西亚、德国、英国、法国等国家先后在广州设立总领事馆。至2018年1月，共有61个国家在广州设立驻穗总领事馆，总领事馆数量在内地仅次于上海，位列第二。总领事馆的设立，极大便利了广州乃至广东同各派遣国之间的人员往来，增进了彼此之间的了解和友谊，促进了各派遣国同广州乃至广东在经贸、科技、文化、教育等众多领域的交流与合作。

开展扩大企业自主权试点改革

1979年8月14日，广州市工业系统根据国务院《关于按照五个改革管理体制文件组织试点的通知》精神，首先在广州缝纫机工业公司、广州第一棉纺厂、广州化工厂等企业进行扩大企业自主权试点，改变过去“统收统支”企业吃国家大锅饭的状况，使企业的经营效果与企业和职工的物质利益直接挂钩。试点企业共88家，占市属预算内国营工业企业总数的24%。1980年初，根据国务院发布的《进一步扩大企业自主权的规定》，广州市在广州绢麻厂等3家企业开展“独立核算，以税代利，

自负盈亏”的试点，实行税后利润留给企业支配，亏损国家不予补贴的政策，进一步扩大企业生产的自主权，以调动职工和企业经营者的积极性。广州钢铁厂实行“亏损定额递减包干，增亏不补，减亏留企业，一包四年不变”的财政包干政策后，全厂干部、工人努力扭亏为盈，当年就摘掉长期亏损的帽子，并略有盈利，1981年盈利380万元，1982年达640万元，1983年增至1600万元，走上快速发展的道路。广州白云山制药厂（简称“药厂”）1976年产品积压，资金耗尽，陷入困境。药厂以承包为契机，走上发展商品经济的路子。从1980年起，药厂生产连年翻番，1984年总产值达1.39亿元，利润1530万元，比1979年增长13倍。扩大企业自主权和实行经济责任制，提高了企业产品质量，降低了生产成本，提升了企业的生产积极性和竞争能力。

广州街头出现第一批个体户

1979年9月26日，广州市委、市革委会发出《关于安排城市待业青年就业的通知》，允许待业人员自筹资金、自带工具、自选场地、自由结合从事生产和开办生活服务事业，以及从事不剥削他人的个体劳动，广州街头陆续出现改革开放后第一批个体户。

广州最早成名的个体户是容志仁。1979年10月1日，他在西华路司马坊口开设“容光”小食店，制作学生餐，因价廉物美，大受欢迎。容志仁的小店宾客盈门，每天来这吃早餐的“熟客”有200多人，营业额直线上升。1980年7月，铆焊工人高德良辞去工作，在自家楼下开办“周生记太爷鸡”，营业额很快达到一天上百元，几个月后，高德良成为万元户。因为生意兴隆，高德良雇了6个帮工，结果被人们指责为“资本家剥削”。高德良给中央领导写了一份报告，提出“雇工”问题。1981年1

月，中央领导回信："允许试验，摸出一些经验。"此后，个体户越来越被社会接受。1983年，胡耀邦等国家领导人会见全国集体经济和个体经济代表，并把个体户称为"光彩"的事业。改革开放给广州的个体户提供了发挥聪明才智的机会和舞台，饮食业的"生猛海鲜"，集市贸易的"雅马哈鱼档"，美容美发业的"广州师傅""珍珍发屋"，一时间风靡全国，引领潮流，也为广州市的经济发展带来勃勃生机。

率先利用外资兴建东湖新村等住宅小区

改革开放后，广州实行综合开发建设，采取多渠道集资和引进外资开发房地产，加速了住宅建设和住宅商品化的进程。1979年10月，广州市东山区（今越秀区）引进外资住宅建设指挥部（广州东华实业公司前身）率先与香港宝江发展有限公司合作，由港商投资1080万元人民币，东山区提供3.1万平方米土地，于东山湖公园西侧兴建建筑面积近7.6万平方米的住宅小区东湖新村。房屋建成后，其中三分之一归港商在香港出售，三分之二由开发单位安排动迁户和出售。东湖新村内设有商场银行等各种公共服务设施，并留有一定的绿化和活动空间。继东湖新村之后，引进外资或利用侨资兴建的住宅小区还有员村昌乐园、晓港城、五羊邨、侨乐新村、流花华侨新村等，在广州城区多处出现环境优美、洁净、舒适和配套齐全的新住宅小区。

随着改革开放的不断深入，来广州投资的外商从香港、澳门等地区扩展到全世界各个国家和地区。广州房地产业迅速崛起，一大批房地产开发经营企业应运而生，商品化住宅成为房地产开发业的主体。房地产业的发展，为改善广州人民物质文化生活，促进广州经济蓬勃发展提供了有利的条件。

世界卫生组织在广州从化建立合作中心

1979年12月，经与卫生部协议，世界卫生组织在广州市从化县建立了“世界卫生组织初级卫生保健中国广东从化合作中心”，这是世界卫生组织在中国建立的第一个初级卫生保健合作中心（简称“合化中心”）。合作中心办公室设在从化县卫生局，配备工作人员3名。以从化三级医疗卫生网为主体，花县花山卫生院、增城县新塘卫生院为开发基地。按协议要求，合作中心于1980年10月至1985年12月共举办国际卫生讲习班7期，讨论会、座谈会等3次，共接待外宾602人，其中世界卫生组织官员、会员国卫生部部长、医学专家共481人，来自世界各地60多个国家和地区的卫生人员以及全国各省、市的卫生干部共158人。合作中心的建立，为国内外初级卫生保健的学术交流提供了学习和考察的场地，同时也推动了广州市农村卫生事业的建设。从1980年起，合作中心和从化医疗卫生单位联合开展调查研究工作。至1985年共开展18项基层卫生服务研究，10项小专题研究，其中7项获科研成果奖。1996年，广州市宣布提前5年实现农村初级卫生保健规划目标。

首创出租小汽车“扬手即停，昼夜服务”

中华人民共和国成立初期，广州市服务局属下成立广州市小汽车公司，拥有出租汽车59辆，在爱群大厦设营业点，主要为外宾服务。1967—1968年，广州市三轮车总站购进24辆小汽车，出租营运，在车站、码头及市区繁华路旁设站售票服务，按不同车型、行走里程收费。

为适应经济发展需要，1979年广州市交通局与原籍广州市白云区的港商刘耀柱经营的香港羊城的士服务有限公司合作成立广州白云小汽车

出租公司，这是中国首家穗港合作经营的出租汽车公司。广州白云小汽车出租公司成立后，打破传统“沿街兜客，自由议价收费，定点场所招徕客人”的惯例，在全国出租车行业中率先实行扬手即停、计程收费、24小时昼夜服务，这是出租车行业服务方式的重大改革，深受广大市民赞扬，取得良好的经济效益和社会效益。此后，扬手即停、计程收费、24小时昼夜服务成为广州出租汽车营运服务的基本要求，也成为“的士”真正为大众服务的标志，促进了广州出租车行业的飞速发展。1979年，广州仅有出租车395辆，到1984年已经发展到4080辆。广州出租车营运服务方式迅速影响全国，引领全国出租车行业迅速发展。“的士”一词从广州辐射内地各个城市，许多经济条件好的市民加入“打的”行列。一时间，“的士”“打的”等广州本地打车用语风靡全国。

率先闯关价格改革

从1979年起，广州市在全国率先改革价格体系和价格管理制度，率先放开、搞活农副产品价格。1979年3月，广州清平路开办清平农副产品市场，当年商品成交总量340.5万公斤，总成交额608万元，成为广州市区内规模最大、商品品种最多的农副产品市场，对促进生产、活跃城乡经济起到积极作用。

1981—1983年，广州市蔬菜、水果等的价格陆续放开。1984年11月，广州市全部放开蔬菜价格。1985年1月和4月，又先后放开生猪、牛肉等肉类经营，同年放宽粮油收购政策，粮油由购销价倒挂改为购销同价，合同订购以外的价格放开，实行自由购销。1988年10月，全部放开食糖价格。与此同时，日用工业品和生产资料的价格也逐步放开。从1982年开始，全市逐步放开工业品价格。到1984年，已全部放开小百

货、小文具、小五金等日用小商品价格，对大宗工业消费品价格也先后作了重大调放。到1991年，全市完成生产资料价格“双轨制”并轨。1992年4月，广州在全国率先取消粮食凭证定量供应，全面放开粮油价格。至此，全市农副产品价格、日用工业品和生产资料价格全面放开。价格改革的成功，极大丰富了市场供应，原来空荡荡的商店货架变得琳琅满目，老百姓原来轻飘飘的米袋子、菜篮子变得沉甸甸。“珠江水”“广东粮”风靡大江南北，广州成为人们向往的“购物天堂”。

1980年

全国第一份足球专业报纸创刊

1980年1月，《足球》报由广州市体委与广州日报社联合创刊，成为全国第一份足球专业报纸。该报创刊初期为半月刊，4开4版，在广东省内自办发行，创刊一年后，由邮局发行。1984年1月改周刊，扩大为4开8版。

20世纪90年代，《足球》报由起初的省内报纸，发展成为全国有影响力的体育专业报。1991年7月改由广州日报社主办，篇幅扩至4开16版，半月一期。同年，每期发行量超过100万份，90年代最高期发行量130万份，发行至全国各地、港澳台地区及华人聚居的世界各地，拥有众多读者。

《足球》报走在国内体育媒体改革和发展的前沿，成为多种经营结合的现代化媒体集团。2001年1月，增刊至逢周一、周三、周五出版，扩版至24版，是国内报道足球版面最多的报纸。2002年8月，《足球》报报头出现在英格兰足球超级联赛赛场最显眼的中圈场地广告牌上，这是欧

洲足球赛场上第一块来自中国的中文广告牌，其所在位置仅次于主场球队的主赞助商，标志着该报启动了与国外俱乐部的经营合作。2004年7月，《足球》报扩版为32版，全面报道各项体育赛事。重大赛事期间，《足球》报会推出日报、特刊，当天比赛当天见报，高密度的出版周期以及遍布全国的30多个分印点，让读者及时得到新的体育资讯。

《羊城晚报》复刊与“恭喜发财”争论

1980年2月15日，恰逢农历除夕，《羊城晚报》正式复刊。《羊城晚报》创刊于1957年10月1日，是中华人民共和国成立后办起的第一张大型综合性晚报，“文化大革命”期间停刊。当天，《羊城晚报》总编辑吴有恒在头版发表题为《从春联见经济学》的文章，指出商人的理念更符合当今社会，并向大家祝福：新年“恭喜发财”。他希望中国人在经历了多年经济困难之后，快些富裕起来。

这篇文章石破天惊。当时无论是“发展商品经济”还是谈论“生财之道”，都为人忌讳。广东三家报刊《南风窗》《黄金时代》《南风文学报》，都因为名字遭到非议，因为“南风”“黄金”跟香港、财富、发财等“资本主义”的理念沾亲带故。吴有恒的文章自然招来不少的批评和攻击，引发一场“恭喜发财”之争。随着辩论的深化，新旧思想在较量中决出高下。这是新旧思想的又一次正面交锋，传统的“富贵而生罪恶”和教条的“越穷越光荣”的理论，被更符合时代潮流的“恭喜发财”所取代，“东西南北中，发财到广东”的说法逐渐风靡全国。中国共产党第十四次全国代表大会结束时，中国改革开放的总设计师邓小平向大家说了一句：“恭喜发财！”明确地告诉人们，贫穷不是社会主义，社会主义要消灭贫穷。

实行行政机关事业单位经费包干

1980年4月14日，广州市决定，从当年起，市属各行政机关和事业单位（包括文教、科研、卫生等）实行经费包干，年终节余的经费归本单位自行支配。“预算包干”的新办法，其主要内容是：凡是实行“全额管理”的单位，改为核定当年预算，包干使用，结余留用，超支不补；“差额管理”的单位，改为按核定收入和支出，结余留归单位支配。预算包干的范围主要是人员经费、公用经费等正常开支。预算包干的一个重要特点，就是把单位、个人的切身利益，和本单位增加收入、节约开支还是浪费超支紧密联系起来。留给单位支配的包干结余资金，主要用于改善工作条件，增添必要设备，补充经费来源。各单位在完成各项计划后，可从全年总结算的增收和节余中，按规定分别提取20%和30%的金额，用于集体福利和奖励个人。这是中华人民共和国成立以来广州市财政工作的一项重大改革。

广州市委部署调整农村经济结构

1980年6月2—6日，广州市委召开县（区）委书记会议。会议研究贯彻中共十一届五中全会和广东省委农村工作会议精神，把农村经济工作搞活，让农民尽快地富裕起来的问题。会议认为：广州市县（区）自然条件优越，有充分的人力和丰富的自然资源，必须扬长避短，充分发挥各地的有利条件，积极开展多种经营，在提高水稻单产和总产的同时，大力发展甘蔗、水果、花生、香花、蚕桑、药材、三菇、畜牧、养鱼、养蜂等业，放手发展商品生产，山区要大力发展和经营好林业。要充分利用各地劳动力和自然资源，发展农副产品加工、采矿、小水电、

建材、建筑、服务业，以及对外补偿贸易和来料加工等。要采取有力的措施，大力扶持山区、老区和困难社队发展社队企业，壮大集体经济。此外，要积极开展农工商综合经营和发展家庭副业。会议还研究了健全生产责任制问题，提出全市已有85.7%的生产队建立起各种生产责任制，对于尚未建立起生产责任制的生产队，要尽快建立。生产责任制的形式可多种多样，只要坚持生产资料归集体所有，统一种植计划，统一安排劳动力，统一核算和分配，各种形式的责任制都应该承认，不要搞“一刀切”。此次会议后，广州农村大力开展多种经营，农村经济快速发展起来。

高第街个体批发市场享誉全国

高第街是连接广州市北京路和起义路的一条内街，中华人民共和国成立前曾是广州市著名的日用百货集散地，改革开放后的高第街工业品市场催生了全国第一代个体户。1980年10月，广州市工商局正式为在高第街经营的商贩发牌照，高第街的个体商户成为广州市乃至全国改革开放以来第一代个体户。街内2000多商户以批量销售为主，兼有零售、来料加工、代销等，经营方式灵活多样，商品多来自各地手工业者及区街、乡镇企业。由于品种样式紧跟市场需要变化，价格较为低廉，高第街吸引了众多内地来穗的商户、旅游者，以及港澳台地区和国外的游客前来购物观光，商品销往20多个省、市、自治区，成为广州的窗口之一，被称为“小南方大厦”。改革开放之初，高第街的年营业额近1000万元，上缴国家税收500多万元。

1983—1992年是高第街的全盛时期。前来购买服装的，除了广州本地市民外，更多的是从全国各地涌来的服装批发商。1983年前后，香港

的潮流服饰通过深圳的中英街大举进入内地，慢慢地，广州有了从香港贩买来的各种地摊精品以及T恤、牛仔裤。紧接着，全国最早一批成衣批发基地相继在广州建立起来，高第街、西湖路夜市迎来它们的黄金年代。高第街不仅是衣服的天下，还有小五金、毛线、皮件、电子表、计算器等。1986年前后是高第街的鼎盛期，曾一度统领全国的服装批发市场，连香港客商都来这里订货，高第街也成为外地游客到广州的必游之地。20世纪80年代末至90年代初，高第街一天的客流达20万人。大批外地客商纷纷南下广州，在高第街上采购最新上市的流行服装，高第街成为全国瞩目的商品批发集散地和时尚的风向标。

城区兴建全国首座人行天桥

人行天桥最早出现在交通繁忙、客流量甚大的商业区十字路口。1980年10月，广州市第一座人行天桥建成，这也是全国第一座人行天桥。该桥位于人民南路和西堤二马路交汇处，称人民南路天桥。人民南路天桥平面曲尺形，跨人民南路长20.2米，曲梁段长8.7米；跨西堤二马路长17.64米。桥宽4.5米，设上下楼梯4座。同年12月，在北京路与中山五路交会处建成平面口字形的人行天桥。此后，在北京路与大南路、文明路、惠福东路的各个交会处以及起义路与中山五路交会处接连架设了人行天桥。

广州人行天桥的建筑技术和建筑材料不断改进。1980—1984年所建的8座天桥都是钢结构。1985年12月建成5座天桥，只有1座是钢结构，其余4座为钢筋混凝土结构。此前建的都是人行天桥，1985年建成的天桥中，陵园西路天桥是广州第一座自行车、行人两用天桥。1990年9月建成的沿江西路天桥，则是广州市第一座有上盖的天桥。1992年11月建成的

机场路天桥是广州第一座中承式单肋系杆拱式天桥，钢结构拱肋上，由7组共21支吊杆支承桥面，轻巧美观，且具有较高的安全系数和稳定性。至2000年底，广州市区共建成人行天桥106座，这些人行天桥的建成，既方便市民通行，也为城市增添了多处风景。

在全国率先开办特快专递业务

国际特快专递邮件业务（英文缩写EMS）始创于1971年。20世纪80年代，该项业务已成为国际间邮政部门为用户提供的一项传递速度最快的邮递类业务，得到迅速发展。1980年，广州邮政局在全国率先开办特快专递业务，代理香港敦豪速递公司办理速递文件业务，最初以租用东方宾馆房间形式设点收寄、投递进出口速递业务。同年7月起，与香港邮政试办速递文件业务。此后，陆续与有关国家和地区办理该项业务。

1990年，广州市邮政局属下的广州速递公司在全国最早试办台湾小包快递业务，以民间渠道沟通大陆与台湾的联系。同时，开设的国内特快专递业务可通达全国各地的近2000个城镇，国际特快专递业务可通达200多个国家和地区，能将信函、文件资料和物品等快速传递。2001年8月起，广州市邮政局的特快专递服务全面提速，由广州寄往石家庄、沈阳、长春、上海、成都等城市和北京、天津、重庆等直辖市及珠江三角洲地区的邮件基本实现次日递达。2006年，广州市邮政局的特快专递业务收入达3.59亿元，业务量1075.5万件，成为广州市邮政局三大核心业务之一。

实施“分灶吃饭”财政政策

“分灶吃饭”是“划分收支，分级包干”财政政策的形象说法。其

基本内容是：根据各种财政收入的性质，把收入分为固定收入和调剂分成收入，把中央企业收入作为中央固定收入，把地方企业收入及地方税作为地方固定收入，把工商税作为调剂分成收入。划分收支，一定五年不变，各地可以根据自己的收入安排自己的支出。“分灶吃饭”的财政政策，较之过去“统收统支”的财政政策有很大的优越性：（1）从利益关系上推动地方抓企业整顿，促使地方关心经济发展和财源增长，重视扭亏增盈，提高经济效益；（2）增加地方的经济责任，有利于克服财政困难，使中央财政困难的程度有所减轻；（3）扩大了地方财政的自主权，使地方能因地制宜处理问题，适应区域经济发展变化的需要。广州市从1980年开始贯彻中央“划分收支，分级包干”的财政管理体制。工商税收入全部上缴广东省，固定收入的82%留广州市，一定两年不变。广州市实行“划分收支，分级包干”的财政体制后，包干三年间，财政收入平均每年递增11.5%；年年超收，收支平衡，略有结余，彻底扭转了前五年收入徘徊不前和前四年完不成收入任务和收不抵支的局面。

1981年

在全国率先实行“一费三养”政策

1980年，广州的售水量相当于1949年的33倍，供水面积从1949年的18.7平方千米扩展到250平方千米。31年间广州市平均每年供水量增加10%左右，而国家能够用于发展自来水生产的资金却赶不上用水增长速度。

1981年4月，为解决广州城市用水紧张、自来水厂建设资金困难的问题，广州市决定给广州自来水厂实行“以水养水”政策，即自来水厂的生产利润，除缴交交通能源基金和企业留成外，全部返还留作维护和扩大再生产的资金，用于发展人民生活用水和扩大自来水再生产。广州自来水厂是全国自来水行业第一个实行“以水养水”、自收自支的企业。1981年12月，在实行“以水养水”政策的基础上，广州对交通、园林实行“一费三养”（以固定资产投资总额的5%收取市政建设费，实行“以水养水”“以路养路”“以园养园”）的特殊政策。从1981年底到1983年，广州市自筹资金投资3400多万元扩建、改善一批供水设施，并将原来的小水管换成大水管，增加居民供水量，市区居民自来水普及率达90%

以上。另外扩宽、新建8条马路，增加部分公共汽车，陆续建设石围塘立交、区庄立交桥工程。“以园养园”也取得较好成果。

中共广州市纪律检查委员会重建

中共广州市纪律检查委员会始建于1950年7月。1955年10月，在中共广州市第五次代表会议上，选举产生了中共广州市监察委员会（简称市监委），以代替纪律检查委员会。“文化大革命”开始后的1967年，市委被造反派夺权，市监委也处于瘫痪状态，无法开展正常工作。1968年10月，市监委全体干部下放到广州“五七”第一干校劳动，监委机关名存实亡。

1978年12月召开的中共十一届三中全会决定重建党的纪律检查机关，中共广州市委根据这一精神，于1979年2月中旬成立中共广州市委员会纪律检查委员会筹备小组［简称市委纪委（筹）］，由省委第二书记、准备到广州任市委第一书记的杨尚昆兼任组长。1979年5月，市委纪委（筹）根据中共中央指示精神，要求全市尽快建立各级纪检机构，其中区、县建立纪委，局和区、县属下单位建立纪检组。至1981年4月，全市区、县、局等纪检机构大部分已建立起来。

1981年9月中旬，广州市第四次党代会召开，大会选举产生中共广州市纪律检查委员会，由市委常务书记许士杰兼任书记，李金锡、胡毅任副书记。至此，广州市的纪律检查委员会正式重建。9月26日，市纪律检查委员会召开第一次全体会议，提出近期要重点检查党的政治纪律和狠抓经济领域的不正之风，并进一步做好历史案件遗留问题的处理工作。全市的纪检工作从此逐步走上正常发展的道路。

企事业单位推行劳动合同制

从1981年开始，广州市在个别合资企业试行劳动合同制。1981年11月，中国大酒店在广州率先实行全员劳动合同制，改革单纯用行政手段分配和录用工人的办法，向社会公开招聘员工。该酒店上至总经理，下至清洁工，都实行劳动合同制，打破“铁饭碗”。员工的升职、加薪、去留，完全取决于其学识、才干和工作实绩。在取得试点经验的基础上，广州市于1983年在全市范围内全面推行全员劳动合同制。到1986年在全市全民所有制企事业单位，凡新增劳动力一律实行劳动合同制。到1987年全市所有企业全面推行劳动合同制。为了保证新就业方针的贯彻执行，广州市政府确定以下政策措施：一是结合调整产业结构和所有制结构，广开就业源路。二是在公有制经济占优势的前提下，实行多种经济形式和多种经营方式并存。三是在国家统筹规划的指导下，遵循“自愿结合，自负盈亏，按劳分配，民主管理”的原则，努力办好城镇集体所有制经济，大力提倡和指导待业青年组织起来，在集体经济单位就业。四是城镇个体经济对扩大就业有重要作用，对于个体工商户，允许经营者请两个帮工，有特殊技艺的可以带五个以内的学徒。按照上述政策措施，缓解了广州劳动就业问题突出的矛盾，逐步减轻了就业压力。

推行劳动合同制是用工制度的一项重大改革，通过签订劳动合同，把劳动者和用工单位双方应负的责任、义务和权利以合同的形式规定下来，体现了责、权、利的统一。同时，实行搞活固定工制度，克服了近30年来在用工制度上能进不能出、一次分配（安排）定终身的弊病，增强了企业活力，提高了经济效益。

广州地区首届科技成果交流展览会举行

1981年12月17日—1982年1月6日举办的“广州地区首届科技成果交流会”，是广州科技市场的雏形。参加单位有省、市和中央驻穗的科研院所、大专院校、工厂企业及一些地、县的研究所共82个，其中科研单位46个，大专院校7所。参展项目1192个，其中属于科技成果、应用技术项目的有725项，总成交额41.7万元。为了鼓励科技人员钻研生产技术和生产单位采用先进技术的积极性，此届交流会开始试行有偿技术转让，制订《技术转让试行办法》。会上，还有40多家厂矿企业提出60多个生产技术难题，张榜招贤。交流会的举办，受到省内外的关注，不少生产部门、使用部门和对口的科研单位进行技术交流和洽谈，还举办一系列技术讲座。此届科技成果交流会所试行的以有偿技术转让方式进行科技成果交流，为其后广州举办的科技成果交流会所继承，为广州兴起的科技交易市场奠定了基础。

举办首届科技成果交流会后，广州的科技市场开始壮大繁荣。1985年举办“广州技术交易会”，参加单位来自全国各地；1986年举办“广州农村科技产品展销暨技术交易会”，参加单位已涉及国外及港澳专区。1988年6月，全国科研新技术新产品展销中心在广州成立，每年11月在广州举办一届“全国新技术新产品展销会”，这是中国第一个向国内外辐射的技术商品中心市场。1988年7月11日，成立广州市技术市场中心。

引进全国第一条方便面生产线

改革开放之初，百业待兴，各行各业发展的节奏不断提速，人们对

食品的需求观念也发生很大变化，而传统的食品生产难以满足人们的需求。1981年，经广州市政府批准，广州市白云米面制品厂从日本引进全国第一条方便面生产线成套设备，并于当年安装投产，产量达400多吨，创立白云快食面品牌，改变了过去方便面依靠进口的局面，满足了人们对快捷食品的需求。

该生产线投产后，轰动全国各大中城市，北京、上海、天津、石家庄、郑州、南宁等城市纷纷派人前来参观考察。同时，广州市组织科技人员对该生产线消化、吸收，进行生产设备国产化研究攻关。不到一年时间，攻下工艺设计等技术难关，而且派生出波纹面生产设备，由广州市粮食机械厂试制后委托广州市人民机械厂生产，价格仅为进口设备的三分之一。国产方便面生产线不断销往全国各大中城市，逐步解决各地需求，推动了全国米面制品设备的改造和产品更新换代。广州市白云米面制品厂也在引进日本方便面生产线的基础上增加了国产设备，方便面年产量逐年提高，1990年达到4960吨，并形成系列产品，品种有香菇方便面、鸡汁方便面、牛肉方便面、三鲜方便面等，除国内市场销售外，部分产品还出口国外。

1982年

广州图书馆开馆

广州图书馆坐落在中山四路，馆址原为“星火燎原”展览馆，1982年1月2日改为广州图书馆正式对外开放。开馆之初，政府拨款100万元专款用于买书，此后历年均拨款购书。香港汉荣公司董事长石景宜也向广州图书馆捐赠图书文献，累计捐赠各类港台版图书近10万册。香港方志勇捐书5万余册。此外，还获得冯景禧、林锦成等7位港澳人士赠款65万港元，用于购置流动阅览汽车、视听设备等。到1982年，在阅览室和中文报刊室首先实行半开架和全开架服务。与此同时，还开办全国第一个港台版书刊开架阅览室。此后，又将22类24万多册图书实行大面积开架借阅，成为全国最早实现大面积开架借阅的公共图书馆。这一做法在全国图书馆界有较大影响，文化部曾在全国公共图书馆工作会议上推广。广州图书馆还首创汽车图书馆，汽车图书馆用东风牌大客车改装而成，内装各类图书4000多册，可同时容纳30多人上车自选图书，每月出车15天，在天河区、黄埔区、芳村区、海珠区、白云区等边远市区巡回服

务。1989年，广州图书馆被文化部授予“全国文明图书馆”“图书馆工作先进集体”称号。

落实知识分子政策

1982年3月19—27日，广州市委召开统战工作会议，强调新时期统战工作仍然是共产党的一个重要法宝，要充分发挥广州市统一战线的优势，继续肃清“左”的影响，把统战工作做好，为改革开放发挥更大的作用。11月19日，广州市委组织部、统战部召开落实知识分子政策经验交流会，广州市委书记薛焰对落实知识分子政策问题讲话，宣布广州市将采取7项措施，逐步改善知识分子工作、学习和生活条件，主要是：给卫生、教育、科研系统增拨款项，添置急需的医疗、教学科研仪器设备；根据市财政情况，分期分批修葺校舍和解决知识分子的住房困难；先解决200多名中级以上知识分子夫妻长期分居问题；拨出10万元专款，一次性临时补助知识分子的特殊困难；解决高级知识分子治病、住院、配备煤气等问题；并决定兴建广州科技活动培训中心。此后，全市知识分子的科研条件和待遇水平得到明显改善，一批优秀知识分子加入中国共产党，尊重知识、重视人才的社会风气初步形成。

开展第二次全市文物普查工作

为了更好地掌握全国现有文物的基本情况，1981年国务院下达《关于开展文物普查工作的通知》。为贯彻执行中央精神，1981年6月和1982年1月广东省人民政府、广州市人民政府分别下达同样内容的文件。广州市政府要求用3年时间完成全市文物普查。1982年3月，广州市文物普查

领导小组成立，组长由广州市委宣传部副部长华嘉担任，抽调20位文博专业人员组成普查组，立即着手开展工作。同时，广州市属县、区也成立相应机构。

3月6日，市文物普查领导小组在广州市文化局举行第一次会议，通过《广州市文物普查实施方案》。规定普查项目包括：古遗址、古墓葬、古窑址、古建筑、寺庵、古桥、古牌坊、古石刻、水上人家文物、华侨文物、少数民族文物、革命文物、近现代国共两党革命遗址、旧址、名人纪念处等。具体普查办法是：先举办普查训练班，培训市、县、区普查专业人员；选点示范，选定越秀区为先行试点，将试点经验总结后再全面铺开。广州市第二次文物普查工作从1982年3月开始，到1984年11月基本结束。先后在广州市区和县郊普查古墓葬、古遗址300多处，古建筑1400多座，近现代革命史迹400多处，发现一大批新的极有价值的文献、碑刻、陶瓷、书画等文物。

开展打击经济领域严重犯罪活动斗争

1982年1月11日，中共中央发出关于打击经济领域犯罪活动的紧急通知，提出严厉打击走私贩私、贪污受贿等严重违法犯罪行为。4月16日，中共广州市委、市政府发出关于认真贯彻执行《中共中央、国务院关于打击经济领域中犯罪活动的决定》的通知，提出：采取坚决果断的措施，迅速开展反走私贩私、反贪污受贿的斗争，给予各种经济领域的违法犯罪行为以有力的打击。为此，广州市委成立“贯彻中央紧急通知领导小组”（1983年10月更名为“中共广州市委打击经济领域严重犯罪活动领导小组”），大张旗鼓开展打击经济领域严重犯罪活动的斗争。

在1982年至1987年打击经济领域严重犯罪活动期间，广州市查处

经济犯罪案件3232宗，其中以贪污受贿案最多（1843宗），其次为投机诈骗案（495宗）、渎职案（312宗）、走私贩私案（128宗）、盗窃案（191宗）和其他案件。在案审查的党员1213人，国家干部1444人。处理结果：受党纪处分的635人，受政纪处分的714人，受刑事处分的583人（其中判死刑5人），追缴赃物（折款）1122万多元，已结案300宗，结案率为92.8%。1987年10月，广州市委成立广州市监察局，撤销市委打击经济犯罪办公室，对经济犯罪的监察和执法成为广州市一项长期工作。

市内路、街、巷名称清理整顿和标准化工作

1966年1月23日，国务院颁布中国历史上第一个以国家名义颁布的地名管理法规性文件《地名管理条例》，可是却被几个月后发生的“文化大革命”彻底破坏。由于极左思潮泛滥，许多路名、街名、巷名、工厂商店名在“破四旧、立四新”中被纷纷易名。1979年12月，国务院颁布《关于地名命名、更名的暂行规定》，并在全国开展地名普查工作。

1982年初，广州市在地名普查工作的基础上，对全市的路名、街名、巷名进行清理整顿和标准化、规范化处理工作。8月12日，广州市政府在报纸上公布全市部分路、街、巷的更名、复名或命名的初步方案，广泛征求群众意见。10月30日，广州市人民政府审定批准部分路、街、巷的更名、复名和命名的名称，其后，又划清起止点，标绘成图，并于12月1日起连续三日登报予以公布。其中更名的有46条，复名的有563条，新命名的有247条。

1988年8月1日，广州市人民政府根据国务院和广东省有关地名管理的规定，结合广州市的实际情况，制定颁布《广州市地名管理实施办法》，使广州市地名管理工作法制化、标准化、规范化。

全国首创集资方式扩建改建东风路

东风路是广州市东西向的交通主干道。改革开放前，由于广州市城市建设资金只有单一的国家投资，受制于资金紧缺问题，一直无法扩宽改造。改革开放后，广州市政府多渠道、多层次筹措城市建设资金。20世纪80年代，为发展城市建设，广州市决定扩建东风路，成立东风路建设指挥部，负责完成该项扩建任务。从1982年底开始，东风路扩建工程动工，历时8年竣工。东接中山路，西连南岸路，全路长8338米，以中线两侧纵深75米列为建设的基本范围，路宽从原来的19.5米扩至44米，成为当时全市最长、最宽的马路。主路以中山纪念堂为中心，从解放路延至正南路，为省、市机关所在地的政治活动中心；人民路至解放北路为金融、外贸活动区；其余路段结合具体情况建成不同的综合性质区段。

为解决建设资金短缺问题，东风路建设指挥部于1984年采取发行“住宅建设有奖证券”的方式向社会集资。有奖证券于同年9—12月由中国人民建设银行广州市分行代理发行，共发行5期，集资1250万元。每期发行5万张、每张面额50元，共250万元。有奖证券期限为5年，有奖有息，月息2.4%，5年后还本付息。每发行一期当众开奖一次，共设五等奖项。此举开创全国先例，既解决了东风路建设的部分资金，也为筹集城市建设资金开辟新路。

1983年

农村推行开发性承包

1983年1月6—15日，广州市委召开农村工作会议，会上传达和学习了中央关于当前农村经济政策若干问题的指示，中央领导同志关于农业问题的重要讲话，全国农业书记会议和广东省委召开的地、市委书记会议精神。会议提出进一步放宽广州农村经济政策的十条措施，其中包括：对荒山、荒坡、荒水面、荒堤围等，要放手发展开发性的专业承包。政策可以放宽一点，时间可以延长一点，产值可以包低一点。随后，市政府作出具体的政策性规定，鼓励和引导农民把多余的资金、劳力、技术投放到开发性生产上去，开发荒山、荒地、荒水、荒滩、荒涂，推动广州农村的开发性承包事业。在政策的鼓励和扶持下，广州农村专业户发展到9.6万户，占农户总数的12%。专业户经营的项目有种养、加工、运输、建筑、服务等行业，经营形式有家庭经营，联产经营，跨乡、跨区、跨县经营几种，其中跨乡、跨区、跨县联营的新经济联合体有1.9万个，参加的农户有4000户，占农户总数的5%，主要经营种

养业，开始形成广州农村的种养专业村，他们生产的农副产品的商品率达70%以上。到1983年4月底止，广州有5万多个农户采取单独或联合的形式，筹集资金，从事开发性生产；共开发荒山、荒地、荒滩、荒涂面积达139.6万亩（1亩≈666.67平方米），已利用的有121万亩，主要用于发展种养业。

1983年市级机关机构改革

为提高政府工作效率，理顺党政关系、政企和政事关系，广州市于1983年进行了市级机关机构改革。1月6日，广州市成立机构改革、人事安排领导小组。6月21日，广州市委、市政府发出实施《广州市市级机关机构改革方案》的通知。全市机构改革总的要求是转变职能，精简机构，理顺各方面的关系。在完成机构精简之后，做好“定机构、定职能、定编制”的“三定”工作。通过改革充实加强宏观管理和监督部门，强化社会管理部门，精简撤并专门经济管理部门，撤销行政性公司，组建集团公司和经济实体，撤并职能交叉和业务相近的机构，清理裁减各种非常设机构，逐步建立起功能齐全、结构运转协调、廉洁高效的行政管理体系。改革后，市直机构由原来的75个减少为37个（不含二级机构、局和行政性公司）。

通过此次机构改革，理顺了政府职能，改变了权力过分集中于党委的现象。各级领导班子均按照精干的原则和干部革命化、年轻化、知识化、专业化的方针，进行全面调整；同时，实行老干部离退休制度，初步改变领导班子年龄偏大、文化偏低的状况。此后，开展“民主评议、民意测验、民主推荐”活动，继续选拔一批年富力强、有专业知识的年轻干部充实各级领导班子，使各级领导班子的年龄结构和知识结构有明

显改善。

国内第一家“三自”五星级宾馆——白天鹅宾馆开业

广州在改革开放中先行一步，对外交往频繁，广州酒店业进入新的发展时期。由广东省旅游局与港商霍英东、彭国珍等合资，总投入4500万美元兴建的白天鹅宾馆于1983年2月6日正式开业，是全国首家“自己设计、自己施工、自己管理”的五星级宾馆。

白天鹅宾馆位于沙面西南侧，临珠江白鹅潭，由中国著名的建筑设计大师佘畯南和莫伯治共同设计，广州市第二建筑工程公司施工，1980年11月动工。宾馆总建筑面积5.9万平方米，其设计既融合国外从环境角度进行设计的技巧，又借鉴岭南庭园和广东民居的建筑艺术，构成清新典雅的格调，具有现代使用功能。宾馆主楼共34层，高102米，采用80米长腰鼓形平面，体型简洁轻巧，气势雄伟，与自然环境相协调，颇有白天鹅临江伫立的意境。1984年，该宾馆工程荣获国家质量评审委员会授予的建筑设计金质奖、工程组织金质奖及建设施工金质奖，是广州第一个获评国家金质奖的工程。1985年，白天鹅宾馆被世界一流酒店组织接纳为正式成员。1990年，白天鹅宾馆被评为全国首批五星级酒店。

1982年10月，广东省旅游局与香港维昌发展有限公司签订《合作经营白天鹅宾馆协议书》，经营期约定15年。1997年，双方又协定延长协议5年，合作期延长至2003年。2003年2月，白天鹅宾馆资产收归广东省政府所有，香港维昌发展有限公司以承包的形式继续经营白天鹅宾馆，实现从合资企业到国有企业的角色转换。

变革农村政社合一体制

1958年8月，中共中央政治局在北戴河举行扩大会议，会议讨论通过《中共中央关于在农村建立人民公社问题的决议》。此后，广州市农村基层政权实行政社合一的体制。中共十一届三中全会后，随着各种形式的生产责任制的推行，人民公社“政社合一”的体制日益阻碍农村生产力的发展。1982年12月，全国人民代表大会五届五次会议通过《中华人民共和国宪法》，改变了农村人民公社“政社合一”的体制。1983年元旦，中共中央发布《当前农村经济政策的若干问题》，正式提出对人民公社体制进行改革，实行政社分设。3月，广州地区政社分开的第一个乡政府增城县永和乡人民政府成立。11月起，广州市按照广东省公社改区（郊区属下的区）、大队改乡镇、生产队改村的规定，将市郊和市属花县、从化、番禺、增城、新丰、龙门、清远、佛冈8县共132个人民公社改建为132个区公所，作为区、县人民政府的派出机关。在改革农村政社合一体制的工作中，各区、县的乡镇选举产生了正副乡长和正副镇长。1984年6月，广州市完成建立乡、镇人民政府的工作，人民公社“政社合一”的体制从此成为历史。1986年下半年，广州市开始撤区建乡（镇）工作。1987年2月，此项工作完成，市郊和市属8县共建乡人民政府15个，镇人民政府127个。

工业企业实行利税改革

1983年4月，国务院批准财政部提出的《关于国营企业利改税的试行办法》。凡有赢利的国有大中型企业，根据实现的利润，按55%的税率交纳所得税，税后利润一部分上缴国家，一部分留给企业。凡有赢利的国

有小型企业，根据实现的利润，按8级超额累进税率缴纳所得税，税后由企业自负盈亏。1983年开始的利改税是扩权让利的继续，它以税收的形式理顺国家与企业的分配关系。8月1日起，广州354家工业赢利企业实行税利并存的第一步利改税，这把国家和企业的关系用税制的形式相对固定下来，将市场机制和竞争机制引入企业，对于促进企业完善经营管理和保证国家财政收入的稳定增长，起到积极作用。1984年10月，开始实行从利税并存过渡到完全的以税代利。

全国第一座四层双环互通式多功能立交桥——区庄立交桥建成通车

区庄立交桥于1982年12月动工修建，1983年12月建成，是全国第一座四层双环互通式多功能立交桥。该桥位于先烈路与环市东路交叉点区庄，占地3.2公顷（1公顷＝10 000平方米），高度13.5米，行车高峰时每小时通行机动车6000辆，非机动车2万辆，各行其道。该桥层次丰富通透，设计科学。桥身分为4层，底层为下穿式东西向直行机动车道，供环市路直行机动车行驶；二层是在原道路平面上设置的环行交叉非机动车和人行道；三层为专供机动车转弯环形盘旋车道，环内径50米，环道宽16.5米，四面路口连接8条引桥，引桥宽8米，共长790米；四层为先烈路南北向直行机动车道，宽10米，长490米。全部工程均为钢筋混凝土结构，除第四层为预制梁外，其他均为现浇。该桥的最大纵坡和净高为机动车道5%和4.5米，非机动车道0.5%和2.8米。该桥造型优美，占地面积小，实行人车分流，安全通畅，环道桥下的街心花园为广州街景之一。该桥建成以后，缓解了此处道路交叉、人车抢道、机动车与非机动车抢道的阻塞状况，大大减少了交通事故的发生。1985年，该桥获建设部科

学技术进步一等奖。

举行对广州地位和作用再认识系列研讨活动

从1983年到1985年期间，广州市委、市政府先后组织有广州地区各方面专家学者和实际工作者参加、重点围绕如何发挥广州中心城市作用的一系列研讨活动，如“关于发挥广州中心城市作用问题讨论会”“广州经济效益问题讨论会”“关于进一步开放，发展广州外经外贸问题讨论会”“广州市第三产业讨论会”“十四个沿海城市改革与开放理论讨论会”等。围绕如何认识广州所处地位的意义，如何理解广州所拥有的优势，以及由此而决定的广州经济社会的发展方向等重大战略问题，与会专家各抒已见，经过多次理论上的争辩、探讨后，各方面的意见逐渐趋于一致：广州是珠江三角洲、广东省以至华南地区工业、科技、金融、饮食服务、交通通信最集中、力量最雄厚的中心城市。对于广州这样一个中心城市来说，它更重要和更基本的功能，是在于组织华南地区或更大地区的区域性市场，实现区域的资源要素合理配置，从而组织华南地区经济的运行，达到整个区域的最佳经济效益。广州作为中心城市辐射与聚合的“功能器官”，既有赖于工业，还有赖于第三产业的发展和完备，此次对广州地位和作用的再认识系列活动，是广州市领导决策民主化、科学化的一个开端。

城市土地实行有偿使用

20世纪80年代中期，广州市城市土地的使用和开发纳入商品化经营的轨道。市政府采取有效措施，逐步建立规范化的土地有偿有期使用

办法，以保证国家土地所有权在经济上得到体现。从1983年开始，广州市逐步变零星划地建设为成片成线的综合开发，变土地无偿划拨为有偿使用。1984年广州开始在部分地区征收土地使用费，1985年有偿出让新划拨土地使用权。随着1986年《中华人民共和国土地管理法》和1990年《城市国有土地使用权出让和转让暂行条例》的出台，国有土地使用权开始全面有偿使用，实行土地所有权和土地使用权分离，以协议、招标、拍卖三种方式有偿出让土地使用权。2000年，全市获土地出让金达41.74亿元。与此同时，各开发公司获得土地后，都必须按城市规划进行综合开发，在建设住宅的同时同步建设市政公用配套设施，克服过去只建宿舍不建配套设施的弊病。

综合开发和土地有偿使用的实行，不但促进了房地产业的发展，而且加速了城市基础设施的建设。仅1983年至1988年，全市各房地产开发公司已无偿建造道路34.5千米，敷设供水管道62千米，下水道88千米，1.2万吨/日污水处理厂1座，园林绿地7.74公顷，中小学校舍9所，托儿所、幼儿园12所，以及1.76亿元的通信、供电和其他公用设施。

1984年

广州成为14个沿海开放城市之一

1984年3月26日至4月6日，中央书记处和国务院在北京召开沿海部分城市座谈会，研究沿海部分港口城市如何进一步开放的问题。会议决定，天津、上海、大连、烟台、青岛、宁波、温州、北海、秦皇岛、连云港、南通、福州、广州、湛江共14个城市，作为进一步实行对外开放的沿海港口城市。这是中央继续实行对外开放政策的一个重要部署。12月5日，国务院对广州市的开放工作作了重要批示，要求广州要更好地利用外资，努力引进先进技术，推动科技进步，加速生产建设，进一步开拓国际市场；同时又要加强与腹地的协作，为全省和华南地区的经济发展服务。批复中强调："引进技术的起点一定要高"；还要在传统产品的升级换代、新产品的开发和发展在国际市场上适销对路的"拳头"产品等方面走在沿海其他开放城市的前面。

广州被确定为进一步实行对外开放的沿海港口城市后，对外经济技术合作和利用外资取得可喜的进展。1984年广州市市属企业与外国和港

澳客商签订合资经营、合作经营、补偿贸易等项目145个，比上年增长3.5倍；客商合同投资额2.48亿美元，比上年增长67.22%。对外加工装配业务也有新的发展，新签合同4428项，合同规定工缴费1.77亿美元，分别比上年增长36.67%和33.11%。

广州市第一次个体劳动者代表大会召开

改革开放以来，广州的个体工商业蓬勃发展。到1983年底，广州市共发展个体户58 491户，从业人员74 701人。1983年，个体工商业全年营业额为1.5亿多元。为了更好地发展和管理广州市个体经济，1984年3月28日，广州市第一次个体劳动者代表大会在广州召开。会议听取和讨论关于个体工商业发展和管理的工作报告，审议、通过《广州市个体劳动者协会章程》和《倡议书》，选举产生广州市个体劳动者协会委员会，容志仁当选为主任，赵钟鸣、邓国辉、梁光华、黎润明四人为副主任，邓卓彦等20人为委员，刘兴亚为秘书长。

广州市委、市政府负责人许士杰、王宗春、杜祯祥、宋恕忠、李善培、王玄、邓汉光等出席大会。港澳商贩代表团一行42人专程前来祝贺大会开幕。广州副市长邓汉光在大会开幕式上作讲话。他指出：个体商业的发展，确实为补充国营商业的不足，方便群众生活，为解决更多的待业青年就业，以至为发展社会主义经济，都起到很好的作用。他要求各级政府要加强对个体工商业的领导，积极扶持个体工商业的发展。中共广州市委副书记王宗春在大会选举产生个体劳动者协会后代表市委讲话。他鼓励全体个体劳动者学好党的方针、政策、法令，使个体经济沿着健康的道路发展。

实行扩大企业自主权改革

1984年5月7日，广州市委、市政府批转《关于第一批企业扩大企业自主权的请示》，批准广东玻璃厂等70家企业为第一批扩权企业，并下放给扩权企业十大权限，包括：（一）生产计划权。企业在保证完成国家计划的前提下，有权根据市场需要和本企业的能力，制订补充计划，接受新任务，采用新技术，开发新产品，广开生产门路，努力增产增收。（二）产品购销权。企业在保证完成国家下达的计划任务和供货合同的前提下，有权销售超产的产品和自己组织原材料生产的产品，以及试制的新产品。（三）价格自主权。企业在国家允许的范围内，有权制定新产品的价格和其他产品的浮动价格。（四）资金使用权。企业有权统筹安排，按规定合理使用各项专用基金和留用利润，包括向其他单位投资。（五）劳动工资管理权。企业有权在国家每年核定的工资总额范围内，选定适合本企业具体情况的工资形式。（六）机构设置权。企业有权在定员编制范围内，按实际需要设置机构和配备人员。（七）干部任免权。厂长（经理）有权“组阁”，有权任免中层干部。同时，还要选择一些扩权企业进行厂长（经理）负责制的试点。（八）固定资产处置权。企业有权在市属国营企业范围内出租、有偿转让其闲置、多余的固定资产，所得收益用于企业的设备更新和技术改造，并向主管部门报告备案。（九）技改和引进项目的审批权。市已对局和总公司下放了审批权，各主管局和总公司也要相应地给扩权企业下放审批和自主权限。（十）对外贸易权。企业有权参加外贸谈判和签约，有权按规定提取和使用外汇分成。通过扩大这十项权限，把企业的责、权、利统一起来，使企业既有内在的动力和活力，又有压力，进一步解决企业吃国家大锅饭的问题。

中共广州市委印发《广州市蔬菜购销体制改革方案》

1978年，广州市在全国率先开始尝试蔬菜统购包销实行幅度议价成交，有限度地放开蔬菜市场，实行淡季品种统购包销，大路蔬菜议价成交，小品种自由议价。蔬菜价格虽然有所放开，但全面放开蔬菜价格在很多人看来依然还是“高压线”，他们认为广州200万人口吃菜是大问题，搞不好要天下大乱。以致当时出现尽管市政府一年补贴2000多万元，但市民还是因为吃菜难而怨声载道的社会现象。

1984年5月23日，广州市农业经济学会的一些专家在沙河镇开会讨论蔬菜问题。有专家在会上提议全面放开蔬菜市场，包括不限价，不包销，国家不下达指令性生产任务，由农民按市场需要安排种植和上市，敞开广州大门，让外地蔬菜进城参与竞争。两天后，《广州日报》发表了题为《建议蔬菜购销实行全面开放政策》的报道，文章直闯“计划种植，统购包销”的禁区，在全国率先提出“按照价值规律重组蔬菜产销新秩序”的提议，在社会上引起极大的轰动。7月1日，广州市以鹤洞区为试点，开放白菜、生菜、绍菜、通菜、西洋菜、青瓜、茄子、玉豆、慈姑、萝卜、土豆、沙葛12个品种，不限价，不包购，产销见面，议价成交；国家不再对郊区菜农下达指令性的生产和上市任务计划，菜农自行安排种植和上市；放开流通渠道，允许多方参与市场竞争。9月以后，黄埔区也成为蔬菜改革试点。两个区蔬菜开放试点的结果是：上市早、质量好、品种多、供应情况良好。其间，市委书记许士杰进行调查研究，主持制订广州蔬菜购销体制改革方案。市委决定，采取积极态度，稳步进行，通过改革，把蔬菜产销工作提高到新水平。

11月1日，广州市印发《广州市蔬菜购销体制改革方案》，对全市蔬菜的产、供、销实行“三放三管”，即放上市任务，放价格，放流通渠

道；管种菜面积和蔬菜购销网点，管对基地菜农与蔬菜公司的优惠，管与菜区社队的联系。此后，蔬菜的生产、价格、流通全面放开，市不给区下达蔬菜上市任务。品种由队与菜农因地制宜、因时制宜自行安排。全部蔬菜不限价，不包购，产销见面，议价成交。开放流通渠道，国营、集体、个体户都可经营蔬菜。

西湖路灯光夜市开业

有“南国明珠”之称的西湖路灯光夜市坐落在广州市西湖路与教育路南段，是越秀区政府为安置受区内二级马路扩建拆除影响的个体户而设。1984年5月，西湖路灯光夜市正式开业，是全国首个时装夜市，经营者多属于早期的个体户。由于毗邻港澳，西湖路灯光夜市一度领先国内时装潮流，荟萃了国内外最新的时装精华，是展示时装潮流的橱窗，西装、T恤、皮革、时装、婚纱及旅游纪念品系列一应俱全。夜市吸引了夜生活并不丰富的大批市民，又因其经营模式灵活多样、信息灵通、交通方便，招徕全国各地的厂商。摊位由开始时的200多个，高峰期达1000多档。搭建摊档的材料，从竹竿换成不锈钢，灯泡换成光管，并由专业队统一按时安装、拆卸，市面还进行统一设计和装饰。走过17年的发展历程，西湖路灯光夜市经营面积由原来的600平方米扩大到1260平方米，拥有经营业户1045档，参与直接经营和配套服务的就业人员逾1万人，每年吸引数十万计的海内外顾客和游客，高峰时年营业额达8000万元，年上缴税收600多万元。

2000年12月，随着市政建设的发展，西湖路恢复交通功能，西湖路灯光夜市结束了近17年的经营历史。此后，这批个体户大军转移到西湖东路新的夜市商场重新经营。

民营科技企业的起步与发展

为了搞活经济，放活科技人员，政府鼓励部分退休的科技人员和一部分现职科技人员更好地发挥自己的才能，采取退职、辞职或停薪留职的办法，离开原单位，创办自主经营、自负盈亏、自找课题、自担风险的科技与经济结合的技术贸易与科技开发实体。这些实体统称民办科技开发机构，后改称民营科技企业。

1984年7月，由广州市第一人民医院五官科医生梁赐芳等五人集资集智成立广州电子喉研究中心，这是广州第一家民营科技开发机构。10多年来，广州市采取一系列措施促进民营科技企业发展。广州市政府和市科技委员会采取一系列有效措施解决民营科技企业场地、资金短缺等问题，先后设立天河、黄花岗高新技术开发区和科技创业服务中心；还成立为民营科技企业提供贷款的广州市科技城市信用社，向民营科技企业提供贷款。随着民营科技企业实力的发展壮大，又成立广州市民营科技型企业协会，旨在探索政府与民间共管逐步实现以民间组织为主管理民营科技的途径。到2017年，广州市民营科技企业占全市高新技术企业总数的98.1%，占工业机器人企业总数的90%、大数据企业总数的90%、物联网企业总数的85%。全市民营企业专利申请量占全市企业申请总量的90%以上，全市新三板企业中民营企业达401家，占比95%。130家省级企业技术中心中71%是民营企业；83家设有博士后创新实践基地和博士后工作站的企业中，三分之二是民营企业。民营科技企业成为广州创新发展的主力军，在广州未来产业结构战略性调整中发挥重要作用。

广州恢复计划单列市体制

计划单列指地区国民经济和社会发展在全国计划中单列户头。1955年至1958年和1964年至1966年这两个时期，广州市先后被划为国家计划单列市。1984年10月，国务院批准广州市恢复计划单列市体制，赋予相当省一级的经济管理权限。计划单列市时期，国家计委和国务院各部门在下达的分地区计划数中，在省的名下，列出单列市指标；广州市计委和市其他部门向国家计委和国务院有关部门报送计划建议和计划草案等时，分别抄送省计委和省有关厅（局）；国家计委下达到省的国民经济和社会发展计划（包括综合计划等16项），除财政计划未单列外，其余15项实行单列并直接下达广州市。在工商税收、海外税收、工商行政、劳动工资、基本建设、外资外贸、科研和教育诸方面，基本落实了省一级的经济管理权限。实行计划单列使广州市在责、权、利上得到较为紧密的结合，这对于更加灵活地运用中央赋予的“在改革开放中先行一步”的政策，更好地发挥广州中心城市的功能，增强经济辐射力，加快广州经济社会发展，都起到重要的作用。

从1993年1月起，按照《党政机关机构改革方案》，广州等8个省会城市不再实行计划单列。1994年2月25日，国家机构编制委员会决定广州的行政级别为副省级。

广州经济技术开发区成立

广州经济技术开发区位于广州市黄埔区东缘，珠江主干流与东江北干流交汇处，距广州市中心约35千米，是经国务院批准于1984年12月28日正式奠基的国家级对外开放区域。创办经济技术开发区，目的是以引

进外资为主，以工业为主，以出口创汇为主，致力于发展高新技术。广州开发区管理委员会是广州市政府的代表机构，依法享有市一级的经济管理权限，负责处理客商在开发区的投资事务，凡投资额在3000万美元以下的项目，各种手续均可得到便捷的办理。

广州经济技术开发区建立之初，面积为9.6平方千米，随着经济建设的飞速发展，又新开发东区和永和经济区，规划面积分别为7平方千米和15.88平方千米。广州台商投资区设立在永和经济区内，于1995年12月正式挂牌运作。广州经济技术开发区还兴建占地0.72平方千米的2000年小康型城乡住宅科技产业示范小区——东辉广场。广州经济技术开发区整体控制可开发面积达30平方千米。2017年，广州经济技术开发区地区生产总值位列广州市第二；固定资产投资1101亿元，同比增长28.6%；规模以上工业总产值7459亿元，实际利用外资22.2亿美元，进出口总值2662亿元，均位居广州市第一。财税总收入突破1000亿元大关，达到1013亿元，居全市和全国开发区第一。在商务部“2017年国家级经济技术开发区综合发展水平考核评价”工作中，广州经济技术开发区综合排名全国第三，产业基础、科技创新、对外贸易等各项指标均处于全国领先水平。截至2018年4月底，该区域“千人计划”人才85名，占全市的30%，各类高层次人才总量达286名，位居全市各区第一、全省前列。

1985年

“学习南华西街，创建文明街道”活动

海珠区的南华西街是广州市创建文明街道活动的典型。学习南华西街创建文明街道活动是广州市街道开展“两个文明”建设的一项重要活动。

中共十一届三中全会以来，南华西街以经济建设为中心，大胆改革，集体经济迅速发展，1985年实现工业产值1亿多元，利税1500多万元，首次登上全国街道榜首。1988年12月，组建南华西企业集团。1996年4月，成立南华西股份有限责任公司，同年12月正式实现股票上市，成为全国第一家股票上市的街道企业。与此同时，南华西街大力加强精神文明建设，倡导“热爱南华西、建设南华西、造福南华西”精神，把治理脏乱差与创五好家庭、文明街巷结合起来，发展社会福利事业，自筹资金建成敬老楼、老人康复中心、职工培训中心、幼儿园、托儿所等，成立治安巡逻队、义务消防队，每年举办千人祝寿大会、运动会、文艺汇演，取得了突出的成绩。南华西街于1984年被评为“广州市文明街

道”；1987年广州市社会主义精神文明十大事件评选中，南华西街“两个文明”建设名列榜首；1989年南华西街获“广东省模范集体”称号；1997年、1999年南华西街分别被中共中央宣传部、中央文明办确认为“全国精神文明创建活动示范点”。此外，南华西街还获得“全国双文明建设先进集体”“全国最佳街道”等多项荣誉称号。

1985年1月4日，广州市委、市政府召开学习南华西街“两个文明”建设现场会，向全市推广南华西街的经验。大塘街等11条行政街签订开展学习南华西街建设文明街道竞赛协议书，首先掀起学习南华西街创建文明街道竞赛活动。全市街道按照“经济繁荣、文化发达、道德高尚、社会安定、环境优美”的总体要求进行建设和营造。到1998年3月止，全市94条街道中先后有7批共84条街道参加竞赛，并全部创建成为文明街道，占全市现有街道总数的89.4%。

设立全国最早办理外经贸事务机构

1985年1月29日，广州市对外经济贸易事务总汇（又称“外经贸一条街”）在东方宾馆成立。这是全国诞生最早的办理外经贸事务的机构，最早进驻的有工商、税务和开发区3个政府部门以及信托、劳务、法律、保险、外贸等9家咨询服务公司共12个单位。从此，这条街成为广州对外招商引资的重要平台。成立头三年，接待前来咨询、问事的人数近4万人次，承办各种事项近6000项，为驻穗外商办事机构提供劳务3000人次，直接通过“外经贸一条街”引进的项目金额超过5亿美元。

1988年8月，广州市政府成立广州市外商投资管理服务中心，负责全市外商投资合作事宜，统一管理“外经贸一条街”。1994年，“外经贸一条街”重组，从单纯的咨询办事向全面的投资服务转变，先后完善

海关审批、房地产投资、年检管理、生活服务等多个“一条龙”服务。1998年，又率先推出外商投资项目联合审批、实行集中收费和联合年检等创新服务项目。1998年底，广州市委、市政府下发《关于进一步改善投资环境的决定》。2000年，“外经贸一条街”迁至广仁大厦，成立广州市外商投诉办公室，起草《广州市外商投诉受理办法》，以市政府令的形式公布实施。

开展农村扶贫开发工作

改革开放后，广州市的经济实力与人民生活水平虽然有了较大提高，但还存在贫困地区、贫困镇村和贫困户，主要分布在从化、增城两县及花县、白云区。1985年2月，广州成立贫困地区山区工作领导小组。1986年起，把农村扶贫列入政府工作计划，重点解决郊县农民温饱问题。1986年1月25日，广州市委、市政府作出决定：把振兴山区经济纳入“七五”计划，采取增加对山区的资金投放，发展造林种果、山区工业和乡镇企业，改善交通和通信条件等项措施，加快山区经济发展步伐。同年5月3—7日，市政府召开城乡横向经济联合工作会议，规定今后市属工业企业向郊县扩散时，应优先考虑市属郊县，并制定城市帮助落后地区发展经济的优惠政策。

1988年，广州市委、市政府要求市、县属各经济部门都要分工定点联系贫困地区，实行扶贫目标责任制，两年内使目前贫困地区的6万多人全部脱贫。1989年，市政府把农村扶贫工作列入全市办好十件实事之首，各级共投入扶贫资金1102.1万元，是广州历史上扶贫资金的最高纪录。

1991年起，扶贫开发工作转向以壮大集体经济为主攻目标，提出

“六个一起抓”的扶贫工作具体办法。4月23日，广州市委、市政府作出《关于加强市带县工作促进农村经济发展的补充规定》，明确要求把扶贫工作与市带县工作结合起来，并明确挂钩扶贫责任制一定五年。

1992年3月，市政府同意从化县各镇继续享受贫困地区山区优惠政策，并增加11个镇，同样享受省市有关扶贫优惠政策。7月，广州召开城乡经济联合洽谈会，掀起城乡经济联合第二次高潮。1993年，从化县成为全省第一个摘掉贫困县帽子的县。

开展企业股份制改革试点

广州是全国最早进行企业股份制试点的城市之一。从1984年起就逐步开始国营企业股份制试点和建立包括股票市场在内的证券市场的多种试验。1984年，中国金融改革的试点城市尚未确定，广州商业、电力部门的几家企业率先引进股票、债券集资，后来逐步增多。到1985年7月，广州地区订有正式章程发行股票或债券的企业有30多家，遍及轻工、二轻、建材、电子、纺织、橡胶、能源、交通、房地产、市政建设、商业、旅游、金融等行业。这些集资是自发的、非规范的社会集资。1985年底，市政府颁发《广州市企业股票、债券管理试行办法》，这个文件对促进社会集资的健康发展起了重要的作用。是年底，广州绢麻纺织厂等广州市首批3家企业试行股份制，吸收本企业职工投资参股，在资产构成上增加个人股金成分。3家企业共集资651万元，相当其自有资产净值的21.61%。它对解决企业资金不足、调动工人的积极性、促进所有权与经营权分离起到了好的作用。1986年底，广州又批准9家国营企业试行股份制。上述12家股份制试验的企业主要采取三种形式：法人持股的股份制，如万宝电器集团公司；内部职工持股的股份制，如广州绢麻纺织

厂、南方大厦百货商店等；社会公众持股的股份制，如东华实业股份有限公司。到1986年9月，广州各种集资单位达600多个，发行股票、债券1.3亿元。

推行厂长（经理）负责制、试行厂长（经理）任期目标责任制

1985年8月6日，广州市在广州重型机器厂等15家市直属大型企业中，实行厂长（经理）负责制。是年底，实行厂长（经理）负责制的市属国营企业有490家，占这类企业总数的62%。1986年增加到524家，占这类企业总数的72%。其中成绩显著的占56.4%，较好的占40.8%，较差的占2.8%。在推行厂长（经理）负责制的同时，又推行厂长（经理）任期目标责任制，1986年经济口有80家企业陆续进行试点。

1986年12月24日，广州市委、市政府在广州钢铁厂召开厂长任期目标责任制现场会议。此时，广州已有25家企业实行厂长（经理）任期目标责任制。会议要求1987年底全市国营企业全部实行厂长（经理）任期目标责任制，一定五年。1987年底，已有746家全民所有制企业实行厂长（经理）任期目标责任制，占总户数的88.3%。

中外合资花园酒店全面开业

1985年8月28日，广州花园酒店全面开业。它是中国改革开放第一批引进外资建设的五星级酒店，由广州岭南置业公司与香港花园酒店合作建设，总投资额超过10亿港元。双方合作期为20年，偿还本息后，双方按利润五五分成，20年后，酒店在正常营业情况下归中方所有。1979

年，酒店开始筹备，由知名建筑设计师贝聿铭进行概念设计，邓小平亲笔题写店名，1984年10月28日酒店部分开业。

花园酒店位于广州环市路，占地面积4.8万平方米，总建筑面积超过17万平方米。酒店由两座“Y”形大楼组成，楼高30层，拥有客房超过1100间。所有房间均装置现代化设备，还特别为不吸烟者提供“禁烟楼层”，为需要快速服务的行政商旅客人开设“行政中心”楼层，为当年国内酒店业之首创。此外，酒店还创造一系列全国之最：规模最大的酒店，最大的酒店大堂，最大的国际会议中心，最大的酒店前后花园等。

1987年花园酒店荣获首届工程鲁班奖，1990年被旅游局评定为五星级涉外酒店，成为中国最早的五星级酒店之一。2004年12月中外合作期结束花园酒店产权回归中方，2005年归属广州市国资委辖下广州岭南国际企业集团有限公司全资管理，2007年8月成为全国首批三家“白金五星级饭店”唯一民族品牌酒店，2010年成为第16届广州亚运会总部饭店。至2015年，花园酒店为国家上缴利税近26亿元，为业界输送一批专业人才，取得骄人业绩和诸多荣誉。

开通国内容量最大程控电话交换系统

1985年8月28日，广州市2.6万门程控市内电话和程控长途电话1000线交换系统开通。这是当时国内容量最大的自动电话交换系统。它的开通使用标志着广州的通信达到20世纪80年代的世界先进水平。它使广州自动电话的总容量增加2/3，通过该系统可直接拨打国内长途电话到50多个城市，以及世界14个国家和地区的387个城市。从开通到1987年，装机率超过74%，居全国首位。在业务总量、业务收入、长途电话通话总次数、电报收发总份数、有权电话用户数、新增长途电话条数、新增市话用户

等7个方面均居全国省会城市首位。到1993年12月18日，广州市实装电话50万户，每百人电话机普及率达20.3%，寻呼机和手提电话用户分别超过45万户和5.2万户，拥有量位居全国大城市前茅。

《广州经济社会发展战略设想》北京讨论会召开

1985年11月16—30日，广州市在北京召开《广州经济社会发展战略设想》（简称《战略设想》）讨论会。这是广州市委、市政府为制定广州经济社会发展战略举行的一系列座谈会，也是全国首个在北京召开的以一个城市社会发展战略为题的讨论会。

1983—1985年，经过对广州地位和作用再认识的多次讨论和研究，形成《战略设想》，在北京讨论会上征求首都的领导、专家学者的意见，同时对外宣传广州，扩大影响力。此次会议争取到中央有关部门的支持，对解决广州经济社会发展中存在的实际问题有一定的帮助，如进一步落实了广州市拥有广东省一级经济管理权限等。

北京讨论会之后，广州市委、市政府认真修改《战略设想》，特别是对实现设想的步骤和需要采取的对策等问题，进行深入的可行性研究，于1987年形成《广州经济社会发展战略纲要》。另外，除已初步制定出的工业、农业、第三产业、科技、交通、教育等发展战略外，还着手制定外经外贸、文化、商业、旅游等方面的发展战略，从而使整个总体发展战略更加配套、更加完善。

广州市委向农村推广“江高模式”

1985年底，广州市委向广州农村推广“江高模式”。江高模式是广

州市白云区江高镇在1983年组建的新型的家禽合作经济模式。它以镇办鸡场为依托，联合8个村办鸡场和1000多家养鸡专业户，形成以场带户、科研与生产结合、与外贸部门挂钩、产供销“一条龙”的集团式合作经济组织。作为一个多功能的服务系统，它为家庭经营提供的服务主要包括：良种繁育供应服务、饲料生产供应服务、技术信息服务、屠宰加工服务、产品销售服务。这种模式把生产和流通衔接起来，使家禽养殖业产销两旺，继而带动畜牧业兴旺发达，成为江高镇的支柱产业。它也促进了农业经营走上专业化、社会化的轨道。

不久，“江高模式”又从畜牧业延伸到水果、蔬菜、水产等方面，对整个农村商品经济的发展都起到积极的作用。蔬菜、畜牧水产、水果成为白云区农业的三大支柱，也成为广州“菜篮子”的主要供应基地。

“江高模式”还在番禺等地推广，全市家禽生产向专业化、社会化规模生产转化。1987年，广州实现家禽产品自给有余。1988年，广州的肉鸡出栏量达到3000万只，商品率达到95%以上，每年除自给外，还提供几百万只肉鸡出口。1987年，《人民日报》对“江高模式”进行系列报道，并在全国大力推广，“江高模式”成为中国农业产业化的一种模式。

清理整顿行政性公司

1985年开始，广州对行政性公司进行转轨变型的改革。这是搞活企业的重要一环。在这之前，企业管理主要是通过自上而下的行政权力来实现的。扩大企业自主权，必然会对企业管理的旧模式形成冲击，而一些行政机构却不能适应这种变化，仍然希望独揽大权。这样，企业在扩大自主权的过程中，常常会受到各种干扰。为了使企业的扩权落到实

处，广州市对行政性公司进行整顿，主要是将行政性公司改为专业性公司，改为开发新产品、新工艺、新技术或提供经济信息的企业性公司，或改为生产经营服务型的经济实体。1985年，广州市钟表、针织、染织、电梯等5家公司，由行政公司改为企业性、专业性公司。到1987年7月，广州市工业系统的30个行政性公司中，分别采取撤销、改性、合并和重组等不同方法进行改革，转为企业性公司的有23个，其他系统的行政性公司也有不同程度的转轨变型。

试行公开选拔局级领导人才

1985—1986年，中共广州市委改革选拔干部制度，试行采用各方推荐（自荐）、个人志愿、专家测评、组织部门考察、市委审批的办法，遴选部委办（局）级领导人才。

1985年6月18日，在市人才信息中心成立大会上，中共广州市委组织部部长、市人才信息中心主任吴晓烽发出选拔广州大学校长、市外经委副主任、市外事办副主任、市城建委副主任等领导人选的信息，希望大家举荐人才。到1986年春节前，共收到推荐表97份。同时，中共广州市委扩大知人渠道，由组织部门出面，先后聘请400多名人才信息员，根据人才需求搜集人才信息，直接向广州市委组织部门举荐人才。1985年11月7日至1986年1月31日和2月3日，市人才信息中心分别举行两次市外经委副主任人选测评会和一次广州大学校长人选测评会，对10名市外经委副主任候选人和6名广州大学校长候选人进行测评。考核这些干部的方法是：市委组织部事先向被举荐人选分别详细介绍市外经委和广州大学的背景材料；然后由专家组成的测评组听取候选人发表演说，并对其进行提问，从中特别注意考察其业务知识决策水平、独立思考能力和开拓意

识。测评结果，中山大学经济系助教、38岁的吕锦汉，外经委对外咨询公司经理、46岁的麦兆儒作为市外经委副主任的优秀人选。华南工学院副教授、机械二系热处理研究组副主任、50岁的张士勋作为广州大学校长的优秀人选，推荐给市委组织部门。经过组织部门反复考察后报送广州市委、市政府审批。其中一些暂时未被用人单位选上的人选，则将其名单储存在人才库内。通过干部选拔制度改革，广州市建立了一支有400多人的区县、局以上单位后备干部队伍，选拔了35名优秀中青年干部进入局级以上领导班子。

1986年

广州110报警服务台开通

为适应改革开放后社会治安方面出现的新情况和新问题，提高公安机关接处警的快速反应能力，便利群众报警、求助和投诉，更好地为人民群众服务，1986年1月，广州市公安局把内部的无线对讲机、总机等设备资源进行整合，成立指挥室，受理群众对于刑事、治安案件的电话报警，开通全国第一个110报警服务平台。1月10日零时，广州市公安局110报警服务台开通，正式开展110报警服务工作。它打破以往一人一电话的接警格局，是公安工作史上一次重大变革。开通首日，110报警服务平台接到警情24起。

1987年3月，公安部派出工作组赴广州进行实地调查，对广州市公安局110报警服务台的经验和成绩给予肯定，随后发出《关于在大中城市公安局普遍建立110报警服务台的通知》，推动全国110报警服务台的建立。1996年3月，经国务院发展研究中心市场经济研究所正式确认，广州市公安局110报警服务台为“全国首家开通110电话报警服务台”，载入

“中华之最”荣誉大典。

110报警服务台是倾听群众呼声、解决群众危难的窗口。至2016年，日均接警量达1.6万多宗，共受理报警求助8200多万宗；指挥基层公安机关抓获违法犯罪嫌疑人21万名；截获、查获涉案机动车1.9万辆，救助危难群众38万人。

制定发展山区经济10项措施

为加快广州山区经济发展步伐，使山区人民尽快走上富裕道路，1986年1月25日，中共广州市委、市政府作出《关于加快山区经济发展步伐的决定》，提出发展山区经济的10项措施：（一）落实山林政策，积极发展造林、种果，要求用8年时间绿化全市，计划每年造林40万亩，8年内森林覆盖率达到50%以上。（二）积极发展山区工业和乡镇企业。实行国家、集体、个人一齐上，发展联户办企业，促进山区经济的发展。（三）鼓励山区利用水力资源发展小水电。继续完成在建工程，争取尽快发挥效益；优先支持未通电的贫困地区；搞好配套，提高工程效益。（四）搞好山区的交通和通信建设，采取多渠道集资，以民办公助的方式，分期分批修建公路，逐步改善山区的交通运输条件。计划用3年时间，解决山区乡未通电话的问题。（五）帮助山区改善生产条件，兴修水利，提高生产水平。（六）“七五”期间，市财政每年安排500万元支持山区经济发展，争取在三至五年内贫困地区的面貌有较大的转变。（七）加强山区文教卫生事业，帮助山区培养人才。（八）各部门、各行业、各单位要为发展山区经济做好产前、产中和产后服务。（九）把振兴山区经济纳入“七五”计划，增加对山区的资金投放。（十）加强对发展山区经济的领导。

广州成为金融体制改革试点城市

1986年1月，广州被列入全国首批金融体制改革5个试点城市之一。从1986年起，广州围绕发挥银行筹集融通资金、引导资金流向、提高资金利用率和调节社会总需求的方向，对金融体制改革作了一些探索。

首先是建立和拓展资金市场。1985年，广州开始建立证券市场。1986年1月，建立外汇调剂市场。1986年10月，成立跨地区跨行业的“广州金融同业拆借中心”，把广州和珠三角地区各家专业银行联结起来，并与全国各省银行沟通信息，促进融通。其次是发展各种金融机构，如信托投资公司、城市信用合作社和交通银行广州市分行等。在各专业银行之间，开展适当的业务交叉，允许人民币和外币储蓄业务、外汇业务交叉，打破垄断，推动竞争。到1990年，广州已成为珠三角及华南地区的金融中心。同时，改革资金管理体制、财务管理体制和银行内部的经营机构，实行专业银行企业化经营管理，试行目标经营责任制，建立以行长负责制为中心的各种经营责任制，并加强和改善金融的调节机制，充分发挥中国人民银行作为中央银行的宏观管理调控作用，灵活融通资金，搞活资金。

经过改革，金融部门从原来简单地起会计、出纳的作用，执行国家计划分配资金的职能，转变为相对独立地行使货币政策职能、调节国民经济的综合部门。

全国总工会号召向广州卫生处理厂学习

1986年2月15日，全国总工会作出决定：授予广州卫生处理厂“五一”劳动奖状和“全国先进集体”称号，并号召全国职工向广州卫

生处理厂学习。《人民日报》发表报道，并发表评论员文章《工人阶级最有光彩的品质》。3月，广东省政府决定，授予广州卫生处理厂“广东省先进模范单位”称号，并发出关于号召全省向广州卫生处理厂学习的决定。

广州卫生处理厂是广州唯一一家专门负责收集死病禽畜、死鼠和变质肉类并进行无害化处理的工厂。工人们长期默默无闻工作，每天到固定收运点巡回收集死病禽畜和死鼠，或者到工商、防疫等部门指定的地点收集变质肉类等，并按照市民的报料电话，到马路边、江河涌等地方收集被遗弃的死禽畜，然后进行高温无害化处理，变废为宝，制成脂肪、肥料等。

1985年10月，广州市委发出《关于学习广州卫生处理厂加强社会主义精神文明建设的决定》，并在该厂召开全市精神文明建设现场会议。《羊城晚报》《工人日报》等媒体都对广州卫生处理厂的先进事迹进行宣传报道。1986年1月27日，新华社发表题为《宁愿一人脏，换来万家康》的通讯，赞扬广州卫生处理厂干部职工的思想境界。1987年，广州卫生处理厂“宁愿一人脏，换来万人康”的精神被评为广州市社会主义精神文明建设十件大事之一。

推进横向经济联合

1986年3月31日，广州市体制改革和经济协作会议召开，会议提出该年经济体制改革的重点是大力推进横向经济联合，带动其他各项改革的深入。1986年，广州把促进企业发展横向经济联合同落实企业联合经营的自主权结合起来，通过制订措施，提供政策保证，组织经济技术洽谈会和成果展销会等形式，为企业搭桥牵线，推动企业实行跨行业、跨部

门、跨地区、跨城乡的横向经济联合。

1987年4月26日，广州市政府印发《广州市关于发展横向经济联合的试行办法》，指出：横向经济联合不受地区、部门、行业和所有制的限制，可以采取紧密型、松散型等多种形式，以促进地区生产力布局、产业结构、产品结构和企业组织结构的合理化为目标，以搞活大中型企业为重点，逐步形成以大中型企业为骨干，以优质名牌新产品为龙头的企业群体和企业集团。1985—1991年，广州先后组建44个企业集团。这些新型大企业集团的建立，对社会生产力的发展和新旧体制的转换起到重要的促进作用。它们在企业规模效益的发挥、生产力的合理组合以及占领国内外市场等方面也发挥着越来越重要的作用。

发展横向经济联系，是广州扬长避短、促进社会经济较快发展的重要途径，也是广州发挥中心城市辐射作用、带动周边地区经济发展的重要环节。

开创采用招标方式成片改造旧城区

改革开放以后，广州旧城区改造的问题越来越突出。广州八区面积1443.7平方千米，旧城区仅有面积54.4平方千米，却容纳着全市一半居民人口，加上近百万流动人口，显得拥挤不堪。1982—1987年，广州市对旧城区74条行政街编制了改造规划，把严格旧城区膨胀、改造旧城区和建设新区结合起来，逐步推广改造规划。1986年8月，广州首次采用招标方式成片改造旧城区，先在破旧房屋较多、市政设施较差的越秀区东风街小区进行试点。中标企业广州市城建开发总公司越秀分公司获得土地开发权的同时，仍需要规划完成小区内的市政、公用配套设施工程，且无偿向广州市政府提供2.3万平方米楼宇，作为旧城区改造的专用房屋。

改造实行成片开发、分步实施、完善配套的原则，限期6年半竣工。此次招标开创了国内采用招标方式成片改造旧城区的先例。通过综合开发改造，东风街小区建成各类建筑房屋61幢，竣工面积23.7万平方米，成为建筑布局整齐、交通方便、社会服务配套、设施完善和居住、生活环境舒适的小区。东风街小区综合开发改造取得的成功经验，在全市旧城区逐步推开。带河街、兴隆街、南源街、洪德街等街区相继投入开发改造。20世纪80年代，广州大规模的旧城区改造工程，改善了城市功能，调整了城市用地结构布局，改善了市民居住环境。

首次举办广州地区“十大杰出公仆”评选活动

1986年，广州市开展“评选广州地区十大杰出公仆”活动。活动由《南风窗》杂志社和广州电风扇工业公司等10家企业举办，是中国内地第一次“民办、民提、民评、民奖”领导干部的活动。活动历时3个月，共回收提名选票4万多张，经过统计、汇总，选出15名正式候选人。最后由市民组成百人评议团，开答辩会，实行差额选举，从中选出10位“杰出公仆”，十大杰出公仆名单按得票数排列。9月6日，评选活动揭晓。广州市委书记许士杰、广州市市长朱森林、广东省人大常委会委员许实、广州市政府副秘书长黎敏、番禺县委书记黄伟宁、白云山制药厂党委书记贝兆汉、广州民办儿童福利教养院院长孟维娜、广州市总工会主席梁超、广州中医学院副院长李国桥、南华西街党委书记韩伟煜均获“杰出公仆”称号。他们分别获得以市民名义颁给的“十大杰出公仆”奖章和纪念证书，以及10位著名画家绘制的精美国画。

《人民日报》对“评选广州地区十大杰出公仆”活动评论道：“让人民群众对国家干部，特别是领导干部进行监督评议，正是社会主义民

主的题中应有之义。公仆执行人民意志，人民督促公仆，只有这种双向沟通，才有党和政府与人民群众同心同德，千呼万应，才能众志成城，保证社会主义现代化事业胜利进行。”

发布《广州市鼓励外商投资的实施办法》

为改善投资环境，更好地吸引外商投资，引进先进技术，扩大出口创汇，1986年10月，广州制定《广州市鼓励外商投资的实施办法》（简称《办法》）。它的基本内容有四个方面：一是根据广州的特点尽可能降低外商投资企业的生产成本；二是给外商投资企业更多的自主权，使其能按国际惯例和市场行情自主地组织生产；三是给外商投资企业尽可能提供良好的生产、经营条件；四是提高广州市外经贸工作决策系统和执行机构的工作效率。同时，成立广州市对外经济工作领导小组，负责全市吸收外资工作。为宣传、落实《办法》，市政府还在香港举办“广州投资环境研讨会”，邀请国外和港澳的驻穗机构、外商投资企业代表开展研讨活动。

《办法》实施后，有效改善了广州的投资环境，实现外资投向由过去的宾馆、旅社、酒店、饮食等行业（项目）向生产性项目和出口创汇型项目的转变，其中有不少产品填补了广州的空白。到广州投资的外商逐步增加，其中有实力雄厚的世界性大财团大公司，到1999年末，仅在开发区落户的超过千万美元的外商投资企业达140多家，名列世界500家最大企业的跨国公司在开发区投资的有50多家。

开展“友爱在车厢”活动

20世纪80年代，广州公交行业存在“乘车难”、开“斗气车”、车厢过于拥挤、乘客吵架和逃票等种种不和谐现象。为改变公交行业的面貌和风气，广州交通运输局决定将一汽公司的5路线选作试点线路，开展“五讲四美”文明礼貌活动。1986年，广州一汽巴士5路线与沿线12个单位联合倡议发起“友爱在车厢”活动，教育引导公交员工从本职岗位做起，扶老携幼、真诚服务，并号召乘客从自身做起，相互礼让、相互帮助。

活动得到社会的广泛认同和积极响应，迅速推广到整个公交行业。1987年，全市101条公共汽车、电车线路和专线车，以及沿线的328个单位参与。后来，活动超出车厢，超越行业，辐射全市各行各业，成为80多万干部职工积极参与的群众性精神文明建设活动。

“友爱在车厢”活动对促进和谐友爱的人际关系、改善社会风气、提升社会职业道德水平、推动精神文明建设等起到相当的积极作用。“友爱在车厢”活动被市民评选为广州市社会主义精神文明建设十件大事之一、广州改革开放十大成就之一。

1987年

《广州日报》成功改版

《广州日报》是广州市委的机关报，从1987年1月1日起，正式从4版改为8版。当时全国的报纸，只有《人民日报》是8版的，所有的地方报纸一律为4版。广州成为新闻出版界改革第一个“吃螃蟹”的城市。

改版第一天的报纸刊登了《致读者》，“改为8版后的《广州日报》的编辑方针是：立足广州，面向沿海开放城市，面向全国，兼顾海外，把《广州日报》办成既有指导性，又有社会性、群众性，开放型、多功能的，适合多层次读者需要的中心城市报纸。”

《广州日报》改版之后，在丰富版面内容，适应多层次读者需要上下功夫，并按照这个思路安排版面的布局。除了日常的新闻，报纸增设娱乐版、体育版和连载版，颇受读者欢迎。1987年，《广州日报》改版被市民评为广州市社会主义精神文明建设十件大事之一。

在《广州日版》改版的带动下，全国不少报纸也纷纷加入改版行列。1994年，全国改版的报纸增加到150多家，基本改变了长期以来地方

报纸对开4版的局面。

广州港管理体制改革

1987年1月13日，经国务院批准，交通部属的黄埔港务局下放广州市政府管理，实行由广州市人民政府和交通部双重领导、以广州市领导为主的管理体制。在黄埔港管理体制改变后，12月18日，黄埔港务局和广州港务局合并组成新的广州港务局，实现对港口的统一管理。其港域包括原黄埔港区和原广州港区，是华南地区最大的国际贸易中枢港，黄埔集装箱码头是当时全国最大的集装箱码头。整个港域有可锚泊万吨级船的锚位33个，直属码头泊位123个，码头岸线长10 894米，铁路专用线总长25千米。组建的广州港务局是广州市人民政府的直属机构，受市政府的委托，行使港口管理的职能，领导港口的生产和建设，其业务归市经委管理（市交通管理委员会建立后，归口市交通管理委员会）。1988年全港吞吐量4735.5万吨，进出港旅客500多万人次。广州港务局实行经理（厂长）负责制、任期目标责任制和承包经营制后，港口吞吐量以每年8%的速度增长，到1988年发展成有内联和中外合作企业20家，集集装卸运输业、旅业、商业、饮食业等多行业为一体的大型服务企业。

广深铁路复线建成通车

20世纪80年代起，原有广深铁路单线难以满足运输需要。1981年6月10日，广州铁路局向铁道部报送《广深铁路改造设计任务书》，请求增建广深铁路复线。1983年6月25日，国务院批复有关计划。由于当时国家铁路建设资金紧张，广州铁路局决定开拓筹资渠道，采用自筹资金、以

路养路、以路建路的新方式，筹资建设广深铁路复线。

1983年12月15日，广深铁路公司在深圳成立，1984年1月1日正式开始营运。国家允许公司从高度集中的国家铁路管理体制中脱离出来，实行“自主经营，自负盈亏，自我改造，自我发展”的经济承包责任制，其实行的新型管理模式被称为“广深模式”。国家不给分文，公司自行承担广州至深圳间铁路客货运输和对外服务业务，实行客货运输价格上浮50%和上缴利润递增包干的特殊政策，并靠自身创造的利润来自行分阶段完成广深铁路复线电气化改造建设。

工程于1984年2月27日开始施工。整个复线改造项目共投资7亿元人民币，1987年1月26日建成通车，成为广东省第一条复线铁路。工程完成后，列车最高运行速度为110千米/小时。复线建成后，广深铁路的运输能力显著提高，1987年广深铁路旅客发送量达到1467.89万人次，是1983年的152%；年货物发送量为754.2万吨，年货物到达量1064.1万吨，分别是复线时的176%和165%。

杨箕村在全国率先成立股份制合作经济联社

杨箕村位于旧城区的边缘，随着改革开放的深入，大批农田被征用后，村民争着被招工、农转非。随着城市化的发展，杨箕村利用征地款大力发展乡镇企业，集体经济不断发展壮大，村民的年终分红也逐年提高。到1986年，村民的劳动平均收入高达7600多元。被招工农转非的村民提出要把村集体资产分配到人。

通过深入调研，杨箕村进行农村股份合作经济改革试点，冲破重重阻碍，于1987年8月成立村股份合作经济联社（简称“联社”）。联社由股份合作理事会管理，下设经济发展公司，把集体经济折成股份，村民

设置人头股、劳动工龄股和发展股，集体经济年终结算，按股分红。第一个“吃螃蟹”的杨箕村，由本来4000万元不到的固定资产变成不到半年就壮大到1亿元。

几个月后，天河区有12个行政村推行股份合作经济。到1991年底，天河区行政村和自然村全面实行股份合作制，成为全国第一个在区县级农村全面推行股份合作制的地区，确立了天河在中国农村经济体制改革中的历史地位。此后，广州不断完善和大力推进农村股份合作制改革，截至2007年底，全市实行股份合作制的行政村有529个，占行政村的46%。

农村股份合作经济是天河区农民的创举，率先在全国进行农村产权制度改革，解决了农村集体经济的权属问题，为壮大和发展农村集体经济闯出一条新路子。

企业全面推行承包经营责任制

1987年，广州市经济体制改革坚持以搞活企业为中心，重点是全面推行承包经营责任制，取得明显成绩，有效推进经济体制改革的深入发展。

广州市推行的承包经营责任制，是从各行各业的实际出发，主要形式有上缴利润目标责任制、企业经营责任制、上缴利润递增包干、超额全留等，承包期一般为4年，自1987年至1990年。广州推行承包经营责任制是用契约形式，明确规定企业的责、权、利，承包内容不只是上缴利润，还包括技术改造等项指标，做法是紧密结合企业各项改革任务来进行。例如，推行承包经营责任制同实行厂长（经理）负责制、任期目标责任制相结合，实行承包经营责任制同搞活企业内部分配相结合，实行

承包经营责任制同加快企业技术改造相结合，等等。

到1987年底，市属356家预算内国营工交、城建系统企业，实行经营责任制的有349家，占比94.6%。市属248家商业大中型企业，实行承包的231家，占比93.14%。市属8县工业企业135家，实行承包的118家，占比87%。企业实行承包经营责任制，有效调动了经营者和生产者的积极性，加强了企业的经营管理，提升了内部改革，推动了企业技术进步和企业结构的优化，促进了生产发展和经济效益的提高。

开展“微笑的广州”系列活动

1987年，共青团广州市委和市少先队工作委员会在全市青少年中开展“微笑的广州”青少年精神文明建设系列活动。这项活动不仅要求广大青少年具有“微笑”的可爱形象，更重要的是从“微笑”中反映广大青少年乐观向上的生活态度和文明健康的精神追求，并通过“微笑”活动，开展社会公德、职业道德教育，倡导友爱互助的新型人际关系。其形象代表“微微”和“笑笑”两位卡通人物在市内各大街道各处向人们招手，“你也微笑，我也微笑，架起友爱之桥”这首粤语歌曲唱遍羊城。

“微笑的广州”系列活动开展后，在宾馆、酒店中，被誉为“微笑使者”的服务员，微笑着彬彬有礼地迎接客人，客人们也以微笑回报他们的热情服务；在车站、商店和服务行业中，出现了“微笑传递友爱，友爱唤起微笑”的新气象，“微笑”成为文明广州的显著特征。“微笑的广州”系列活动被评选为1987年广州市社会主义精神文明建设十件大事之一、广州改革开放十大成就之一。

科技体制改革试点工作取得新进展

1987年，广州市被批准为全国科技体制改革试点城市。广州市政府颁发《关于推进科技体制改革的若干实施办法》。贯彻搞活科研机构的政策，广州积极促进科研部门和生产部门的横向联系，推动科研与生产相结合，从1986年起，广州推进科研单位与企业组成各种形式的科研生产联合体，发展了一批科研生产一体化的经济实体。1987年，广州进行三个方面（局、区县、科研单位）、四个层次（高教系统属、各部和省属、市科委直属、各局各公司属科研单位）、十种类型的试点工作。到1991年，全市已组建科研生产联合体359个，所属区、县已分别与广州地区高等院校、科研单位建立高层次、多形式的联合，促进科技向生产的转化。与此同时，广州执行《关于放活科技人员的若干政策规定》，为科技人员创造人才合理流动的社会环境，进一步形成爱惜人才、借才生财的社会局面。

为加大对科技的投入，加快科技成果的转化，1987年10月，广州成立全国首家科技金融机构——广州科技投资公司。到1991年止，公司投贷支持科技项目210项。各区、县、街、镇、局（总公司）、企业普遍建立起科技发展基金，市设立以发展农村经济为目标的“星火计划”和以开发高新技术形成产业的“火炬计划”，引进技术设备消化创新、专利实施成果推广、高新技术发展专项资金，形成多元化、多层次、多渠道的融资格局。

广州科技体制改革促进了科技的进步，对推动广州高新技术的形成和发展，推动外向型经济的发展，实施沿海经济发展战略有重要的意义。

1988年

广州电视台试播全国首创每日播报新闻

1985年9月，广州市政府批准广州市广播电视局提出的建设电视台的方案。随后开始了电视台的筹建工作，选定广州市西德胜岗做台址，天线设在花果山广东省微波站的铁塔上。经过三年筹备，广州电视台于1988年1月10日正式试播，宣告市属的广州电视台正式诞生。该台使用34频道，覆盖范围除市区和市属4县外，可达珠江三角洲地区。试播期间每日播出新闻，首创国内电视台开台试播即每天播出即日新闻的先例。每天的播出内容大致分为三大类：第一类节目为新闻，着重反映广州市及珠江三角洲地区的各类信息和触及社会生活各层面的专题新闻，还有融汇知识性和趣味性的大型系列节目。第二类节目为社会生活专题节目，着力反映广州市民群众关注的新问题、新气象、新观念，报道政府工作决策和改革的重大措施。第三类节目是文艺节目，包括歌曲、舞蹈、小品、相声、电视剧以及一些大型文艺演出和各类比赛活动。开播当年，组织“新婚夫妇竞情谊大赛”“十大奇招大赛”“模仿大赛”“广告新

星大赛”等不少大型晚会节目，颇具趣味性、艺术性且健康有益。1988年5月，广州电视台举办大型“首届广告模特大赛”，这种带有商品经济特色的大赛，在国内电视台中为首次举办。

广州证券有限公司成立

1985年底，广州市政府制定《广州市企业股票、债券管理试行办法》，规范审批、发行、分配等证券管理程序。同时，为促进证券市场的形成和发展，1987年11月交通银行广州市分行被批准办理金融债券、国家重点建设债券、大额定期存单和个别企业债券的柜台买卖业务。为规范和统一管理证券业务，1988年3月经中国人民银行批准成立广州证券公司，这是国内最早成立的证券公司之一。同年4月，广州市经批准开展国库券转让业务，并在市内增设11个国库券转让点，广州出现二级证券市场的雏形。1997年11月，广州证券公司增资改制为广州证券有限公司。2000年，公司抓住国家实施积极的财政政策和稳健的货币政策的机遇，各项业务得以全面发展，获准增资扩股至8.17亿元，有广州越秀集团有限公司、广州城市建设开发集团有限公司等十大股东。2012年8月3日，获得广东局批复核准增资扩股10亿元，增资后注册资本金达197 776万元，由广州越秀金融投资集团有限公司控股，广州证券有限公司为金融集团的核心主体。2014年9月1日，广州证券有限公司正式变更为“广州证券股份有限公司”。

南方大厦集团股份有限公司成立

南方大厦百货商店自20世纪50年代开办以来，一直是华南地区唯一

的百货零售商店。1988年3月，以南方大厦百货商店为主体骨干成立南方大厦集团股份有限公司（简称“南方大厦集团”），本部设在广州市沿江西路49号，开设2100平方米的地下商场、南丰商场、菩提园酒店、服装厂及24小时服务的便利店等，营业面积达2万平方米，形成含商业、旅业、饮食业、生产加工、小额进出口贸易、中外合作企业、内联企业的大型企业集团，是全国十大百货商场之一。随着城市建设重点的东移，以及北京路零售中心的形成，南方大厦百货商店历史形成的商圈结构发生变化，市场占有率逐渐减少。在这种压力下，南方大厦集团立足自我发展，在发展中求生存，20世纪90年代末，在国内率先启动“网上购物”，为扩大营销做出积极尝试。先后组建“南大广客隆贸易有限公司”“南大三环发展公司”“南大超级商场连锁公司”和专门开发分期付款业务的“南方银泰有限公司”等多家系列型母体公司，进行规范化管理。通过调整，南方大厦集团形成一个以资产联结为纽带的企业群体。

广州市企业党政分开动员大会召开

为继续深化改革，搞好企业党政分开，增强企业活力，1988年5月5日，广州市委召开企业党政分开动员大会，公布《中共广州市委关于理顺企业内行政、党组织和职代会之间关系的意见》（简称《意见》），对贯彻执行意见作了具体部署。主要内容有：（一）进一步确立厂长的中心地位，发挥厂长对企业实行全面领导的中心作用。要按照《企业法》的规定，把企业的经营权真正交给企业经营者来掌握；厂长对企业的物质文明建设和精神文明建设负有全面责任；在保证和落实厂长各种职权的基础上，建立健全厂长实行民主、科学决策的制度；厂长要自

党接受党组织的监督，依靠职工群众开展工作。要按照《企业法》的要求，进行选举、委任或者招聘厂长和企业的各级行政领导干部。（二）进一步明确企业党组织的职能，发挥党组织的保证监督作用。企业党组织负责人要转变思想观念，主动支持厂长对企业负起全面领导的责任，搞好保证监督；要在党的建设上走出一条不搞政治运动，而靠改革和制度建设的新路子；要以主要精力做好职工思想政治工作。（三）进一步强化职代会职能，发挥职代会的民主管理作用。必须在确立厂长中心地位的前提下强化职代会职能，加强民主管理，并逐步做到行使职权制度化，组织体系网络化，开展活动经常化。通过贯彻执行《意见》，企业厂长全面领导的中心作用和党组织的保证监督作用得到发挥，职代会各项工作逐步规范化和制度化，保证了职工民主管理权力的行使。

试行公开办事制度

为了贯彻中共十三大关于加强社会主义民主建设精神，强化民主监督的重要决策，1988年6月，广州市委常委会议决定，选择一批与群众有直接联系的基层单位试行公开办事制度。7月15日，广州市委召开公开办事制度试点工作会议，部署在越秀区搞试点。从7月下旬开始，先在越秀区及市工商、财税、公安、交通、房管、粮食、供电、邮电、银行等81个基层执法部门、行政管理部门和公用事业单位进行公开办事制度的试点，实行“四公开”，即公开办事的规章制度，公开办事程序和手续，公开办事人员的姓名或工号以及工作职责，公开办事结果。这一试点工作，在社会上引起极大反响，受到广大人民群众的热烈欢迎。在试点单位取得经验的基础上，从当年第四季度起在全市由点到面逐步推行。到1988年底，全市有911个单位实行公开办事制度。其中市一级机关29个，

区、县机关（包括乡镇和街道办事处）207个，基层执法部门、行政管理部门和公用事业单位675个。这是广州市委推进政治民主化、法制化，提高工作效率的一个举措，增强了党政机关工作的透明度和开放程度，密切了党群、干群关系，对于清除腐败现象，加强安定团结，整顿经济秩序具有积极的促进作用。

开展广州“改革开放十大成就”评选活动

为了更好地宣传广州改革开放十年来的巨大成就，1988年8月中旬，广州市政府决定开展“广州改革开放十大成就”评选活动。评选的内容是：改革开放以来，广州市经济社会发展各方面的重要事项、巨大成就和新的变化。评选委员会广泛听取各界知名人士、专家、学者意见，采取协商投票的办法，从25个待审项目中，筛选出15个交给群众评选。自11月17日至12月12日，评委会共收到131 815张选票。按得选票数量排列，评出的十大成就是：（一）多种形式筹集资金，加快路桥和电信建设；（二）率先开放肉菜市场，主要副食品坚持放开供应；（三）17万“个体大军”活跃在城乡，集市贸易繁荣兴旺；（四）10年解决80万人就业，基本改变“就业难”状况；（五）住宅建设10年超出前30年一倍，居民住宅条件明显改善；（六）多层次集资建车队，出租小汽车全国首创“扬手即停”，昼夜服务；（七）涉外宾馆、商店率先向社会开放，接待国际游客每年230多万人次；（八）“微笑”“友爱”活动深入人心，羊城盛开文明花；（九）提高政治工作开放度、透明度，推进决策民主化、科学化；（十）工业生产稳步前进，“广货”蜚声中外。

采用“以路养路”模式兴建洛溪大桥

番禺地处珠江三角洲腹地，因江水阻隔，在洛溪大桥建成之前，番禺被称为珠江一颗与世隔绝的“明珠”。从广州市区到番禺，不到15千米的路程，却需经过两个渡口，至少要花三四个小时，交通不便，严重影响经济发展。广东省、广州市、番禺县政府决定多渠道筹集资金，采用“以路养路”模式兴建一座跨江大桥。大桥工程总投资8100多万元，由广东省、广州市、番禺县政府拨款一部分，贷款一部分，港澳知名人士霍英东、何添和何贤捐助一部分，共同解决建设资金。洛溪大桥1984年10月奠基，1985年9月动工，1988年8月28日建成通车。洛溪大桥全长1916米，宽15米，主桥长480米，双向四车道，大桥主跨顶端高40米，跨径180米，可容7000吨轮船通过。洛溪大桥通车后，北端连接广州大道，南端连接105国道，是广州市区南向出入口的交通要道。洛溪大桥在设计、施工难度、新技术应用方面都达到当时国内先进水平，大桥长度在广东省公路桥梁中居首位，主跨高度在国内通航桥中最高，跨度在同类桥中居世界第六、亚洲第一，有“洛溪飞虹”的美誉。

洛溪大桥建成通车后，从广州市区到番禺的时间大大缩短，洛溪附近的楼盘升温，洛溪新城、丽江花园、碧桂园、南国奥园等一座座新城拔地而起，成为城区白领聚居地。洛溪大桥是全国首座采用“以路养路”模式兴建的桥梁，过桥收费用以偿还贷款。广东省政府宣告从2005年7月1日零时起终止收费，结束了17年的收费历史，成为国内第一座取消收费的公路桥。随着珠三角地区经济的迅速发展，过桥车辆日益增加，洛溪大桥的过桥车辆远远超过设计时的车流量，特别是免费后拥堵加重。之后，市政府对洛溪大桥采取交通管制的办法，使大桥的交通压力有所降低。

开展治理经济环境、整顿经济秩序工作

从1986年下半年开始，国内经济过热，市场供不应求，通货膨胀严重。1988年9月，中共十三届三中全会决定，为使经济建设能持续、稳步、健康发展，必须在坚持改革开放的前提下，治理经济环境和整顿经济秩序。此后，广州市积极开展治理整顿工作。10月7—13日，中共广州市委五届四次全体（扩大）会议召开，研究贯彻中央提出的治理经济环境、整顿经济秩序、全面深化改革的措施。10月20日，广州市政府发出《关于认真贯彻国务院关于清理固定资产投资在建项目、压缩投资规模、调整投资结构的通知》，清理全社会固定资产投资。10月25日，为控制物价、稳定市场，广州市政府宣布对45种与人民生活密切相关的商品价格实行严格控制，并从严控制社会集团购买力，将原来的19种专控商品扩大到29种。10月28日，广州市政府发出《关于贯彻中共中央、国务院〈关于清理整顿公司的决定〉的通知》，清理整顿各类公司，取消公司的政府行政职能，落实党政机关工作人员不得到公司（企业）兼职的规定，对重要生产资料和紧俏耐用消费品业务定点供应，取消对公司特批的减免税优惠待遇和银行贷款优惠利率，严格公司审批手续。此外，还采取措施整顿金融秩序、整治外经贸环境和秩序。经过三年的治理整顿，全市通货膨胀得到抑制，投资结构得到调整，产品结构初步优化，经济过热的现象得到降温。1991年12月，中共广州市委六届一次会议宣布，全市治理整顿主要任务基本完成。

中外合资广州钢铁有限公司成立

广州钢铁厂于1958年7月建成投产，是广东省第一个地方钢铁联合

企业。经过一期、二期工程建设，到1960年，广州钢铁厂形成年产生铁4万吨、钢5万吨、钢材4万吨的生产能力。1980年，广州钢铁厂实行财政包干政策后，脱掉长期亏损的帽子，发展速度增快。1988年10月28日，广州钢铁厂与香港粤海企业（集团）有限公司合资成立广州钢铁有限公司，成为国内钢铁行业首家中外合资企业，业务有了更大发展。成为1990年全国十家最大的外商投资企业之一，也是全国冶金行业50家大型企业之一。1993年，广州钢铁股份有限公司成立，并于1996年在上海证券交易所成功上市。1999年，广州珠江钢铁有限责任公司建成投产，是国内首家引进具有20世纪90年代末世界冶金先进水平的薄板坯连铸连轧生产线的企业。2000年，广州有色集团有限公司成建制并入后，重组为广州钢铁企业集团有限公司，成为一家集资本、实业经营一体化，以钢铁冶金、有色金属为主，工、科、贸、金融多业并举的国有大型企业集团，是广州四大工业集团（公司）之一、广东省50家龙头工业企业（集团）之一。

开放粮食交易市场

计划经济时代，广州市民的粮食三分之二由外地调入。从1985年开始，全国粮食生产滑坡，粮价猛升，粮食供求处于紧张状态。1988年夏，广州的粮食供应一度非常紧张，一段时期存粮只能供应15天。为解燃眉之急，广州使用外汇从香港进口粮食，同时也加快改革粮油价格、放开粮食市场的步伐。12月，广州在市郊三元里走马岗开放第一个粮食交易市场。这个市场一出现，就吸引了不少省内外的粮源，广西、江西、湖南等地的农民纷纷运粮到广州出售。广州城里建筑工地上为数众多又没有粮食供应的民工们，纷纷到走马岗买粮，广州市粮食供求紧张

局势得以缓解，1989年粮价升幅有所回落。此举得到中共中央总书记江泽民的认可。此后，广州为全面放开粮食市场做了一些准备工作，多次调整粮食价格，保证粮食供应。1992年4月，广州全面放开粮油价格，成为全国首个放开粮食销售价格的城市。

1989年

加强党风廉政制度建设

1989年2月23—25日，中共广州市委五届五次全体会议召开，提出要加强党政机关廉政建设。9月18日，广州市召开廉政制度建设经验交流会，研究、部署廉政制度建设工作。10月起，选择有代表性的乡为试点，进行农村廉政制度建设。1990年，广州市监察局进一步加强对党风廉政建设工作的落实措施。如对《国家行政机关工作人员贪污贿赂行政处分暂行规定》的执行情况进行专项检查，制定《关于实施监察书制度的若干规定（试行）》等。1991年，颁布《广州市廉政制度建设规划纲要》，规定廉政制度的内容和实施步骤，为廉政工作的开展提供指导。1994年，制定《领导干部党风廉政状况考察制度》和《领导干部谈话制度》等。同时开展基建工程招标投标反腐保廉机制建设试点工作。为进一步完善有关配套制度，于1995年9月28日印发《广州市党风廉政制度建设15项基本制度》。1999年，广州市开展以“讲学习、讲政治、讲正气”为主要内容的党性党风教育。随后制定下发《广州市贯彻执行党风

廉政建设责任制的实施办法》。从1989年至1999年，无论是制度建设还是具体落实，广州市从未间断过党风廉政建设，有效遏制了各个领域不良风气和腐败现象的滋生。

广州抽水蓄能电站兴建

为缓解广东电网的峰谷矛盾和保证大亚湾核电站安全稳定运行，1986年底，国务院决定兴建广州抽水蓄能电站，作为大亚湾核电站的配套设施，并将该工程列为国家建设重点项目之一，为此投入12亿元资金。广州抽水蓄能电站工程由广东省水电设计院负责设计，水电十四局广东分局负责施工。广州抽水蓄能电站位于广州从化吕田镇，距离广州市区90千米。工程建设中，成功采用多项国内外先进技术措施，一期工程于1989年5月开工，于1994年建成投产；二期工程于1994年9月动工，1999年并网运行。二期工程建成后，广州抽水蓄能电站成为世界最大的蓄能电站。经过精心设计、科学管理、妥善经营，该工程达到质量好、工期短、投资省、效益高、环境美的目标。该工程总体上达到20世纪90年代国际先进水平，获1996年度广东省科技进步一等奖和1997年度国家科技进步奖二等奖。

在全国省会城市中率先开展住房制度改革

广州市实行统包统分的低房租、高暗贴、福利制、实物分配的住房制度，造成住房生产和供给的严重短缺。为解决“住房难”问题，1988年3月18日，广州市住房制度改革领导小组成立，并设立住房改革领导小组办公室（简称市房改办），负责制订、组织、实施房改方案。1989年1

月，市房改办选择广东珠江电影制片公司、广州卷烟一厂等4个单位作为出售公房的试点单位，提出“卖房起步，分步提租，相应发贴，新分配住房实行新制度”为主要内容的房改方案。广州成为全国率先开展住房制度改革的省会城市。1989年8月16日，公布《广州市住房制度改革实施方案》，10月1日起正式实施，主要分两步：从1989年10月开始全面组织公有住房出售，实行新房新制度；1990年1月起开始全面理顺公房租金。到1990年底，广州市有318个单位申请售房，获批准83个单位，售出公有住房11 642套，回收资金7500万元。此次房改调整了居民的消费结构，促进了住房建设的扩大再生产，使建房资金的投入产出逐步实现良性循环。

建立海陆空立体式急救医疗体系

1989年12月25日，广州市急救医疗指挥中心正式成立，设在广州市中心血站内，隶属广州市卫生局。该中心是一个提供急救医疗服务的专门机构，负责广州地区日常急救医疗的指挥调度，还包括对大型意外事故和自然灾害的现场抢救和急救指挥，接受市区的呼救信息和调动各医院急救医疗站出车抢救，组织急诊医学临床研究和担负全市急救资料的搜集汇总，以及组织急救队伍的培训。12月31日，开通120急救医疗呼救专线电话，并建立无线电对话机系统，开设14条专线电话，便于广州市急救医疗指挥中心与医院急救站等各方面的联系。1993年8月6日，广州南方急救医疗航空救护站在第一军医大学南方医院成立，这是全国首家航空救护站；9月25日，广州市急救医疗421海上救护站在广州海军421医院成立，这是全国第一个海上救护站。上述两个救护站，都是广州市急救医疗指挥中心的重要组成部分，在业务上接受其指挥调度，大大提高

了急救医疗的效率和扩大了急救医疗的服务范围。至此，广州市形成海陆空立体式急救医疗体系。

金融业务实现电子化

从1979年开始，广州地区金融系统起步建设电脑应用系统。广州市人民银行和中国银行广州市分行，各自培养了20多人的电脑应用科技队伍。1985年，中国工商银行广州市分行从日本引进两台中型电脑M-240H，数年间建成具有多种功能的综合联机系统，成为国内金融系统最大的联机系统之一。从1986年起，金融部门通过开发研究并实践，把单用户微机、多用户微机、微机局部网络、微机公用数据网信息传送，运用到柜台会计、本外币储蓄、储蓄事后监督、办公实行微机与大机应用并举自动化上。经过近10年建设，至1989年广州市金融电脑系统已初步建成，银行业务实现电子化。各金融部门不但有一支硬件技术队伍，还建设了一支技术力量比较强的软件队伍，可以独立开发各种金融应用软件。金融电脑系统的广泛应用，提高了金融从业人员工作效率和工作质量，带来明显的社会效益和经济效益，向电子货币时代迈出可喜的一步。

广州第一座大型城市公共污水处理厂建成

1978年，广州正式筹建大坦沙污水处理厂。该厂位于珠江大桥东西两桥间的大坦沙岛西部，原设计日处理污水量为15万吨，服务人口约60万。随着改革开放和城市生产的发展，对水质处理的要求提高，原设计处理后的污水水质未达到排放标准，故1985年变更设计，改为使用国内

外较为先进的二级处理工艺——生物除磷脱氮活性污泥法。该厂1987年开始实施，1989年全面建成投入使用，是广州市第一座大型城市公共污水处理厂，在全国同类型厂中，处理量居第二位。大坦沙污水处理厂的运转，使多年以来珠江在这一河段持续上升的有机化合物污染初步得到控制，水质开始好转，有效保护了广州最大的自来水厂——西村自来水厂的吸水水源。从1992年12月28日开始，大坦沙污水处理厂进行扩容工程，总投资2.02亿元。至1996年底，完成扩容工程建设，日处理污水能力增至30万吨。

1990年

确定广州人精神和广州市风

1989年，广州以“建设文明广州，培育‘四有’新人，提高人的综合素质，塑造广州人的美好形象”为精神文明建设的总体目标，广泛深入地开展爱祖国、爱广州的教育活动，发动市民参加“广州人精神”“广州市风”讨论。经过一年多的酝酿和讨论，广泛征求各方面意见，1990年2月5日，广州市社会主义精神文明建设委员会宣布，广州人精神是：稻穗鲜花献人民；广州市风是：团结、友爱、求实、进取。确定“广州人精神”和“广州市风”，在建设和改革的实践中塑造广州人和广州市的美好形象，这对于继承广州的优良传统、弘扬时代精神，推进“两个文明”建设，具有重大的现实和深远意义。此后，广州各级党委、各单位和各群众团体，结合群众性精神文明建设活动，积极引导人们以“广州人精神”规范自己的思想和行动，争当文明市民，按照“广州市风”共同建设文明广州。

实施依法治市第一个五年规划

1986年，广州市颁布普法教育第一个五年计划。同年底，国务院确定广州市为法制建设工作试点城市。1988年9月24日，广州市政府颁布实施《关于进一步加强我市法制建设的三年规划（1988—1990）》，初步提出广州市依法治市的奋斗目标和基本任务。为巩固和发展普法教育的成果，进一步加强社会主义民主和法制建设，1990年3月18日，《广州市依法治市五年规划（1990—1994）》经市九届人大三次会议审议通过，这是广州市依法治市的第一个五年规划。此后，广州市成立依法治市领导小组，召开依法治市动员大会。1990年12月26日，市人大颁布《广州市普及法律知识的第二个五年规划》。为规范行政执法主体。1993年上半年，广州市率先在全省实行行政执法人员统一持证上岗制度。五年间，市人大常委会审议通过地方性法规45件，市政府制定颁布实施行政规章280件，使广州市地方性法规基本覆盖社会经济生活的各个方面。市政府40多个委、办、局设立法制工作机构，全市69个行政机关制定《行政执法责任制》。1996年，全市各区、各系统的依法治市工作通过市依法治市领导小组的全面验收。广州市基本实现依法治市五年规划的基本目标。

全国首创社会科学研究课题招标活动

为动员广州地区社会科学研究力量围绕广州经济、社会发展中亟须解决的重大课题开展应用研究和对策研究，为政府决策提供参考意见，改变社会科学事业发展理论与实践脱节的局面，1990年，广州市开展社会科学研究课题招标活动，将竞争机制引入社会科学研究领域，这在全

国属于首创。1990年9月1日，广州市社科基金会举行新闻发布会，公布首次招标课题是“广州经济发展中的问题和对策”。1991年3月1日，举行首次社会科学研究课题招标颁奖大会。此后，这项活动每年进行一次，对广州的经济建设、文化建设和社会发展起到不可忽视的作用。这项将竞争机制纳入社会科学范围的举措，在广东省乃至全国都有一定影响，同时也得到社会各界的积极参加与支持。1996年，广州市社会科学基金会对招投标活动进行改革，分别选取物质文明和精神文明建设各一个课题同时招标，改变过去先撰写论文再参加评选的做法，而是先提交研究方案，评审后确定重点项目，最后评选名次。2005年开始，招标活动由广州市社会科学基金会为主转为中共广州市委政策研究室、市政府研究室、市社科联共同举办。至2018年共举办29次社会科学研究课题招标活动。

举办“识名城，爱广州”活动月

广州是一座具有2200多年建城史的古都和第一批国家级历史文化名城，丰富的文物古迹，灿烂的岭南文化，名人荟萃，熠熠生辉。改革开放以来的建设成就，使这座古老的历史名城更为世人瞩目。为弘扬民族文化，振奋爱国主义精神，提高广大市民的名城意识，增强市民的光荣感、自豪感和保护、建设名城的责任感，1990年11月，在“爱我中华，爱我广州”活动的基础上，广州在全市开展“识名城，爱广州”活动月，主题是“广州是我家，建设靠大家”，作为爱国主义教育和精神文明建设的一项任务。在“识名城，爱广州”活动月中，各机关、团体、学校、企事业单位和街道广泛宣传，发动群众，共同塑造广州的新形象，焕发名城的青春。各单位还结合“双基”教育（基本国情与基本路

线教育）和爱国主义教育，广泛宣传市情和名城知识，如名城知识有奖测验竞赛、文艺演出、咨询活动，还设置宣传牌坊及设置广告画，以加强宣传气氛。经过一个月活动，广州市民提高了关心名城、热爱名城的觉悟，增强了名城保护意识，并以自己的实际行动践行名城保护开发的使命。

创办“羊城国际粤剧节”

为促进粤剧的繁荣昌盛，进一步扩大广州地区的对外文化交流，1990年12月，广州市对外文化交流协会、中国国际文化交流中心广东分会、广州市文学艺术界联合会、广州粤剧研究中心联合举办“羊城国际粤剧节”。这是广州粤剧界举行的最大规模的国际性艺术交流活动。粤剧节以12月8日香港“东方之珠”曲艺团在广州文化公园中心台演出为序幕，12日晚在广州友谊剧院正式开幕。来自美国等国家和中国香港等地区的20多个粤剧和曲艺社团参加，内地则有广东粤剧院、广州粤剧团和佛山等地的专业粤剧团以及广州市工人业余粤剧团参加，盛况空前。粤剧节至20日闭幕，历时13天，献演41台节目，其中长剧14台，短剧12台，粤曲曲艺演唱15台。老、中、青、少四代粤剧艺人，海内外36个社团共2691人次登台和参与演出工作。各个剧目大展风采，各派艺术流彩纷呈。据统计，此次粤剧节观众近9万人次，创下广州历次剧场演出观众人数最多的纪录。中共中央常委李瑞环发来贺信称：“这次举办羊城国际粤剧节，海外侨胞、港澳同胞和国内粤剧工作者聚会羊城，同醉乡音，共叙乡情，交流艺术，切磋演技，将有助于粤剧事业的繁荣。”这次交流活动得到各国来宾及知名人士的高度评价和赞扬，影响广泛。此后，羊城国际粤剧节每四年举办一次，至2016年已举办7届。

实施“菜篮子”工程

“菜篮子”工程是广州市政府为保证城市居民农副产品的有效供给，有计划、有步骤地实施生产加工基地和流通市场建设，加强副食品供应宏观调控的系统工程。为改变“菜篮子”供应的被动局面，1987年，广州市制定《广州市“菜篮子”工程实施方案》，1989年8月又制定《广州市“菜篮子”工程的若干政策规定（草案）》。1990年，广州市开始实施“菜篮子”工程。由市长带领，市政府成立“菜篮子”工程规划实施领导小组，下设办公室，专门负责协调规划实施工作。此后，市领导抓“菜篮子”工程走向制度化，每月召开一次现场办公会，每季度召开一次领导小组会议，研究“菜篮子”工程实施进度情况，解决存在的问题。在实施过程中，坚持按照“城郊型”农业的特点，贯彻“服务城市，富裕农村”的方针，进一步调整农业生产结构，加速农村商品经济尤其是副食品生产的发展，副食品流通体制逐步得到理顺，“菜篮子”工程生产和供应水平显著提高。广州市在全国率先建立“菜篮子”工程建设目标责任制，把生产、流通和物价指标落实到责任单位，对市场副食品价格起到平抑作用，较好地保证了广州蔬菜、猪肉、蛋品、水产品供应充足，品种丰富，淡季不淡。

一批宾馆步入全国首批五星级饭店行列

广州毗邻港澳，地理位置优越，交通便利，旅游酒店业发展较早较快。中共十一届三中全会后，广州在改革开放中先行一步，对外交往频繁，广州酒店业进入新的发展时期，老酒店如东方宾馆、白云宾馆等进行更新改造，同时新建白天鹅宾馆、中国大酒店、花园酒店等一批大型

现代化宾馆。1990年，广州地区有涉外宾馆、酒店106家，其中，东方宾馆、白天鹅宾馆、中国大酒店、花园酒店4家建筑造型美观、装饰华丽、设备先进、功能齐全的现代化宾馆，被国家旅游局评为全国首批五星级饭店。东方宾馆的前身为羊城宾馆，1961年10月11日建成开业，1979年，引进外资对宾馆进行大规模改造，成为全国第一个引进外资的国营老企业。白天鹅宾馆由中外合资填江造陆兴建，1983年2月6日开业，是中国第一家自行设计建造的五星级宾馆和中国第一家使用电脑管理的现代化宾馆。中国大酒店由广州羊城服务发展公司和香港新合成有限公司合作经营，香港新世界酒店集团管理，1984年6月10日全面开业。花园酒店是广州改革开放、中外合作的一个典范，1985年8月28日全面开业。酒店内有全国最大的酒店大堂，还有广州最高最大的旋转餐厅。广州一批宾馆步入五星级饭店行列，标志着广州的旅游酒店业达到新的水平，居于国内领先地位。

全国模范文明住宅小区五羊邨建成

五羊邨位于广州大道西侧，东兴路以南，明月路以北，沙河涌以东，总建筑面积74万平方米，可安排3万多名居民。1984年动工，1990年建成，由东华实业股份有限公司负责建设经营，是改革开放后首批引进外资兴建的住宅小区之一。东华实业股份有限公司借鉴香港的管理办法，在五羊邨率先实行新型住宅区统一管理和多层次的综合服务，成立管理机构，对房屋、环境、卫生和治安实行统一管理，向住户提供多项生活服务，还进行环境美化，为居民创造清净、舒适的生活条件。1988年3月，五羊邨获得“广州市首次综合开发小区管理评比第一名”。1990年，五羊邨荣获“广东省优秀住宅小区”称号，被建设部列为全国13个

住宅小区管理试点小区之一。1992年9月，五羊邨被建设部评为“全国模范文明住宅小区”。五羊邨这种“物业管理”模式是对原来行政性福利型的房地产管理旧体制的改革，得到建设部的认可，1994年3月，建设部颁布施行《城市新建住宅小区管理办法》，将五羊邨的物业管理模式向全国推广。

1991年

实施幼儿园托儿所办学新规范

1991年1月1日，《广州市幼儿园托儿所审批注册办法》正式生效执行，首次以行政规范形式明确开办幼儿园、托儿所的条件。要求对幼儿园办园资格、办园条件登记注册，并对幼儿园、托儿所的审批注册程序作出规定。举办幼儿园、托儿所必须到相关部门办理登记手续，由所在地教育行政部门、托幼办会同卫生部门组成工作小组负责审批，符合条件的发给注册批准书。未经登记注册，任何单位和个人不得开办幼儿园、托儿所。至1991年底，全市共有1457所幼儿园、托儿所符合办园条件，准予登记，发给证书；258所不符合办园要求，限期整改合格后再给予注册；1所因不具备办园基本条件，责令停办；个别规模小的私立幼儿园经评估后改为托儿所。

此后，市政府在理顺幼儿教育管理体制的同时，逐步推进实施幼儿园、托儿所办学规范化管理。1996年12月31日，《广州市幼儿教育管理规定》公布施行，具体规定幼儿园的收费制度、办园审批程序、奖惩

条件等，进一步明确了幼儿园的办园条件、指导思想和安全卫生意识。1997年，颁布试行《广州市托儿所规范》，要求各区、县确立一所示范托儿所，率先全面实施规范，发挥其在本区域的示范、辐射作用。

国内首创以公开摇珠方式出售解困房

1991年春节前，经广州市政府批准，市解决住房困难办公室首批推出1154套解困房，向全市1985年后新增住房特困户和晚婚无房户出售。2月12日，建设银行广州市分行举行公开摇珠抽号，并经市公证处公证，向全市人均住房面积在2平方米以下的住房困难户出售，凡摇出的入围号码，均可购得解困房。以这种办法出售住房，在全国属首次。

至1994年上半年，全市先后7次通过摇珠方式出售解困房，为19 121户人均居住面积在2平方米以下的新增住房特困户提供住房，总建筑面积约为105.16万平方米。其间，共有4000万元住宅统筹金、5500万元住房公积金投入筹建解困房，有近3亿元售房款经批准投入新一轮住房建设，初步形成了售房—建房—解困的良性循环，大大减轻了住房解困的压力。

老城区试行初中招生改革

1991年，广州市根据国家教委提出的“在已经普及初中教育的地方，逐步创造条件，取消小学升初中入学考试，实行就近入学”的要求，启动初中招生改革试验。4月8日，广州市召开初中招生改革工作信息发布会，宣布在海珠区试行老城区初中招生新办法，招生工作贯彻“减轻负担、就近入学、适当奖励、公正合理”精神，取消全区统考，按区内分片办法分配名额；给予15%的优秀生选报片内两所中学的

照顾；对其余85％的生源采取填报志愿与电脑派位相结合的办法分配学位，使各校生源分配逐步向合理的方向转变。

1992年，广州市推广海珠区初中招生试验方案。4月17日，广州市政府常务会议决定，在东山、越秀、荔湾、海珠4个老城区全面改革初中招生办法，取消与学位分配相联系的全区小学毕业统考，实行推荐与就近入学相结合的办法，实行电脑派位，以缓解学生升学竞争，减轻学生课业负担。这标志着广州市的招生改革迈出重要一步。

1993年和1996年，老城区初中招生改革方案先后经过两次修改。至1997年，取消全市各区小学升初中统一招生考试，小学毕业班的学生就近分配进入初级中学。至此，广州地区初中招生全部实现“取消统考、就近入学”的目标。

广州经济技术开发区进一步扩大改革开放

1991年4月10日，广州市政府发出《关于广州市经济技术开发区进一步扩大改革开放的决定》，指出开发区应“坚持改革开放的方针，发挥优势，把握机遇，广泛地参与国际经济技术合作，积极引进外资和国外先进技术，研究借鉴境外行之有效的、适用的经济管理方面的法规，结合实际，逐步建立起符合国际惯例的经济管理体制和外向型经济运行机制，加快建设，成为广州市现代化的对外开放的窗口、桥梁和基地，为广州市90年代经济的振兴和繁荣摸索新经验，作出新贡献”。并明确开发区建设的两个阶段：在20世纪90年代前期，全面开发国务院批准的规划面积，并在已开发的土地上抓好配套，完善设施，完成建设任务；90年代后期，全面完成整体建设，建成实力雄厚、技术先进、管理先进、环境优良、服务齐全的具有广州特点的经济技术开发区。

1991—2000年，广州经济技术开发区依托其独特的区位优势、政策优势和体制优势，在建区初期的建设成果和经验的基础上，解放思想，开拓创新，积极探索符合开发区特点和规律的发展新路子，逐步形成投资环境完善、工业门类齐全、技术水平先进的现代化综合经济园区，充分发挥体制改革的“试验田”、对外开放的“窗口”、连接国内外市场的“桥梁”作用，成为改革开放以来广东省、广州市现代化建设事业的一个缩影。

开通运营全国规模最大的金融服务系统

1991年5月，广州市票据交换中心率先在国内推出第一套票据自动清分系统，日均清算资金达60亿元人民币、200万美元和600万港元。1995年，广州市票据交换中心完成扩容，业务覆盖面扩大到珠江三角洲的17个城市，外汇交换处达100多个，人民币交换处达1300多个，日均交换票据逾20万张，交换金额60亿～90亿元。

1997年3月，中国人民银行广州市分行建成运营国内第一个区域性电子资金转账系统——广州电子资金转账系统（EFT）。广州EFT是同城电子支付业务的综合处理平台，规模全国第一、亚洲第二，技术达到世界一流水平。至1999年末，该系统入网营业点达655个，通过EFT系统的异地日均往来账业务量达12 500笔，居全国各大城市之首；日均往来账金额近70亿元，列全国第四位。

1998年6月，广州银行电子结算中心成立，正式承担原中国人民银行广州市分行清算中心及广州市票据交换中心所有职能。电子结算中心是一家从事支付渠道运营和支付系统建设的专业化电子金融服务机构，为当时全国业务量最大的区域性资金清算枢纽。2006年6月，电子结算中心

与中国人民银行广州市分行清算中心合署办公，进一步承担对广东省支付结算系统的运行、维护管理职责。

证券市场发展走在全国前列

地处中国改革开放最前沿的广州市，证券市场的发展也走在全国前列。1991年7月8日，广州证券公司复业。同日，由中国人民银行广州市分行、市内各专业银行、综合性银行和其他金融机构参与组成的广州金融市场开业，标志着广州市金融体制改革向前推进一步。

1992年5月1日，广州市证券市场全面放开证券交易价格。1993年，广州市批准12家证券机构作为深圳、上海证券交易异地会员，代理异地股票买卖业务，26家证券商开通深沪股票买卖业务，5家证券商开通NET法人股系统，17家金融机构增设证券交易业务，选择具备条件的11家信用社扩大证券转让业务范围。

1991—1998年，广州地区证券业实行“块块”管理。市属证券机构由市政府直接管理，具体业务由中国人民银行广州市分行监管并由市体改委负责指导。各专业银行的证券机构由银行自行监管。企业证券、债券发行以及股票二级市场逐步实行规范化管理。从1999年起，证券市场的监管业务由中国人民银行划归证监会，广州地区所有证券机构监管业务由中国证监会广州证券监管办公室负责管理。

至2000年末，广州地区有广发证券、广东证券、广州证券等3家综合性证券公司，拥有证券营业部和服务部144个，形成以非银行证券机构为主，银行证券机构为辅的二级市场体系。另有珠江实业开发股份有限公司等13家企业向社会公众发行A股，分别在深圳和上海两家证券交易所上市。

中国第一部城市百科全书

1991年7月23日，《广州百科全书》编委会举行第一次会议，审议并讨论了该书的条目框架。

《广州百科全书》是广州地区一项重大的文化基本建设工程，属于国家“八五”期间重点书目《中国地区百科全书》系列中的一部，是广州有史以来的第一部百科全书。时任广州市委书记朱森林任编委会名誉主任，市委副书记张汉青任编委会主任，一批在广州工作过的领导同志和知名专家、学者任顾问。市政府拨出专款支持该书的编纂出版。

1994年9月，《广州百科全书》由中国大百科全书出版社出版，这是全国首部城市百科全书，汇集广州市基本知识和基本情况，具有权威性、地方性、学术性和实用性。全书为一卷本，分概述文章和条目两大部分。通过概述文章（总述和分述）、条目、图照、大事年表等，全面反映广州的历史和现状，综合叙述广州市情，系统介绍广州的地理环境、物产资源、历史沿革、文化源流、政治演变、经济发展、社会变迁、风情习俗、名胜古迹、名优特产等。共分历史、地理、政治·法律、经济、城市建设、科学技术·医疗卫生、教育、文化·体育、社会和当代人物10个分编，共11篇概述文章、5000多个条目，约230万字，配有彩色、黑白图照共1000多幅。该书曾获1994—1995年度广州市社会科学优秀成果奖特别奖，1995年中国首届辞书奖三等奖。

个体户和私营企业数量居全国大城市前列

改革开放以来，随着个体私营经济政策环境的不断完善，广州个体私营经济经营者的数量不断增加，成为推动广州经济发展的生力军。

1991年末，广州市的个体户已突破10万户，私营企业发展到3241户，遥居全国各大城市之首。

截至1991年底，广州市城乡个体工商业105 238户，从业人员167 541人，比上年分别增长10.47%和10.84%；注册资金总额55 305万元，户均0.53万元。按行业分布：商业69 010户，占65.58%；工业10 809户，占10.27%；饮食业8367户，占7.95%；服务业7588户，占7.27%；修理业5818户，占5.53%；交通运输业3282户，占3.12%；建筑业74户，占0.07%；其他行业290户，占0.28%。全年，工业、建筑业、交通运输业总产值70 120万元，个体商业零售额337 897万元，占社会商品零售额的19.08%。1992年6月，广州市对个体工商户和私营企业实行“五允许”政策：允许经营国家明文规定不准生产经营以外的行业和商品；允许私营企业开办以设计制作为主的广告公司，个体户可经营设计制作广告业务；允许工矿企业等出租闲置或空余场地给个体私营企业做经营场地；允许有经营特色的外地个体私营企业来穗设点办厂；允许私营企业办中外合资合作企业，支持个体私营企业到海外设经营网点。“五允许”政策的出台，进一步推动了广州个体工商户和私营企业的发展。

电话号码升位工作超前发展

1991年12月31日23时48分，广州市辖八个区和从化、花县、番禺、增城四个县的电话号码统一升至七位，成为中国内地继上海之后第二个采用七位制电话号码的大城市。

广州市的电话号码于1929年启用五位制，直至1985年升为六位数。改革开放后，随着经济社会快速发展，市内电话供需紧张。为此，在20世纪80年代对市内电话进行大规模的技术改造和容量扩充，利用贷款引

进程控交换总机和交换设备，取代原有的纵横制交换机。1989年9月23日，广州成为全国第一个实现市内电话全部程控化的城市。至1990年，广州市内自动电话程控交换机总容量达30万门，实装用户16.2万户。但与此同时，原有的六位号码资源即将用尽，全网电话号码升位刻不容缓。全市电话号码升七位工程从1989年开始设计方案，邮电部于1990年8月正式批准。工程总投资预算634万元人民币、外汇50万美元。升位后，电话号码资源扩大10倍，可容纳400万～500万门交换设备。

然而电话用户仍在激增，市电信部门于1992年启动编制电话号码升八位的技术方案。1996年6月8日零时，广州地区（含番禺、花都、从化、增城）电话网升八位一次割接成功，使广州成为继上海和北京之后，我国第三个使用八位制电话号码的城市，全国首个采用八位号码的省会成市。升位后，广州电话号码资源比1991年扩大10倍，为广州电信建设走向数字化、智能化、综合化奠定基础，被誉为“开始迈向信息时代的标志”。

广州市辖四县全部撤县设市

20世纪80年代末90年代初，广州市辖各县都提出撤县设市的要求。广州市委、市政府根据国家有关规定和广州市农村发展实际，作出了全面撤县设市的决策。1991年，广州市委常委会确定番禺、花县为1991年度第一批撤县设市的报批单位，增城、从化为1992年度和1993年度报批单位。

1992年5月20日，经国务院批准，撤销番禺县，成立番禺市（县级），不增加机构和人员编制，由广东省直辖。番禺市政府设在市桥镇，下辖20个镇、305个村，全市总面积1313.8平方千米，人口80万人。

番禺成为广州第一个撤县设市的市辖郊县。1993年6月18日，经国务院批准，花县撤县设市，定名为花都市（县级），由广东省直辖。花都市政府设在新华镇，下辖9个镇、182个村和17个居民委员会，总面积961.1平方千米，人口52.9万人。1993年12月，经国务院批准，撤销增城县，成立增城市（县级）。1994年1月，增城市正式挂牌，市政府设在荔城镇，下辖15个镇、1个街道办事处和302个村、6个林场，总面积1741.37平方千米，人口72.1万人。1994年2月，经国务院批准，撤销从化县，设立从化市（县级）。同年5月12日，正式挂牌。从化市政府设在街口镇，下辖15个镇、210个村，总面积1974.5平方千米，人口46.3万人。

至此，广州市全面完成撤县设市规划，新成立的四市均由广东省人民政府委托广州市人民政府代管。

1992年

全国首创“教育基金百万行”活动

1992年，是广州市教育基金会（简称“基金会”）阔步发展的起点之年，经过三年的摸索和实践，基金会决定举办更具群众广泛参与性的活动，以拓展基金会的筹款渠道，深入宣传尊师重教的社会风尚，进一步提升基金会的知名度，从而实现在新的形势下为广州教育发展作出更大贡献的目标。1月12日，首届“教育基金百万行”在中山纪念堂广场举行起步仪式，省、市领导和1.5万名市民及港澳知名人士霍英东、马万祺、曾宪梓等200余名港澳同胞参与活动，为教育“同步行”。广州海外联谊会和各有关部门通力合作，社会各界鼎力支持，新闻媒介全力相助，形成“万人步行，百万人参与”的场面。活动共筹得1288万人民币，513万港元。“教育基金百万行”为全国首创，被誉为“跨越世纪的行程”，先后被评为广州“两个文明”建设十件大事和广州社会改革开放15周年“十大电视新闻”之一。国家教委为此向全国发文通报了活动情况，指出这次活动是广州人民和广州市教育基金会，在改革开放的形

势下，解放思想，实事求是，开拓创新，为宣传教育、募集基金闯出的一条新路。

此后，广州市分别于1993年、1995年、2002年成功举办了“教育基金百万行”活动，成为一项具全国品牌性的募捐盛事，产生了广泛深远的社会影响和效应。

国营工商企业放开经营综合改革试点

1992年2月17日，广州市政府印发《广州市国营工业、商业企业放开经营综合改革试点的若干规定》的通知，对试点企业的条件、责任、经营管理自主权、良好外部环境的创造等作了具体规定，确定16家国营工业企业和16家国营商业企业为第一批试点单位，试点期限初定四年。

4月8日，召开全市贯彻落实《企业法》、深化企业改革动员大会，向各级干部提出“解放思想、抓住时机、敢于试验、敢于冒险、敢于开拓新局面、敢于为全国之先，加快转换企业经营机制步伐”的要求。8月5日，市政府印发《广州市国营企业劳动人事、工资分配、社会劳动保险制度综合配套改革试点方案》，推行企业综合配套改革。8月25—26日，召开市转换企业经营机制工作会议，要求加快企业经营机制转换和政府管理职能的转变，摆脱体制束缚，“还权于企业”。10月，第二批112家工业企业、108家商业企业、61家城建及物资企业被列为放开经营综合改革试点，试点期限三年。11月16日，市政府召开商业企业放开经营综合改革工作会议，确定39家企业为第三批试点企业，至此，广州市商业系统165家大中型企业全部实现放开经营和综合改革。1993年7月13日，召开全市国有工业企业放开经营综合改革大会，确定第三批200家国有工业企业实行放开经营综合改革。至此，全市市属328家预算内国有工业企业

全部实现放开经营。

十家企业成为第一批股份制试点企业

1992年，根据国务院开展股份制试点工作的决定，广州市成立企业股份制改革领导小组，作为日常工作的办事机构，制定和颁布《广州市股份有限公司设立程序》，草拟《广州市内部股权证管理暂行办法》等一些配套规定，并进行股份制的宣传和人才培训工作。

3月24日，广州市长办公会议决定选择白云山制药总厂等10家企业作为第一批向社会发行股票的试点筹备企业，先行改组为股份有限公司。市政府多次召开常务会议审议，同意白云山制药股份有限公司等6家企业作为广州市首批向社会公开发行股票的企业。最终经中国证监会等部门批准，白云山制药股份有限公司、东方宾馆股份有限公司、浪奇实业股份有限公司、珠江实业股份有限公司、恒运热电股份有限公司等5家企业成为广州市第一批向社会公开发行股票并上市的公司。发行工作从1993年9月20日开始，至10月10日公布中签号码后基本完成。与此同时，市政府审查批准南方面粉厂等20家企业改组为股份有限公司，进行企业内部职工持股的股份制试点。法人持股股份制逐步推进，成立金城房地产股份集团公司及一批责任有限公司。集体经济股份合作制也得到较快的发展。此外，一些企业积极筹备在香港间接发行股票。到2000年末，全市有股份有限公司363家，股份合作制企业4016家。

全国首个放开粮食销售价格的省会城市

经过20世纪80年代的价格改革，广州市农产品价格除粮食价格外

已全部放开实行市场调节。进入1992年，随着国家对粮食购销政策的调整，广州的粮油业发生历史性变革。

经国务院批准，1992年3月26日，广东省政府印发《关于改革粮食购销管理体制问题的通知》，广州市政府转发通知并决定，从1992年4月1日起，广州市放开粮食销售价格，由粮食企业根据经营成本和市场供求自主制定销售价格，成为全国首个放开粮食销售价格的省会城市。同时改革粮食购销管理体制：国家下达的粮食定购任务，除农业税（公粮）继续征收实物外，其余改为指导性收购计划；放开城乡粮食销售与价格，取消“双轨制”，保留城镇居民粮油关系；建立市、县、镇分级粮食储备制度，各级储备粮由各级政府委托粮食部门管理。实行了39年的统购统销粮食购销管理体制从此宣告结束，持续39年凭票限量供应粮食的岁月成为历史。

随后，广州市粮食部门逐步建立配套的粮油供应和价格调控管理制度，确保粮油价格及市场的稳定。

下放进出口经营权

1992年5月，广州市委、市政府发布《关于进一步深化改革、扩大开放的若干决定》（简称《决定》），部署向部分有条件的生产企业下放进出口经营权。《决定》就扩大对外开放、形成全方位开放格局、深化外贸体制改革、扩大对外贸易等提出具体措施，进一步明确自营进出口企业应具备的条件：必须是政企分开、自主经营的独立经济实体；有固定的营业场所和开展进出口业务所需要的设施和资金；有健全的内部组织机构和从事其业务的专业人员，有自产的出口产品和市场；经营进出口业务能自负盈亏，产品符合出口质量标准；等等。经批准的企业，

有权以本企业的名称直接对外从事进出口业务活动；有权出口本企业自产产品，进口本企业生产所需的技术、设备、零部件、原材料和辅助材料；有权加入与其进出口有关的商会和对外经贸活动；享受国家在进出口方面给予的各项优惠政策。按照上述条件，1992年全市有272家国有大中型企业取得自营进出口经营权。

与此同时，对外贸管理体制也进行了一系列改革。第一，在外贸系统进一步下放权力的同时，不断优化外贸企业的组织结构和经营结构，形成企业集团公司在外贸出口中的优势。第二，市属各外贸专业公司打破原有经营范围的束缚，扩大出口经营范围，实行交叉经营。第三，对区、县级市的出口计划实行切块管理，将原属市外贸专业公司的区县公司全部下放给各区、县级市管理，完全隶属地方政府，自负盈亏，自主经营，并赋予区、县级市必要的调控手段。第四，充分发挥广州经济技术开发区的对外窗口作用，扩大对外开放。

国务院批准设立广州保税区

为贯彻中共中央、国务院关于进一步办好沿海城市经济技术开发区的指示，1990年12月15日，广州市政府向广东省政府上报《关于在广州经济技术开发区内建立保税区的请示》，对在广州经济技术开发区内建立保税区的可行性进行充分论证。12月26日，广东省政府向国务院转报广州市政府的请示，拉开了申办保税区的序幕。1991年3月25日，广州市政府决定成立保税区筹备领导小组，全面启动保税区的各项筹建工作。

1992年5月13日，国务院批复同意设立广州保税区，并对保税区的发展方向、区域范围、海关监管、金融、外汇管理的法规及其他管理、现行政策及人员编制作了明确规定。同时获批的还有《广州保税区规划

方案》。6月12日，《广州保税区管理办法（试行）》经市政府市长办公会议通过发布施行。是日，《中华人民共和国黄埔海关对进出广州保税区货物、物品及运输工具的监管实施细则》经海关总署批准公布。6月23日，《广州保税区外汇管理施行细则》经国家外汇管理局批准公布施行。7月8日，广州保税区在区内举行奠基典礼，1993年5月10日正式封关营运。

企业综合配套改革总动员

为进一步完善经营承包责任制，促进国有企业整体改革转制，加快广州市劳动制度改革的步伐，1992年7月2日，广州市政府颁发《关于国营企业继续推行优化劳动组合若干问题的通知》，主要内容包括：一是企业的生产后勤、生活服务和卫生、体育等社会服务部门实行承包经营。二是企业购销人员、工程技术人员除有行政管理职务者外，划入生产人员统计。三是企业有权自主制定内部有效的工资制度、工资标准、分配形式、调资办法。四是企业有权依法自行制定本企业《职工守则》和其他劳动规定，并报劳动行政部门备案后执行，接受劳动行政部门监督。五是企业辞退的职工，除违纪辞退外，由企业发给生活补助费。六是充分发挥劳动服务企业“蓄水池”作用。七是对待业职工，市、区、县（含番禺市）劳动服务公司应尽量将其安排到住地就近或其他地段劳动就业服务企业工作，或以组织劳务承包，以工代赈。八是被辞或辞职的职工，重新再就业的，前后连续工龄合并计算。待业职工到私营企业工作或到个体工商户当帮工，用工单位应按规定为其缴纳退休养老等社会劳动保险费。8月5日，广州市政府印发《广州市国营企业劳动人事、工资分配、社会劳动保险制度综合配套改革试点方案》，逐步推进企

业深层次的综合配套改革。9月23日，广州市政府召开广州市企业劳动人事、工资分配、社会劳动保险制度综合配套改革动员大会，要求全市企业在两年内基本完成国营企业经营机制转换的目标，三五年基本完成全员劳动合同制综合配套改革工作。其中，首批放开经营的32家工商企业，要在是年第四季度完成全员合同化管理或全员劳动合同制改革。

国内首家科技交易所成立

1992年9月29日，广州奔达科技交易所成立。该交易所由国家体改委经济体制与管理研究所、广州天河高新技术产业开发区咨询培训中心和广州奔达发展有限公司创立，是国内首家科技交易所，从事全国性的科技成果转让和拍卖活动，通过市场机制把科研单位、科研人员与生产经营单位联结起来，促进科技成果迅速化为生产力。随着广州经济的发展，技术交易、产品交易融为一体，1991—2000年间先后建成五山科技街、黄花岗科技街、广州电脑城、太平洋电脑城等大型街道和市场，有1500多家技术贸易机构，从事技术开发、转让、咨询、服务等活动。由国家科委与广州市政府共同主办的中国新技术新产品博览会，从1989年开始每年举办一次，到2000年共举办12届，交易额达65亿多元。此外，广州市经济的发展也吸收了不少外地技术。据统计，2000年全国各地进入广州地区的技术合同金额达21亿元。

首批外资银行获批进入广州

随着对外开放力度加大，广州市从1992年开始引进外资金融机构，外资、侨资、中外合资金融机构相继在广州设立分支机构及代表处。

1992年11月5日，广东省政府发言人在广东省引进外资银行新闻发布会上宣布，中国人民银行批准在广州市开设香港南洋商业银行广州分行、香港东亚银行广州分行、法国兴业银行广州分行和日本三井住友银行广州分行共4家银行，这是首批在广州开设分行的外资银行。经过几年的改革与发展，广州市的金融组织体系逐步完善，形成了以中央银行（中国人民银行）为领导，国有银行为主体，多种金融机构并存的金融组织体系。至1999年，广州外资银行15家，外资银行代表处19家。全地区拥有金融机构营业网点2871个，平均2350个居民就拥有1个金融网点，金融机构门类和网点密度居全国前列。截至2017年4月，广州地区共有外资银行机构36家，资产规模超1519亿元，本外币存款余额1014.99亿元，贷款余额722.15亿元。

穗港首条64K数字式数据专用线路开通

1992年11月17日，穗港首条64K数字式数据专用线路开通。数字式数据网是建立在数字传输系统（如数字微波、光纤网等）基础上的数据传输系统，以点对点半永久做电路连接方式、端对端全数字全透明传送为传输基础，与采用模拟信道传输的数据传输系统比较，具有信道利用率高、传输速率高、传输差错率低等优点。为更好地适应社会对数据通信日益增长的需求，广东省不断加速通信设施建设。穗港首条64K数字式数据专用线路是一条为国泰航空公司提供的高容量数据通信国际专用租用线路，其传输速度每秒64 000比特，比以往粤港间9.6K专线高6倍。该线路的开通推动了广东省公用数据通信网（主要包括公用分组网和公用数字数据网）的搭建，为广东省建成省级部分大城市数字数据网积累经验，有利于进一步完善粤港两地数据通信。1992年底，广东省公用分

组网初步建成，广东省邮电局与香港恒德公司签订购买美国GDC公司的TMS系列设备，正式组建广东省公用数字数据网，广东省公用数据通信网发展进入新阶段。

出租车经营权首次竞投招标

20世纪90年代广州市出租车发展趋于成熟。为了把竞争机制引入客运出租车行业，以体现“公开、公平、公正”的原则，1992年12月2日，广州市政府发出《关于印发〈广州市客运出租汽车经营权有偿使用管理办法〉的通知》，规定新增出租车经营权指标统一由市政府组织公开拍卖。12月10日，市政府制定《广州市在用客运出租汽车经营权有偿使用若干规定》，对经营权有偿使用的基本原则、期限、范围、竞投条件、程序、管理等作出明确规定。12月29日，广州市首次客运出租小汽车经营权有偿使用招标会在蓓蕾剧院举行。每部小汽车经营权以17.1万元的竞投指标价成交，共投入500个指标，成交486个，中标者获得30年经营权。

1994年11月1日，为更好地实施经营权有偿使用制度，市政府下发《关于我市客运出租汽车经营权有偿使用若干问题的通知》。据此精神，全市13 398辆在用客运出租汽车经营权转为有偿使用，这批经营权的使用期限分永久使用、20年期限和10年期限三类；将1992年首次竞投中所取得的经营权由原定30年使用期限全部改为永久使用。1995年12月，举行第二次出租车经营权竞投，共投放永久性经营权1000个。参加竞投的对象为本市的企业，不接受个人参加竞投。同时，为支持本市汽车工业发展，宣传广州标致汽车，提高出租小汽车的档次，规定竞投中标者必须购置广州标致小汽车投入经营，且营运时间不少于两年。

1993年

首获“全国双拥模范城”称号

1993年1月10日，广州市首次被全国“双拥”工作领导小组、民政部、解放军总政治部授予“全国双拥模范城”称号。

广州市有着深厚的拥军优属、拥政爱民传统。早在1950年1月，广州市就成立“双拥”运动委员会。1983年召开广州市第一次拥军优属、拥政爱民先进单位和先进个人代表大会。1990年7月31日，广州市政府和广州军分区联合召开“双拥”表彰大会，对1984年以来的“双拥”工作进行总结表彰。

1991年4月，中共广州市委决定力争在两年之内把广州建设成为“双拥模范城”，正式成立“广州市拥军优属、拥政爱民工作领导小组”。5月9日，广州市委、市政府和广州军分区联合召开广州创建“双拥模范城”动员大会，号召全市人民共创“双拥模范城”，确定以东山区、海珠区、花县和广州造纸厂为先行点。6月4日，市“双拥”工作领导小组

办公室成立。7月21—27日，开展广州市“双拥宣传与服务周”活动，广泛宣传全国“双拥”工作会议精神和广州市创建“双拥模范城”规划。

继1993年广州市首获“全国双拥模范城”称号后，分别于1994年、1997年、2000年、2004年、2008年、2012年、2016年七次蝉联，至今已八获荣誉。

我国首台国产化燃煤发电机组投产

1993年4月21日，广州珠江电厂一号机组正式并网移交生产，实现一次调试、一次投煤、一次并网成功。一号机组是首台全部国产化的30万千瓦燃煤发电机组，每天可为广州市送电500万～600万千瓦·时，揭开我国在大型发电成套设备建设史上新的一页。1994年1月1日，一号机组正式投入商业运行。

广州珠江电厂是广州地区第一个引进外资的电厂，是广州地区最大的电力生产基地，也是20世纪90年代广州市投资规模最大的能源工程项目。主要由广州发展控股和新世界创建等股东参与投资建设，分一期、二期工程建设完成。电厂总装机容量为120万千瓦，每年可为广州市提供60亿千瓦·时以上的上网电量。

一期工程由穗港合资的广州珠江电力有限公司建设和经营，总投资22.9亿元人民币，于1990年5月开工，1992年11月30日开始带负荷并网试运转。

二期工程由广州东方电力有限公司建设和经营，总投资37.1亿元人民币，于1993年第三季度开工，1997年5月22日全部移交生产，1997年12月31日正式投入商业运行。

国务院批准设立南沙经济技术开发区

1993年5月12日，国务院正式批复同意设立广州南沙经济技术开发区（简称“广州南沙开发区”），是当时32个国家级经济技术开发区之一，实行沿海开放城市经济技术开发区各项政策。7月8日，广州南沙开发区举行挂牌仪式。7月30日，市长黎子流主持召开广州南沙开发区领导小组会议，明确广州南沙开发区领导小组着重于宏观管理，对重大问题行使协调、统筹、决策的职能；开发区党政事务由广州市委、市政府委托番禺市委、市政府代管。

1995年4月27日，市政府决定：广州南沙开发区管委会行使县级市的经济管理权限，由广州市直接管理；与霍英东合作的南沙东部，享受开发区政策；制定南沙开发区管理条例，经市人大审核后呈省人大审批；建立协调领导小组。5月23日，市政府在南沙召开会议，研究加快南沙开发区建设的问题。市政府研究室和市法制局会同番禺市委、市人大、市政府加快制定完善配套的法规、规章。

2001年8月21日，成立南沙开发区建设指挥部，全权负责南沙地区的规划、建设、管理。10月23日，市政府举行新闻发布会，宣布广州市开发“大南沙”的总体思路和构想。2001年11月29日，广州市委、市政府在南沙召开“推进南沙地区开发工作”现场会，标志着“大南沙”开发正式启动。

设立科技突出贡献“金鼎奖”

1993年6月，经广州市人民政府批准，由市科技兴市领导小组审定的首届“金鼎奖”产生，高维亮、廖仲明、陈际翠、邹燕妮、叶莲莹、张

志强成为首批获奖者。

20世纪90年代初，广州市提出“科技兴市”的口号，并于1990年6月召开广州科技兴市规划研讨动员会。经过几年的研究规划，于1993年6月制定并通过《广州科技兴市规划（1990—2005年）》。为全面实施科技兴市规划，广州市人民政府、市科技进步基金会于1993年设立“广州市科学技术突出贡献‘金鼎奖’”，用以奖励把科技成果转化为生产力，创造显著经济效益的科技人员。

至2000年，“金鼎奖”共颁发八届，累计奖励36人次，共发出470万元奖金和两套三房一厅住房，为调动科技人员对广州的经济建设做贡献起了积极作用。但由于要求获奖者必须是有显著经济效益的高技术含量项目的第一完成人，也令一些合力研发出优秀项目的科研人员无法得到奖励。为改进奖励办法，广州市决定自2001年起撤销“金鼎奖”，而在“广州市科学技术进步奖”中设“突出贡献奖”，以便更全面地奖励科研人员。

举办首届广州博览会

1993年7月1—7日，首届广州博览会在中国出口商品交易会举行，“’93广州工业招商会”和“’93广州城乡经济联合洽谈会”同时举行。全国30个省（区）市以及新加坡等国家和中国香港、中国台湾等地区的厂商参展，共设789个摊位，贸易成交11.93亿元，签订合同、协议、意向书188项，总投资44.39亿元。广州是继北京、深圳之后第三个举办国际性博览会的城市。

广州博览会是由广州市政府主办，展示广州和国内外各地的新产品、新技术、新成果并开展经贸合作洽谈的大型博览会。自1993年创办

后，博览会沿着国际化、专业化、市场化方向不断发展，成为展示广州城市形象和促进区域合作的重要国际交流平台。2016年，第24届广州博览会与第十一届泛珠三角区域合作与发展论坛暨经贸洽谈会套开，首次设置泛珠三角区域城市展，体现泛珠三角区域的合作成果，有效推动泛珠三角区域的大联动。2017年8月25—28日，第25届广州博览会举行，贯彻国家“一带一路”倡议，以“合作发展”为主题，以“立足珠三角，面向海内外，服务全中国”为办展宗旨，展览面积近14万平方米，展位约7000个，参展国家、地区和国内城市近60个，三项数据均创历史新高。

国内最大电脑城投入使用

1993年7月28日，占地面积3000多平方米，集研制、开发、销售于一体的广州电脑城正式投入使用。

广州电脑城由中信集团所属华美广州公司、广州高登电脑城有限公司等联合投资，参照新加坡及港台地区等地著名电脑商城而建。其地理位置和配套设施优越，迅速吸引一大批商家包括欧洲国家和美国、日本及中国香港、中国澳门等地区厂商加盟。广州电脑城开业后经营状况优异，于1994年12月在相距200米的路口开设第二座电脑城——广州电脑西城（原电脑城被称为广州电脑城东城），配套设施和地理位置比广州电脑城东城更为完备，入驻的有来自国内外的各大厂商、直接代理商和销售商，产品包括苹果、惠普、联想等众多国际、国内品牌，这些大型厂商均在咨询、销售、安装、维修等方面提供一条龙服务，使用户无后顾之忧。1996年广州电脑城东城进行扩建，新、旧东城连成一体，更具规模。

经过多年稳健发展，广州电脑城企业集团扩大为广州电脑城东城、广州电脑西城、南方电脑城（位于天河路南方国际商业大厦负一层）三个专业市场，并形成集购物、洽谈、培训、展示、会议等于一体的专业化大型电脑及相关产品交易中心。

广州首批公众股上市

1993年，经中国证监会等部门批准，白云山制药股份有限公司、东方宾馆股份有限公司、浪奇实业股份有限公司、珠江实业开发股份有限公司、恒运热电股份有限公司5家企业成为广州市第一批向社会公开发行股票并上市的公司。10月28日，珠江实业开发股份有限公司和广州造船厂股票在上海挂牌上市。11月8日，浪奇实业股份有限公司和广州白云山制药股份有限公司股票在深圳上市。11月18日，东方宾馆股份有限公司股票也在深圳证券交易所上市。

在此之前，广州市选择一批具备试点条件的企业推进股份制改革。1992年3月24日，市长办公会议决定选择白云山制药总厂等10家企业向社会公开发行股票，发行总额不超过3亿元人民币，报请中国人民银行总行审批。规定公开向社会发行股票的股份有限公司最低注册资金应在3000万元人民币以上；内部发行股票的股份有限公司注册资金应在500万元人民币以上；在国营企业基础上改组成立（列入企业法人参股）的股份有限公司股份可设国家股（原国营企业资产的入股部分和国家新增加投资部分）、法人股和个人股三类；无形资产作价入股要根据不同情况定出比例，一般不得超过20%，特殊的实际情况另行确定。1993年下半年，广州市企业股份制改革进入规范发展阶段，到年底，经批准设立的股份有限公司增加到52家。

广州市列为国家综合配套改革试点城市

1993年12月4日，国家体改委正式将广州市列为国家综合配套改革试点城市，并指出：广州地处港澳与内地两种不同市场经济体制的接合部，率先建立新体制和新的运行机制，对广东省乃至全国都具有积极的意义，要求广州在全国范围内先行一步，以建立现代企业制度为重点，全面推进各项改革，率先建立社会主义市场经济体制。

中共十四届三中全会通过的《中共中央关于建立社会主义市场经济体制若干问题的决定》，为建立市场经济体制设计了总体规划。广州市根据中央决策部署，着手进行调查研究和决策，先后召开“建立社会主义市场经济体制研讨会”和“广州率先建立社会主义市场经济体制研讨会”。广州市委通过民主协商会，与民主党派、工商联和各界人士进行民主协商，形成试点总体方案及13个方面的子方案。

1993年12月21—23日，中共广州市委召开六届三次全会，审议通过《中共广州市委关于加快建立社会主义市场经济体制的若干实施意见》。围绕转换企业经营机制，建立现代企业制度；转变政府职能，建立健全宏观经济管理体系；加快培育和发展现代化的市场体系；建立合理的个人收入分配和多层次的社会保障制度；深化外贸体制改革，进一步扩大对外开放等5个重点提出的实施步骤和措施。并提出力争用5年时间初步建立起社会主义市场经济体制基本框架的目标。

打破公交国有独营局面

1993年12月，广州第一家中外合作经营的公共汽车公司——广州新福利巴士服务有限公司投入运营。采取“让股份、让市场、让利润”的

政策，由外商直接投资、合作经营城市交通项目。总投资2200万元，经营100辆巴士。1994年，一汽公司与香港乐意发公司合作成立广州新穗巴士有限公司，总投资4000万元，经营冷气车辆60辆。1996年，一汽公司与香港裕莱有限公司合作成立广州珍宝巴士有限公司，总投资8840万元，经营120辆冷气大巴士。随着冠忠、珍宝、新穗、广游、马会、福粤等多家中外合作的公共汽车公司相继投入运营，打破了公共交通长期以来由国有公司独家经营的局面，引进了新的管理模式和竞争机制，为广州公交发展注入新的活力。

推进建立社会主义市场经济体制

20世纪90年代初，广州市在确定率先基本实现现代化、追赶“亚洲四小龙”战略目标的同时，提出在全省乃至全国率先建立社会主义市场经济体制的构想。

1993年，广州市政府多次召开关于建立社会主义市场经济体制的研讨会，编制《广州市建立社会主义市场经济体制综合改革试点总体方案》及建立现代企业制度、市场体系、投融资、金融体制、社会保障、农村、科技、外经贸、财税、转变政府职能、教育、体育、发展多种经济成分等13个方面的子方案，为全面综合改革试点做准备。12月4日，国家体改委正式将广州列为国家综合配套改革试点城市，要求广州先行一步，率先建立社会主义市场经济体制。12月21—23日，中共广州市委召开六届三次会议，审议通过《中共广州市委关于加快建立社会主义市场经济体制的若干实施意见》，提出力争用5年左右的时间初步建立社会主义市场经济体制的构想。1994年，把转换企业经营机制、建立现代企业制度作为建立社会主义市场经济体制的重点，结合广州实际，分类推进

企业转制。1995年，进一步扩大现代企业制度试点，配套推进社会保障制度改革，培育市场，转变政府职能，推进机构改革，各项配套改革也有序推进。1996年，实施“抓大放小”，深化国有企业改革，全面推进综合配套改革，促进经济结构的调整和经济增长方式的转变。1997年，启动城市管理体制改革。自1998年起，采用“扶持壮大一批，重组一批，放开一批和关闭破产一批”的做法，实施国有企业战略性调整。到2000年，各项改革目标全面实现，初步建立起社会主义市场经济体制，经济体制改革向深层次发展。

建成十大“三高”农业基地

从1992年起，广州市积极发展“三高”农业（指优质、高产、高效农业），加速农业现代化步伐。第一，调整生产布局。1992年全市共调减水稻播种面积1.71万公顷，新挖鱼塘约1300公顷，新种水果近5000公顷，增加蔬菜播种面积2360公顷，并大力发展禽畜生产。第二，大力推广优质品种，涉及农业、牧业、渔业等191个优质品种。第三，推广应用各种技术措施。第四，继续改造低产田和低产塘。

至1993年，全市基本形成“三高”农业十大生产基地。第一，商品菜生产基地。常年种植面积2万公顷，主要分布在近中郊地带。第二，优质谷生产基地。面积13.57万公顷，占全市稻谷种植面积的81%，主要分布在番禺区、花都区、白云区和增城市。第三，糖蔗高产基地。面积1.1万公顷，主要分布在番禺区。第四，荔枝生产基地。面积1.45万公顷，主要分布在从化市、增城市、白云区，以及花都区和番禺区的一些边缘地区。第五，香蕉生产基地。面积0.87万公顷，主要集中在番禺区。第六，优质走地黄羽肉鸡生产基地。主要集中在白云区。第七，塘鱼生产

基地。面积1.53万公顷，主要分布在白云区、花都区和番禺区。第八，禽蛋生产基地。主要集中在农垦系统、国有商业系统及村镇的蛋鸡场。第九，速生丰产林基地。面积约2万公顷，主要分布在增城市、从化市和白云区。第十，花卉生产基地。面积467公顷，占全市花卉种植面积的72.5%，主要分布在芳村区。十大生产基地的形成，发挥了在投入上的导向作用、科技上的辐射作用、管理上的示范作用和流通上的“龙头”作用，有效促进了全市“三高”农业的发展。

1994年

珠江隧道建成通车

1994年1月18日，中国首条过江隧道——珠江隧道正式建成通车。隧道位于广州市区西郊，北起黄沙沙基涌口，与市区内环线黄沙大道及六二三高架路相接，南至芳村区上涌口，与花地立交及花地大道相连。这是中国首条以沉管法施工建成的水下隧道，也是广州市第一条过江隧道。隧道总长1238米，河中段长457米，沉管外围总宽33米，高8米，横断面是四孔矩形钢筋混凝土结构。其中西侧两孔为机动车道；东侧一孔为双股快速车道，为即将建成的地铁车辆行驶所设置。隧道的机动车最大设计车速为50千米/时，通过能力高峰期为每小时36 000辆机动车。

珠江隧道工程动工于1988年12月，原由广州市隧道开发公司、香港广信实业有限公司、广东省信托投资公司合作投资并承建，1991年4月起由市政管理局接管建设。1993年11月28日，隧道主体工程竣工。

珠江隧道的建成，改善了广州市西南出入口的交通状况，加强了中心城区与芳村区的联系，为地铁的开通提供了基础设施，有助于从根

本上改变芳村地区的投资环境，进一步加强广州同珠江三角洲地区的联系。1995年6月15日，中共中央总书记江泽民视察珠江隧道。1999年11月，珠江隧道工程获得中国市政工程最高荣誉“金杯奖”。

广州被中央机构编制委员会定为副省级城市

1994年2月25日，中央机构编制委员会下发《关于广州等十六市行政级别问题的通知》，明确广州与武汉、哈尔滨、沈阳、成都、南京、西安、长春、济南、杭州、大连、青岛、深圳、厦门、宁波、重庆16个市的政府机关行政级别定为副省级。其中，广州是所有副省级城市中经济实力最强的城市，地区生产总值位居内地城市第三位，副省级城市行政级别的施行有利于加快广州的经济社会发展，更好地发挥中心城市的辐射作用。5月，经中央机构编制委员会第六次会议通过，并经中共中央、国务院同意，决定将上述16市正式确定为副省级城市，同时取消省会城市的计划单列体制。1995年2月19日，中央机构编制委员会印发《关于副省级市若干问题的意见》，进一步明确包括广州市在内的16个市定为副省级后，仍为省辖市，由所在省的省委、省政府领导。上述城市的机构改革方案仍由所在省审批，报中央机构编制委员会备案。

实行公费医疗制度改革

1994年7月1日，《广东省属单位及广州市公费医疗制度改革方案》正式实施，广州市国家机关和事业单位正式开始实施公费医疗制度改革。改革的主要内容有：一是实行公费医疗经费定额管理制度，合理确定公费医疗定额，一般应根据上年度实际开支水平，剔除不合理增长因

素，增加合理增长因素，并考虑财政的承受能力，逐年核定，分别由省、市财政安排下达；二是财政、单位、医院共同承担公费医疗经费管理的责任，对于各类人员医疗费用的分摊作了原则性规定；三是实行个人自负少量医疗费的方法。

自1952年7月公费医疗制度在广州推行以来，庞大的公费医疗费用给广州的财政造成沉重的负担。为了逐步建立以医疗保险为主体的、多层次的医疗保障制度，控制医疗费用上升过猛的势头，减少浪费，合理利用卫生资源，广州市政府于1994年决定在现行制度的基础上进行调整，建立有效的医疗费用控制机制，实行医疗费用由国家、享受单位和个人合理负担，强化医疗单位、享受单位和个人参与公费医疗管理的责任，调动各方面的积极性。

实行公费医疗制度改革后，市、区各级干部及相关人员的公费医疗支出明显减少，缓解了长期以来公费医疗给财政带来的巨大压力。

广州至香港2.4G-bps高速环路同步数字光纤传输系统开通

1994年11月11日，广州至香港2.4G-bps高速环路同步数字光纤传输系统建成开通，广州、东莞、惠州、深圳、香港五地同时举行开通仪式。同步数字体系是一种光纤通信系统中的数字通信体系，20世纪80年代后期开始逐渐发展成熟，与旧的准同步数字体系相比具有同步复用、标准光接口、网络管理便捷等优点，可以建成一个灵活、可靠、能够进行遥控管理的全国电信传输网以至全世界的电信传输网，既可以方便扩展新业务，也可以使不同厂家生产的设备进行互通使用。广州至香港2.4G-bps高速环路同步数字光纤传输系统是全国第一条数字链路和我国

当时传输速率最高的光缆通信系统，总投资7500万元，采用美国AT&T公司设备，利用原穗深港光缆和榕穗光缆广深段两条环路，由工程规模为两个2.4G-bps的传输系统构成。其中一个是粤港环路，另一个是省内环路。该系统从广州分别经东莞、惠州，在深圳汇合至香港，形成环形结构，每条环路可开通3万条电路，是一个大容量、高速率的信息传输平台，不仅可以开放传统业务，还可以开放视像通信、多媒体通信、高速数据通信等宽带业务。

广州扩大农业对外开放加快农业产业化

1994年11月12日，广州市召开农业对外开放和基地建设工作会议，市委强调："扩大农业对外开放，加强农业基地化建设，是市委、市政府加强对农村和农业工作的领导，加快农村现代化建设步伐的重大措施。"会议期间，代表们讨论审议了《中共广州市委、广州市人民政府关于进一步扩大农业对外开放若干问题的决定》。1998年，市政府颁布实施《加快广州农业产业化、现代化步伐的意见》，主要措施有：提高科技进步对农业的贡献率；建设农业资源利用与再生的良性循环；提高农业的社会综合业务程度，增强农民进入市场的组织化程度；创新发展高品位的农业名牌产品；建立蔬菜、水果、花卉、水产品、禽畜等一批现代化的农产品专业批发市场；建立有实力、规模大、有较强带动业务农户和开拓市场能力的龙头企业；推动贸工农一体化组织（企业）对农产品销售比例。

全国最大规模的购书中心开业

1994年11月23日，集图书展览、零售、批发、订货于一体的广州购书中心落成并开业，共耗资1.1亿元，建筑面积2.3万平方米，营业面积1.5万平方米，相当于全市新华书店总营业面积的3倍，是当时全国最大规模的现代化图书城，也是国内首家全开架式大型图书商厦。

广州购书中心是广州市新华书店集团有限公司按照现代企业制度要求组建的一个大型图书零售企业，图书全部实行开架式展销，既方便了顾客选购图书，也明显提高了营业效率。购书中心功能完善，拥有先进的计算机网络管理系统，各楼层均有自助触摸式查询屏。内设中央空调、自动步梯、垂直客梯等多种现代设备。备有新华阅览厅、展览厅、报告厅、常年订货厅、出版发行商务活动区和快餐茶座等场所。

购书中心开业时图书备货品种15万种，其他文化用品3万多种，此后开通了广购网站，成立读者俱乐部。至2008年，广州购书中心设有黄埔分店、肇庆时代广场店，其规模、管理、品牌等优势日益彰显，拥有数十家经营品种及风格迥异的民营书店和外资三联书店，图书备货品种达18万种，音像制品、电子出版物达5万多种。购书中心已发展成为以图书经营为主，系列文化用品、多种文化知识载体并举，集文化传播、购书休闲及会议、培训咨询等商务配售服务于一体，在全国具影响力的综合性大型文化企业。

广州国际卫星通信地球站建成开通

1994年11月28日，广州国际卫星通信地球站建成开通。这是继北京、上海后国内开通的第三个国际卫星通信地球站。从此，广东省通往

国外的长途电路可不再经香港、北京或上海中转，全省所有市县都进入国内及国际直拨网，长途通信通达全球，结束了广东省无长途国际电路的历史。

1995年7月10日，全国第一个数字移动通信网在广州开通。至1995年底，广东邮电局用电话交换机总容量突破1000万门，占全国总量的1/7以上，移动电话100万门，占全国总量的1/3多，电话普及率从1981年不足1%上升为11%。一个集光纤通信、卫星通信和数字微波等技术于一体的现代化通信网络在广东省建成，成为全国电话程控化第一省。广州市话程控化、市话和移动电话普及率均居全国省会城市之首。

银行电子化全国领先

从1979年开始，广州地区金融系统起步建设电脑应用系统。当时的广州市人民银行使用M-150机实现2个对公部处和4个储蓄所联网，中国银行广州市分行（含中国银行广东省分行）在其营业部的国际结算中采用电脑服务。1985年，中国工商银行广州市分行从日本引进两台中型电脑M-240H，数年间建成具有会计、储蓄、通存通兑、信息、信用卡、电子银行、代收事业费、代发工资等多种功能的综合联机系统，有35个对公部处、100间储蓄所联网，安装终端700多台，自动柜员机（ATM机、CD）150台，向1万多户对公客户和300万户储蓄客户提供服务，电脑网络也延伸至该行所属番禺、花县、增城、从化四个支行，成为国内金融系统最大的联机系统之一。同时，中国银行珠江分行、中国建设银行广州市分行、中国人民银行广州市分行也相继采用电脑网络系统。经过近10年建设，至1989年，广州市金融电脑系统初步建成。

1994年，中国工商银行广州市分行在全国率先开通M-660大型综合

联机电脑系统，联通银行近400个网点。中国银行广州市分行引进IBM 9672大型主机系统，使处理能力在原有水平上提高13.5倍；中国建设银行广州市分行在全国率先应用电子货币支付系统；中国农业银行广州市分行在电子化建设中所取得的经验，成为其总行向全系统广泛推广的成功典范。广州以其拥有的先进的金融电子化基础设施，被确认为国家级的金卡工程试点城市、中国人民银行总行现代化支付系统和城市金融网络系统的试点城市。

1995年

环卫工人与正式工享受同等福利待遇

1995年1月13日，广州市政府印发实施《关于加强我市环卫队伍建设有关问题的通知》，宣布10项措施，其中包括：提高环卫临时工的福利待遇，临时工与正式工享受同等待遇，工资改革按正式工工改序列执行，并分别纳入市、区级财政预算列支；取得广州市环卫荣誉证书并在广州市环卫部门办理退休手续的职工，按100%工资领取退休金，所需资金由环卫经费拨款渠道解决；为解决街道环卫经费不足，适当提高居民、单位（机团、企事业、个体户）卫生费和单位垃圾代运费的收费。广州市环卫工人在福利待遇、工资、住房、退休、子女入托入学等方面实现与正式工享受同等福利待遇。

不断完善与环卫工人待遇落实相关的各项管理配套措施。第一，加强环卫行业的管理，2001年1月13日成立广州环卫行业协会。该协会是经广州市社会团体登记管理部门审核、批准成立的具有法人资格的非营利性行业性社会团体，由广州市从事市容环境卫生管理及环卫服务、生

产、科研、设计、教育等相关领域的单位自愿组成，有注册会员单位590家。第二，规范环卫工人福利待遇。2013年4月，广州市城市管理委员会印发实施《关于规范广州市环卫行业用工的意见》，提升环卫工工资福利待遇，统一全市环卫行业用工成本构成标准。按规定足额发放环卫工人工资，广州市合同制环卫工人的月基础工资不得低于当地最低工资标准的110%。2017年6月，市政府出台实施《广州市人民政府关于收取城市生活垃圾处理费的通告》，进一步明确征收费用标准，居民户每月每户5元，暂住人员每月每人1元，机关、企事业单位、个体户每桶（0.3立方米）6元，以保证环卫工人工资福利待遇。第三，推行环卫工关爱活动。2017年，全市城管系统推出7项关爱环卫工人举措，包括在环卫工人节期间关心慰问困难职工和劳模、开展温暖广州一人一月饼活动、开展环卫工人职业知识竞赛和劳动技能竞赛活动、妥善解决非广州市户籍外来环卫工人子女入学事宜、争取入户广州指标、组织优秀城市美容师外出参观疗养活动、安排环卫工人体检等。

“市级地方政府经济白皮书”形成系列

1995年1月，经济社会白皮书《广州经济形势与展望（1994—1995）》出版，是中国市一级地方政府出版的第一本经济白皮书。该书由广州市计划委员会负责编纂。全书分七篇，分别为综合经济、产业经济、外经外贸与国内贸易、财政金融与投资、科技与社会事业、体制改革、城区和县级市经济。各篇均由上年度的分析以及本年度发展趋势的预测构成，并就本年度工作提出对策措施。此后，白皮书连续出版，每年一本。

同年3月，经济蓝皮书《1995：广州经济形势分析与预测》正式出

版。该书由中共广州市委政策研究室、广州经济发展研究中心等单位发起并组织编纂。全书20章，主要包括：上年度经济运行状况及本年度经济运行走势的分析和政策取向；居民生活状况、人口形势与就业等方面的形势分析与预测。

2000年7月，社会蓝皮书《2000—2001年广州社会形势分析与预测》一书出版。该书由中共广州市委宣传部组织部分实际工作者和理论工作者共同编写，主要运用社会学的理论视角和研究方法，侧重对社会层面进行分析和研究。该书分两篇，第一篇是部门报告，第二篇为专题报告。

截至2018年，广州白皮书形成系列，主要包括广州经济社会白皮书、广州经济蓝皮书、广州社会蓝皮书等。

探索企业退休职工社会托管制

1995年4月12日，广州市曙光无线电厂240多名退休、离岗退养职工脱离原企业，养老金由广州市退休职工管理委员会办公室直接发放。这是广州市首家企业职工养老金由单位发放改为由社会统筹统管统发。1997年10月，广州照相机厂破产，360名离退休职工全部移交市退管办社会化管理，市退管办在每月按时向他们发放养老金的同时，按规定报销其医疗费。

1995年以前，广州市退休人员管理的模式主要有两种：一是退休人员所在单位自行管理，单位负责退休人员的生活医疗待遇等事项。二是由行业（集团公司）集中统一管理，成立专门的退管机构，退休人员与原企业单位分离。从1995年开始，企业退休职工实行社会托管制，关闭、破产、改组、重组企业的和合同制职工失业办理退休的退休人员，

逐步向社区管理发展。其管理体制完善为二级政府、三级管理、四级服务的管理模式，在市、区、街建立退休人员管理组织，退管工作重心向区、街下移，以街道为主，社区居委会兼管，形成统一领导、统一制度、分级管理、区街为主的社区管理体系。同时，成立市区退休人员退管服务中心、街退休人员管理服务站以及社区居委会退休人员管理服务片，建立社区化的管理服务网络，使社会申办的退休人员生活上得到应有保障，将退休人员的“家在企业”转变为“家在社会”。

全面实施党政机构改革

1995年4月17日，广州市召开党政机构改革动员大会，全面实施《广州市党政机构改革方案》。提出市直党政工作部门从原来的75个和15个行政性公司精简为60个，精简33.3%。具体为：组建新机构3个，撤并后重组3个，撤销机构2个，撤销独立建制并入有关部门的机构4个，合署办公的机构3个，撤销后改为经济实体的机构21个。人员编制由1993年底的实有人数精简30%，即精简5000多人。此后，根据中央和广东省的部署，广州市分别于2001年6月、2005年1月、2009年9月、2014年12月对全市党政机关机构改革。2001年和2015年机构改革仍然以“简政放权”为核心，以“大部制”为主要改革思路。

国内首个使用EDI处理对外贸易文件自动化的城市

1995年7月19日，广州市电子数据交换（EDI）中心正式成立。广州海关EDI通关系统首期工程亦同时开通。广州成为我国第一个使用EDI实现贸易文件处理全过程自动化的对外贸易城市。

EDI电子数据交换主要把贸易、运输、保险、银行和海关等行业的信息，用一种国际公认的标准格式，形成结构化的事务处理的报文数据格式，通过计算机通信网络，使各有关部门、公司与企业之间进行数据交换与处理，并完成以贸易为中心的全部业务过程。广州市电子数据交换中心承担制定EDI规划、法规和项目管理、资金管理、EDI标准制订、EDI培训宣传、EDI基础网络设施建设，以及提供EDI技术服务等。

该中心成立后，先后开通“广州海关EDI通关系统”“出口商品原产地证EDI申报系统”“出口商品许可证EDI申报系统”。这些系统的开通使用，简化了通关程序，缩短了办证时间，减少了出错机会，提高了工作效率，加快了进出口通关速度。

发掘与保护南越国宫署遗址

1995年7月31日，广州市考古队在中山四路忠佑大街建筑工地发现南越国宫署遗址，这是目前中国发现年代最早的宫苑遗迹。遗址的核心区域为4.8万平方米，东起忠佑大街，西至北京路，南起中山路，北至广州大厦门前。1995年和1997年，专家进行了抢救性考古发掘，发掘出南越国宫御苑中的石沟水池、曲流石渠遗址和两座宫殿遗址。石沟水池距地面约8米，为冰裂纹密缝石板铺砌，池壁呈斜坡形，池底平整，用碎石和卵石平铺，向南埋有木质输水暗槽，与长约180米的曲流石渠连接，是中国现存年代最早的石沟水景园林遗址。池壁石板上发现了石刻“蕃”字、“赀”字和“阅”字等文字，还挖掘出“万岁”文字的瓦当。这些是岭南地区年代最早的石刻。遗址中共有7个时代的重叠文化层，发现秦、南越国、东汉、晋、南朝、唐、宋时期的遗迹遗物。还发现了113口各个时期的水井，年代由南越国至民国时期，有土井、砖井、瓦井、木

井、篾圈井和陶圈井，反映了不同时期的建筑文化特色。

该遗址于1996年被评为全国重点文物保护单位，2005年、2007年两次被评为“全国十大考古发现”之一，2006年被列入中国世界文化遗产预备名单，2012年11月被列入中国海上丝绸之路申报世界遗产的遗产点之一。2016年送交世界遗产大会审议。在此遗址上建立的南越王宫博物馆于2010年11月开始对外免费开放。

组建中国南方人才市场，建立人力资源服务市场模式

1995年8月22日，广州市发出《关于组建中国南方人才市场的通知》，成立中国南方人才市场管理委员会，下设办公室（副局级事业单位）。1995年9月13日，中国南方人才市场正式成立，设于广州市天河路104号华普大厦，为人事部与广州市人民政府合办的国家级区域性人才市场，属事业单位，按企业管理。该人才市场是广州地区引进人才的窗口和华南地区人才交流的主渠道，除周一、周二外，天天举行大型现场招聘会，为企业和求职者牵线搭桥。

1996年5月8日22时，“中国南方人才市场频道”正式开播。该频道由中国南方人才市场和广东电台新闻台联合制作，是国内首创的以企业和广大求职者为主要服务对象的广播频道，增加了人才信息传播渠道。2000年12月，该人才市场通过国际质量认证权威机构BSI（英国标准协会）ISO 9002质量体系认证的最终审核，在全国首开人才服务行业创立质量品牌之先河。

截至2017年末，中国南方人才市场有经营面积2万多平方米，员工800多名。服务项目和业务覆盖范围主要包括：人事代理、人才招聘、人才租赁、人才网站、猎头、人才测评、毕业生就业服务、国际人才交流

等，覆盖人力资源管理的各个环节，形成多层次的、全方位的、完善的人力资源服务体系。其官网是珠三角地区访问量较高、较有影响力的求职招聘网站之一，拥有超过40万份的求职简历，超过3万家招聘单位选择南方人才网作为第一招聘渠道、日访问量达到10万人次、平均每日页面浏览突破40万次。

全国首条由商务部批准命名的步行街

1995年9月30日，上下九步行街正式开通。地处广州市荔湾区（俗称“西关”）的上九路、下九路、第十甫路之间，全长约1218米，共有各类商业店铺238间和数千商户，是全国首条由商务部批准命名的商业步行街，是广州市三大传统繁荣商业中心之一，日客流量达60万人次。该商业步行街具有中西合璧的西关风情特色，构成独特的、绚丽多姿的西关风情画，是广州亮丽的旅游风景线。

步行街多为骑楼建筑。始建于清代，是一条既吸取了南欧建筑特色又有我国北方满洲式装饰，既保留了西关传统建筑风格，也适应南方炎热多雨气候的富有岭南特色的近代骑楼一条街。同时又是一条可供商户、顾客在任何天气环境下进行商业活动的实用又美观的建筑长廊。

在全国率先建立法律援助制度

广州，在法律援助工作上走在全国前列。1993年2月12日，广州市司法局提出“建立法律援助基金，以保障经济有困难的单位或个人获得法律帮助的权利”，这是全国第一次用正式文件提出“法律援助”一词。1995年11月9日，广州市法律援助中心挂牌成立，这是中国第一家法律援

助中心。在1995年12月28日发布的《中国人权事业的进展》白皮书中，广州市法律援助中心的成立与工作成为中国人权事业进展的一项有力佐证，写入“司法中的人权保障”一节。1996年11月18日，司法部高度评价广州市法律援助中心所开展的工作。“广州模式”获得认可，向全国推广，并沿用至今。截至2018年，广州建成市、区、街（镇）、社区四级法律援助网络，区级援助机构11家，法律援助站250个，法律援助联络点1150个，法律援助联络员507名。

广州市人均住房面积跃居全国十大城市之首

经过多年的发展，广州市房地产业趋向成熟，市民居住水平提高，人均居住面积1978年为3.82平方米，到1995年人均住房面积达9.2平方米，跃居全国十大城市之首，并提前达到建设部提出的2000年大城市人均居住面积8平方米的目标。加快公有住房制度改革，公有住房出售迈出较大步伐，1989—1997年共售出公房32.6万套，公有住房出售比重达60%以上。2000年起，广州市全面取消住房实物福利分配，实行住房分配货币化。建立住房公积金制度，为广大职工购买房屋开辟一条稳定的资金渠道。

1996年

广州日报报业集团成为全国首家报业集团

1996年1月15日，经中共中央宣传部同意、新闻出版署正式批准，广州日报社作为全国报业集团试点单位，组建中国首家报业集团。

建立报业集团，是优化报业结构、强化市场管理的需要，为报业核心功能的创新提供了有利条件。《广州日报》在北京、上海、西安等地开设分印点，八成以上用户为自费订阅。集团旗下共拥有1张主报、15张系列报、5家杂志社、1家出版社和2个网站，包括主报《广州日报》，系列报《信息时报》《足球》《广州英文早报》《岭南少年报》《时尚荟》《老人报》《舞台与银幕》《篮球先锋报》《美食导报》《广州文摘报》《赢周刊》《第一财经日报》《羊城地铁报》《番禺日报》《增城日报》；杂志《新现代画报》《南风窗》《看世界》《大东方》《共鸣》；另有大洋网、VRHR求职广场网。其中，主报《广州日报》日均发行量达到185万份，是华南地区发行量、零售量、订阅量和传阅率均为第一的报纸。2003年8月12日和2005年3月1日，广州日报报业集团先后与

星岛日报集团和明报集团合作，推出《广州日报·澳洲专版》和《广州日报·北美专版》。

广州日报报业集团在全国报业市场上成功创造多项奇迹。1987年元旦，《广州日报》在全国地方性报纸中最先由4版扩至8版，2017年日均60大版，借鉴国际通行的做法，在国内率先推出多叠报纸，多次推出200版、100版特刊。1996年1月2日《广州日报》电子版在“亚洲一号站”交互网服务主站上网，是全国首家被邀请上网的电子报纸。在全国报业中最早开展多种经营，有广州日报印务中心、广州市报刊发行公司等经济实体。《广州日报》在2006年度中国纳税百强系列排行榜上以1.4423亿元税费位居中国报业之首，2007年广告收入突破20亿元大关，位居全国平面媒体首位。2007年11月，《广州日报》报业集团控股的广东九州阳光传媒股份有限公司在深圳证券交易所上市，成为第一家在境内主板上市的传媒公司。

广州高新区实施“一区多园”管理新体制

1996年2月14日，广州市长办公会议研究高新区实施“一区多园”问题。会议认为，天河高新区组建五年多来，实行“条块结合、以块为主、相对独立”的管理体制，对发挥市、区的积极性，办好高新区起到一定的作用，但这种体制不适应形势发展的要求。会议议定：将“广州天河高新技术产业开发区”改名为“广州高新技术产业开发区”；授予广州高新技术产业开发区市级规划、土地、税务、财政、工商、劳动人事、公安、项目审批、外经外贸、外事审批等管理权限；实行“一区多园”的管理体制。天河科技园、黄花岗科技园、民营科技园，实行管委会与所在区政府双重领导，以所在区政府管理为主的体制。广州科学

城，从有关行政区域划出，成为独立区域，广州高新技术产业开发区管委会负责开发、建设和管理。1996年9月11日，经市委常委会讨论决定，广州高新技术产业开发区下设广州天河科技园、广州黄花岗科技园、广州民营科技园、广州科学城四个科技园区，实行“一区多园”的管理体制。广州高新区成立管委会作为市政府的派出机构，实行与广州经济技术开发区、广州南沙经济技术开发区同等的政策；区内各园区实行双重领导，以区为主。

1998年8月13日，市长办公会议研究决定，广州开发区和广州高新区合署办公，高新区“一区多园”体制不变。1999年8月，南沙资讯科技园纳入广州高新区。2016年5月，广州高新区被国务院确立为大众创业万众创新示范基地。该高新区的管理新体制形成中国对外开放完整、系统、丰富的优惠政策体系，截至2018年，吸引投资者达世界50多个国家和地区，吸引世界500强企业达83家，其主要经济指标在全国始终名列前茅。

广州信息网建成正式开通

1996年10月29日，广州信息网建成开通。广州信息网联通国内各大信息网络和国际互联网络，成为一个反映广州全貌，介绍广州社会经济建设和投资环境的窗口，是中国经济信息网的广州区域中心。广州信息网的开通，标志着广州市信息产业的主动脉基本构成。广州信息网的管理和日常维护由广州市信息化服务中心承担。

20世纪80年代，广州开始筹建广州市信息中心。90年代，利用日元贷款近6亿元，配套人民币5600万元，经一年多的时间建成区域性计算机网络，利用卫星通信实现与中国科技网联网，并与国家邮电部系统接入国际互联网。此后，又建成广州市政府公众信息网、广州市机关内部信

息网，建成国家规定的七大业务系统，并建成一个全市领导干部计算机网络知识培训基地，使广州的信息化建设达到国内领先水平。2000年，建成全市党政机关互联网络交换中心，成功探索了大型信息系统和网络的建设模式。该信息网建设推动了政府信息资源共享云服务平台发展，加快“信息广州”“智慧广州”建设步伐。

全国首条多功能全民健身径建成

1996年9月，国内第一条多功能健身路径（又称多功能全民健身径）在天河体育中心足球训练场南侧围墙边建成并免费向群众开放。该路径全长200米，每隔20米设置一种体育器械，包括单杠、双杠、荡桥、沙坑、天梯等10种，并在器械旁立有说明牌，说明该器械的动作要领及评分标准。10月26日，召开市长现场办公会议，要求每个区、县级市先建2～3条，有条件的居民小区在不损坏绿化、不破坏市政设施的前提下建设健身路径，凡超过10万平方米的居住小区均需将健身路径建设纳入建设规划。同年6月9日—7月9日，市体委举办了’96广州全民健身宣传月活动。其间，共举办市级群体竞赛42项次，区（市）级竞赛活动22 761次，活动形式包括体育竞赛、文体表演、体育花会、体育欢乐节、体育游艺、体育运动推广日、体育夏令营、《体育法》讲座、《体育法》知识竞赛、《体育法》咨询等，活动点达3114个，全市有400多万人参加了活动。1996年8月，在全国率先成立全民健身体育宣传队。至1996年底，该队赴增城新塘、番禺鱼窝头、花都花东、从化街口等街道，及清远阳山县、连山县进行体育宣传。

广州首条通往欧洲的国际航线开通

1996年11月26日，中国南方航空（集团）公司开通广州—北京—阿姆斯特丹国际航线。这是广州首条通往欧洲的国际航线，也是中国民航开辟的首条通往荷兰的航线。

2008年12月，联邦快递亚太转运中心在白云国际机场建成投入运营，成为联邦快递在美国本土以外建造的最大转运中心。此后，广州空港国际物流园、邮政速递华南处理中心、富力物流等龙头项目，顺丰、穗佳、华南电商物流等项目落地，建设“亚洲物流集散中心”步伐加快。

2013年8月1日起，广东对45个国家持有第三国签证和机票的外国人在广州口岸实行72小时过境免签政策。广州成为继北京、上海之后，中国第三个实施72小时过境免签证的城市。2015年12月30日，《广州空港经济区管理试行办法》出台，白云区116平方千米的区域被划定为空港经济区，重点发展航空维修制造、航空物流、航空总部、航空金融、商务商贸、先进制造业、跨境电商、生物医药等诸多高端产业。2015年底，广州市委提出建设三大战略枢纽部署，国际航空枢纽是其中的重要组成部分。2017年，广州市政府印发《推进广州国际航空枢纽和临空经济示范区建设三年行动计划（2017—2019年）》。2018年4月，白云国际机场二期扩建工程的二号航站楼、交通中心及停车楼等机场工程启用，国际航空枢纽建设全面提速。至2018年，白云国际机场连接全球220个航点，拥有航线超过300条，成为连接大洋洲、东亚、东南亚重要的国际中转地，共有77家航空公司在其中运营。

全面实施再就业工程

1996年开始，广州全面实施再就业工程。1996年9月，广州市政府颁发《关于实施再就业工程的通知》，拉开全市再就业工程序幕，成立了“广州市就业工作领导小组”。具体推进措施如下：

首先，增加就业岗位。（1）对下岗职工申报股份合作制企业、私营企业、个体工商户的，放宽对从业人员的限制，放宽经营范围的限制，放宽对注册资金的限制，放宽对经营方式的登记。（2）采用多种形式安置下岗、失业人员。（3）落实减免工商管理费的政策，减轻下岗人员转营个体私营企业的负担。1999年全市私营企业和个体工商户共安置国有企业下岗人员44 671人。

其次，建立“再就业基金”，按照分级管理，有偿使用为主、专款专用、滚动发展的原则，促进再就业。1996年，市政府划拨2500万元作为“广州再就业专项资金”的启动资金。1997年又筹集4200万元。1999年，支持再就业工程的资金累计超过1亿元。

再次，充分发挥劳动就业服务整体功能。1999年市政府下发《关于建立就业服务中心的通知》，要求下岗职工占职工总数5%以上的企业建立再就业服务中心。1999年建立各级就业服务中心达4775个。制定《广州市下岗职工管理暂行办法》《职工临时下岗证》等制度，还制定最低工资标准、最低生活标准、失业保险救济金标准和居民最低生活费标准，保障下岗职工合法权益，保证社会稳定。

2017年，市人社局和市财政局联合发文《广州市创业带动就业补贴办法》，明确创业就业补贴项目、补贴对象、补贴标准，从而推动创业就业。

全国第一家上市参与跨国竞争的街道企业

1996年，南华西企业集团公司改建为南华西实业股份有限公司。该公司发行的股票于11月在深圳证券交易所上市，成为全国第一家街道企业上市股份公司。12月1日，广州南华西实业股份有限公司正式成立。

1989年1月，广州市南华西街道办事处下属的街道企业——广州市南华西企业集团公司组建。由于经营有方，经济持续发展，先后被广州市政府列为“重点支持的现代大型企业集团”，被广东省政府列为“广东省第一批重点发展大型企业集团”，并被评为广州市、广东省的优秀集团企业。1996年11月在深圳证券交易所上市。此时公司拥有五大工业区近90家企业，占地面积200多亩，厂房面积40多万平方米，生产经营的产品3000多个品种，同时有十大内外贸易项目，在香港设有8家经营机构，与20多个国家和地区建立了长期的紧密合作关系，在美国、日本、韩国、越南等国家都设立经营公司或办事机构，产品有1/3销往国外，占营业收入的60%以上。一家街道企业参与跨国竞争，跻身国际市场，在企业发展史上写下光辉一页。2000年，该公司总资产达17亿元。2004年9月13日，该公司股票在深圳证券交易所终止上市。

推进国有企业改革实施大企业集团战略

1996年，广州市被纳入全国优化资本结构试点城市的行列，成立由广州市委书记挂帅的广州市推进国有企业改革领导小组，出台改革配套政策120多项。市属国家企业改革主要以优化资本结构为主导，以建立现代企业制度为目标，确定广州钢铁集团、摩托集团、造纸集团、珠江啤酒集团等56家重点发展的大型企业集团，由广州市委、市政府制定包括

补充资本金、融资筹资、扩大对外经贸、企业兼并、经营者奖励等在内的十大扶持政策。

1997年，广州市出台“5·8·10”工程规划，即到2005年有5个、8个和10个企业集团的年销售额分别达到100亿元、50亿元和30亿元。市政府通过资产一体化纽带组建广州汽车集团，通过向集团核心企业（骏威汽车集团）进行国有资产授权经营，将骏威汽车集团、羊城汽车集团、广东省客车厂和广州金宝马实业公司（原广州客车厂）等分散在市工业系统、交通系统和城建系统的汽车企业全部纳入该集团，经结构调整和优化配备，逐步形成轿车、轻型车、大客车和汽车配件四大专业性公司。广州摩托集团公司和五羊自行车公司和华南缝纫机公司共同组建新广州摩托集团。

1998年，通过大资金投入、技术进步、加速资本结构调整和低成本扩张等办法，形成“集团军”竞争的大企业集团有58家。广钢、广船、珠啤等3家大集团进入全国512家重点扶持的大企业行列。2000年，大企业集团战略发展目标基本实现。

1997年

建成首个现代化多功能公路客运站

1997年1月18日，天河汽车客运站正式营运。同年6月，成立合资公司“广州新天威交通发展有限公司”，负责经营天河汽车客运站。

天河汽车客运站位于广汕公路元岗地段，东临华南干线，西接北环高速。于1995年3月29日动工兴建，占地面积4.6万平方米，设有1.4万平方米停车场，是广州东出口的中心站场，也是国家交通管理部门核定的一级主枢纽站场。主要经营华东的江苏、浙江、安徽、福建、江西等省际，以及省内广梅、广汕等方向的班车，是辐射华东、粤东的枢纽站场。天河汽车客运站配有汽车检测保修、供电、给排水、中央空调、手扶电梯、地下停车场及信息通信等设施，是广州地区首个现代化的多功能公路客运站。2001年通过了ISO 9001质量管理体系认证。1998—2006年，连续被评为“春运工作先进单位”，被交通部授予“全国文明汽车客运站”称号。

至2018年，天河汽车客运站经营班车通达20多个省、直辖市、自治

区和省内的粤东、粤西、粤北等地区，班车线路235条，其中省际线路127条、省内线路108条；参营班车1500余台，日均发班1850个班次，日均发送旅客3.5万人次，高峰日最高发送旅客9万人次。

全面取消小学升初中的统一招生考试

1997年4月24日，广州市教委公布1997年广州市招生方案。从是年起，广州市小学入学年龄全部不超过7岁：市区内儿童6岁半入学，有条件的地段6周岁入学，个别学位紧张地段为6岁8—10个月入学；4个县级市的农村儿童6岁半入学；为体现公平和就近入学原则，全市全部取消小学升初中的统一招生考试。

东山区、越秀区、荔湾区和海珠区四个老城区于1984年普及初中义务教育。至20世纪90年代，广州市的初中和完全中学，课室、实验室、图书阅览室、学生宿舍、必备生活设施和常规教学设备仪器“六配套”的学校达75.8%，为普及九年义务教育打下基础。

华南地区首张综合性地方英文报纸创刊

1997年7月1日，华南地区首张综合性地方英文报纸——《广州英文早报》创刊。该报为4开24版，彩色印刷，双语编排，逢周四发行。读者定位为有英语阅读能力的在职人士、以英语为第二语言的知识分子、在校学生、外国驻穗使领馆人员及商社会员和外国专家等。

2008年1月1日，《广州英文早报》全新改版。主要增加新闻性，吸引在穗经商和定居的外籍人士，为外籍人士提供便利，从而增加其对中国、对广州的了解。同时，增加可读性，让在穗工作的白领精英对国外

的文化、风俗习惯、时尚潮流有深层次的了解。改版后的报纸主要在广州地区及珠三角经济发达地区发行。省外发行部分主要在新机场及酒店商务区域赠阅。

实施儿童计划免疫金卡工程

1997年8月18日，广州市儿童计划免疫金卡正式发放，标志着广州市儿童计划免疫信息管理系统正式启动。该系统首先在越秀、东山、荔湾、海珠四区70多个接种点投入使用，至年底全市200多个接种点完成联网，全市0～7岁儿童的计划免疫纳入计算机管理。

儿童计划免疫金卡工程通过建立IIMSs，实行科学管理，主要将手工登记、管理的儿童预防接种信息利用计算机管理起来，并利用网络交换技术实现实时、非实时的数据交换，从而全面提高工作效率、信息利用及时性和利用率，达到高效管理的目的，并可解决异地预防接种和漏种问题，进而推动预防接种工作的深入开展。通过儿童计划免疫金卡主要减少麻疹、百日咳、白喉、脊髓灰质炎、破伤风等疾病发病率，减少死亡。

该金卡工程在全省联网后，实现了“一地建卡，全省接种”，高效解决流动人群的预防接种信息管理问题，儿童计划免疫金卡被卫生部认定为“金卫工程第一卡”。

深化城市管理体制改革

1993年12月31日，广州市人民政府第15次常务会议决定以“统一领导、分级负责、以块为主、条条监督”为指导，理顺城市管理体制，并确定1994年为城市管理年，重点解决市容市貌脏乱差问题。其后，建立

市、区、街三级管理体制，逐步把管理权限下放到区。1997年7月，广州市委、市政府召开动员大会，部署为期3年的深化城市管理体制改革。一是选择东山（老城区）、海珠区（带有农村的城区）为试点区，制订《广州市深化城市管理体制改革试点区改革总体方案》及7个专项方案及实施细则。1998年3月正式实施。至1998年12月底，基本完成城市规划、国土房管、市政园林、工商、公安、财税、街道管理体制、工业、商业、投资、国有资产、教育、卫生、市容环卫等14个方面专项改革。1999年1月，其他区全面展开深化城市管理体制改革，广州市委、市政府制定了《关于深化城市管理体制改革的决定》《广州市深化城市管理体制改革方案》及其《实施细则》。

这些改革重点是“重心下移，立足基层”，合理调整街道规模，撤并街道30条，赋予街道2项主要职责和城市管理工作12项事权，明确和扩大街道的管理职责和权限；并决定居委会的办公经费、专职人员的工资、福利等分别由市、区两级财政核拨或由区、街解决，彻底解决居委会经费不足的问题。街道和居委会得以集中精力抓社区管理和服务，全面清理环境卫生死角，整治“六乱”，使城市脏乱这一长期没有得到根本解决的老大难问题得以解决。

至2000年，经过三年深化城市管理体制改革，广州市初步建立了新的城市管理体制，基本解决了城市管理中关系不顺、职责不清、效率低下等问题。

第一家在香港上市的广州市国有企业

1997年9月1日，广州药业股份有限公司由广州医药集团有限公司属下八家中成药制造企业和三家医药贸易企业重组成立。属下企业包括：

广州星群药业股份有限公司、广州陈李济药厂、广州奇星药业有限公司、广州潘高寿药业股份有限公司、广州敬修堂药业股份有限公司、广州王老吉药业股份有限公司、广州汉方现代中药研究开发有限公司、广州拜迪生物医药有限公司，以及广州医药有限公司、广州市药材公司、广州市医药进出口公司。

1997年10月30日，广州药业股份有限公司在香港联合交易所挂牌上市，成为第一家在香港上市的广州市国有企业。“广州药业”以每股面值人民币1元，按每股发售价1.65港元（人民币1.77元）向香港公众发售及配售予机构投资者，发行2199亿股（H股），总集资额为3.6亿多港元。截至2018年，该公司属下企业达30家，连续多年获中国制药工业百强榜第一位。

全国首部保护私营企业权益的地方性法规

《广州市私营企业权益保护条例》（简称《条例》）于1997年9月22日由广东省第八届人民代表大会常务委员会第三十一次会议批准，1997年10月8日广州市人民代表大会常务委员会公告第75号公布施行。这是全国首部保护私营企业和个体工商户合法权益的地方性法规。

改革开放后，广州私营经济异军突起，至1984年，广州私营经济个体工商户年均增长率62.88%（当时全国同期增长率为25%）。1989年1月，广州市出台实施《广州市发展私营企业的若干规定》，扩大私营企业经营自主权。从1993年开始起草地方性法规工作，因涉及税务、公安、外贸等领域，进行反复修改，对《条例》有关条款进行创新。一是私营企业对经依法登记的企业名称、注册商标、专利技术享有专用权，任何单位和个人不得侵犯和损害。二是私营企业享有自主经营权，

任何单位或个人不得非法干预，私营企业有权依照国家有关法律、法规规定，决定企业的生产经营策略、利润分配方法、产品销售方式、产品或劳务价格、企业机构设置和管理制度。三是私营企业可以从事除国家禁止经营的行业、项目以外的其他行业、项目的经营，可依法取得自营进出口权。其合法经营行为与其他经济性质企业受同等法律保护，其出具的合法票据具有法律效力。四是私营企业有权拒绝任何部门和单位违反国家法律、法规规定向其摊派的人力、物力、财力。五是私营企业在其合法权益受到侵害时，有权向所在地有关行政管理部门和司法机关投诉、报案或起诉。有关行政管理部门和司法机关应根据法律、法规的规定予以受理。

《条例》的出台，明确了私营企业的法律地位、经营范围和项目，促进了广州私营企业集团的成长和壮大繁荣。

国内首家私营大型野生动物园建成

1997年12月26日，由番禺香江实业有限公司投资创办的番禺香江野生动物世界开业，是全国第一家由私营企业投资管理的大型野生动物园。包括乘车游览区、步行游览区、饲料种植基地等六大部分。

乘车游览区以各种动物群种散放方式为主。“非洲原野”上有全中国最大的长颈鹿群种，首次引进了角马、跳羚、黑羚羊等，“亚洲原野”上，群养着梅花鹿、黑鹿、白骆驼、孔雀、牦牛等食草类动物，野兽区内主要有虎、熊、狮、猎豹等兽群，每群有15只以上。

步行游览区以山岗为主体，正中的“白虎山”以凶猛猫科动物和珍稀动物为主，主要有白虎、美洲豹、金钱豹、熊猫、金丝猴等。“猴山”，有放养的200多只猕猴。西侧的“青龙山”则以鸟类群养为主。在

白虎山和猴山之间，是全国最大的鳄鱼湖区，相连的8个大小湖池中，饲养着1300多条湾鳄、暹罗鳄和扬子鳄。该步行区是集养殖、观赏、产品开发为一体的多功能项目，还分布了全国最大的海龟池、全国鸟类品种最集中的“花鸟长廊”以及有不少珍稀品种的“猿猴王国”。园区综合休闲功能突出，配套了鹦鹉表演场、大象表演场、中心综合表演场、世界最大的鳄鱼表演场、现场挤牛奶的“小农庄”和大型游艺室“欢乐天地”等。

2012年12月26日，广州长隆集团为统一旗下品牌、打造品牌集群效应，正式更名为“长隆野生动物世界”。

旅游业标杆——长隆旅游度假区建成

广州长隆旅游度假区于1997年建成，位于广州市番禺区，占地面积1万亩，是一家集旅游景点、酒店餐饮、娱乐休闲于一体的大型企业集团。它是长隆集团旗下首个综合性主题旅游度假区，包括长隆野生动物世界、长隆欢乐世界、长隆水上乐园和广州鳄鱼公园等。它是中国拥有主题公园数量众多和超大规模的综合性主题旅游度假区。该度假区被评为“文化产业示范基地”、“科普教育基地”、中国首批国家级5A景区，年接待游客超过千万人次，位居世界主题景区前列，成为中国在世界旅游业的标杆。

2006年4月7日，长隆欢乐世界正式对外开放，单日接待游客5万多人。2007年8月，长隆旅游度假区获评“中国首批国家级5A景区”荣誉称号。同年9月29日举行挂牌仪式。

1998年

国内率先整治公交行业尾气污染

1998年6月15日—9月15日，广州市政府实施“绿色公交”计划，全市1155辆汽油公共汽车安装尾气净化装置，3657辆柴油公共汽车使用燃油添加剂，达到环保的各项指标。广州成为全国公交行业整治尾气污染的先行者。

1994年8月，广州市颁布实施《广州市防治机动车排气污染监督管理办法》，明确市环境保护行政主管部门负责本市机动车排气污染实施统一管理，加强对机动车排气管理。1995年，成立国家环保总局广州机动车排污监控中心，增加编制60名。1997年12月，广东省人大批准《广州市机动车排气污染防治规定》，这是全国首部地方性机动车污染防治法规。从1997年9月1日起，全市机动车凡是检测超标，一律罚款200元并强制安装尾气净化装置。同年10月1日起，全市所有加油站不得再购进铅汽油，全面推广无铅汽油。11月，广州市在公交车和出租车试验推广使用液化石油气（LPG）。2003年后，广州公交车行业开始推广使用LPG清

洁能源。2006年底，全市更新改造LPG公交车6400台，建成LPG加气站27座，广州市城市公交全面完成LPG清洁能源工程。

国内城市中率先设立哲学社会科学奖

1998年7月1日，广州市委、市政府公布关于表彰广州市哲学社会科学优秀人才和优秀成果的决定。这是广州首次以市委、市政府名义向社会科学界给予奖励，也是中国内地城市中第一个以市委、市政府名义颁布的哲学社会科学奖励。共评出优秀成果奖29项，特等奖6项、一等奖1项、二等奖8项、三等奖14项。

1998年6月2日，广州市社会科学规划领导小组举行哲学社会科学重点学科站点建设责任书签字仪式暨新闻发布会，确立广州市首批2个重点学科站点和6个重点学科预备站点。其中2个重点学科站点分别是广州市社会科学院的文化哲学研究所和广州市经济研究院的数量经济研究所。

根据《广州哲学社会科学发展“十三五”规划课题管理办法》规定，课题类型包括重大课题、智库课题、一般课题、青年课题、共建课题和重点委托课题。近几年，重大课题每项资助研究经费20万元，智库课题每项资助研究经费10万元，一般课题每项资助研究经费5万元，青年课题每项资助研究经费3万元，共建课题和重点委托课题每项资助研究经费3万元。

全功能综合性邮件处理中心建设

1998年7月18日，全国最大的全功能综合性邮件处理中心——广州邮件处理中心在白云区江高镇奠基建设。该中心建筑面积5.1万多平方米，

是邮电部和广东省的重点工程项目，设备配置能力为日处理信件250多万件，包裹5.3万件，扁平件39.4万件。

该处理中心采用国际邮政业流行的平面生产流程布局，拥有世界领先水平的信函分拣机、包裹分拣机、扁平件分拣机、信盒分拣机、期刊分拣机、信息监控系统等，是全国7个一级邮件处理中心之一，主要担负华南地区各类邮件的经转及广州邮区各类邮件的分拣封发任务，在全国邮政干线运输中占有极其重要的地位。其中，从日本引进的钢带式信盒分拣系统，可同时对72个发运路向进行分拣，分拣效率360盒／小时，是全国仅有的一条最先进的生产线。2001年12月20日，广州邮件处理中心通过国家邮政局竣工验收。它也是亚洲规模最大的邮件处理中心。

“一年一小变”与“三年一中变”工程

1998年7月28日，中共广东省委在广州召开现场会。时任广东省委书记李长春提出，广州要一年改变脏乱差面貌，实现环境面貌一年一小变化；三年完善广州基础设施，有一个中的变化；到2010年广州城市建设、城市管理有根本性变化，率先实现现代化。这段话后来被总结成“一年一小变，三年一中变，到2010年一大变”。1998年10月30日，广州市委、市政府召开工作会议，与各区和市有关职能部门共31个单位签订广州市城区整治脏乱，实现城市环境“一年一小变”目标责任书，要求各责任单位保证从1998年10月到1999年国庆前，完成11项整治工作。“一年一小变”工作正式启动。“一年一小变”的主要内容：第一，突出重点，整治脏乱。整治市容环境卫生，整顿占道经营和乱摆乱卖，清拆违法建筑和违章搭建，整顿车辆乱停乱放，整顿违章户外广告，整顿建筑工地，整治城市出入口，整治市内河涌，全面开展除“四害”

（鼠、蚊、蟑、蝇）等。第二，全面推进城市基础设施建设。第三，加强城市管理力度。出台加强城管、整治脏乱的10多项法规，建立城市管理综合执法体系；全面铺开城市管理体制改革，全市开展城管执法大检查。1998年，广州市区全年呈现蓝天163天，年内新增绿地100公顷，城市公共绿地增加到2488公顷，人均公共绿地达到7.39平方米。

2000年5月19日，广州市委、市政府正式公布《广州城市建设管理“三年一中变”规划》（简称《规划》）。《规划》确定八大主要任务、79项“中变”形象工程项目。优化城市规划和城市设计，确立“南拓、北优、东进、西联”的发展方针。在1998年和1999年共投入310多亿元城建资金的基础上，2000年和2001年继续投入城建资金近300亿元，高强度地进行城市基础设施建设，加快以道路交通为重点的城市基础设施建设。其间，投入资金152.7亿元，开展以水环境和大气环境为重点的环境治理和保护工作，大力推进“青山、碧水、蓝天、绿地、花城”工程。深化城市环境综合整治，大力治违、全力治脏、重点治乱。推进园林绿化和城市景观工程建设，多层次城市绿化体系开始形成。2001年10月26日，广州市委、市政府举行广州“三年一中变”第四批市政工程39个项目暨北二环高速公路的竣工通车仪式。至此，广州市“三年一中变”规划的4批共75项重大市政工程全部如期完成，城市环境面貌发生明显变化。先后获得“中国优秀旅游城市”（1999年）、“国际花园城市”（2001年）和“‘迎九运’城市基础设施建设及环境综合整治特别奖”（2001年）、“中国人居环境范例奖”（2001年）、“联合国改善人居环境最佳范例（迪拜）奖”（2002年）等称号。广州市成为国内最适宜创业发展、生活居住的城市之一。

110报警服务台为主的社会服务联合行动机制建成

1998年8月8日，以广州市公安局110报警服务台为主的社会服务联合行动机制正式启动。该机制由广州市政府办公厅、广州市公安局、广州警备区等21个单位组成，报警服务台通过热线电话和电脑网络与各职能部门进行沟通。群众报警求助时只要拨通110电话，就可以得到上述21个职能部门的帮助。

1986年1月10日，全国首家110电话报警服务台在广州市公安局诞生。自此，1月10日成为一年一度的全国“110宣传日”。1996年12月，广州110报警服务台正式使用计算机接处警。1998年8月，广州正式启用以110报警服务台为龙头的社会应急联合行动网络。2003年12月28日，广州市110应急联动指挥系统正式开通。2008年3月27日，广州110和119电话线路割接工作完成，成功实现110、119、122“三台合一”。2012年7月26日，从化、增城110台并入和线路割接完成，广州110报警服务台成功实现对全市行政区域报警电话的统一受理。2014年，广州110报警服务台建立与12345政府服务热线联动协作机制。广州110从公安的“单兵”作战，到建立与供水、供电、医疗、环卫、城管、民政和工商等数十个联动单位互联互通的指挥调度平台；从仅有电话的“单线”联系，到高效整合警用地理信息、有线无线指挥调度、智能交通等10多个子系统，直接指挥全市13个分局300个派出所及18个交警大队，网络覆盖刑侦、治安、特警、消防、便衣、网警等一线作战部门。

1986年至2018年上半年，广州110报警服务台共受理报警求助8200多万宗；指挥基层公安机关抓获违法犯罪嫌疑人21万名；截获、查获涉案机动车1.9万辆，救助危难群众38万人。1998年开通首日接报电话24宗，2018年日均接警量达16 000多宗。

实施公费医疗记账单统一管理办法

广州市自1952年7月起实施公费医疗制度，由于制度不够完善，公费医疗费用不断增长，同时造成巨大的浪费，给广州的财政带来较重的负担。为加强公费医疗管理，堵塞漏洞，遏制医疗费用的过快增长，广州市于1994年建立控制机制，实行医疗费用由国家、单位和个人共同负担，强化医疗单位、享受单位和个人参与公费医疗管理的责任。1998年，广州市再次进行公费医疗改革，于10月1日起实施公费医疗记账单统一管理办法，印发实施《关于广州市公费医疗实行记账单统一管理的通知》。该管理办法明确，凡享受市公费医疗的患者在门诊、住院就医时，必须凭本人医疗证和记账单诊病、住院，所发生的医疗费由医院按记账单的项目要求填写完备，每月连同医院的报表送公费医疗管理部门审核拨款。年终医疗费超支部分按比例由单位分摊负担的费用，由原来按各单位的人员数分摊改为按单位的实际开支数计算分摊。市属机关事业单位、缴费单位办理公费医疗干部职工及家属记账单，需要出具单位购买记账单的证明，以加强管理和监督。统一管理后，市和区各级干部及相关人员的公费医疗支出明显减少，公费医疗治理迈上规范化轨道。这项创新的制度，经过不断地完善，至2018年仍发挥着积极作用。

首创留学人员交流会吸引海归科技人才

1998年12月28日，首届中国（广州）留学人员科技交流会（简称留交会，又称海交会）在广州召开，303位留学人员参加了会议，海交会从此诞生。1999年升格为国家级交流会，每年举办一次，每次两天，被称为“智力广交会”。此后，留交会参会的海外人才数量不断攀升，2000

年第三届便突破千人，2017年更上升到3300多人。2008年第十一届留交会，参会留学人员博士比例首次超过50%；2015年，参会的2500名海外人才中，七成取得海外博士学位，其中外裔专家150名、中外科学院院士22位、“千人计划”专家300多位。留交会是全国最大的海外人才交流平台，主要吸引各地政府代表团、高校、科研院所及企业机构参展参会，至2018年成功举办19届。办会宗旨坚持“面向海内外，服务全中国”，2017年起，打破国籍、地域限制，吸引外籍外裔高层次人才参会。海交会按照国际化、专业化、市场化、信息化的原则，实现了三大转变，即办会内容由人才交流向“人才交流+成果交易”转变、参会群体由高层次人才向“高层次人才+高技能人才”转变、办会模式由政府主导向“政府引导+企业主导”转变，海交会作为国家级海外人才回国创新创业枢纽平台的国际影响力得以提升。

历届大会共吸引近4万名海外人才（其中获海外博士学位的占比近60%）、约20 000个项目参会，已有300多名入围项目的参赛留学人员顺利走上回国创业的道路；留交会的重要活动“春晖杯”中国留学人员创新创业大赛已成功举办11届，共遴选出2241个入围项目。

建成国内首条大口径直缝埋弧焊管生产线

1998年12月上旬，番禺珠江钢管有限公司建成国内首条大口径直缝埋弧焊管生产线并投入生产，结束国内不能自产这类钢管的历史。番禺珠江钢管有限公司于1993年成立，现总资产13亿元，占地面积为40多万平方米，员工1000多人。公司主要经营口径为4″–72″（114 mm–1829 mm）直缝焊接钢管的生产和销售，并可配套提供钢管防腐和钢管管件产品。

公司拥有从美国等发达国家引进的ERW、JCOE、UOE直缝焊管生产线，年生产能力135万吨，是中国最大的直缝焊管生产和出口基地。其中JCOE生产线是我国首条引进的大口径直缝焊管生产线，UOE生产线也是我国第一套采用UOE工艺的制管机组。1996年，公司通过美国石油协会（API）、英国标准协会（BSI）和香港品质保证局ISO 9001国际质量体系认证；1999年通过英国劳氏船级社认证；2000年成为直缝焊接输送钢管国家标准的主要起草单位；2001年被认定为“广州市高新技术企业”，并经国家人事部批准设立“博士后科研工作站”；2002年通过法国船级社认证；2003年公司技术中心被认定为“广东省省级企业技术中心”；2004年通过ISO 14001环保认证和OHSAS 18001职业安全与健康认证，2006年通过挪威船级社DNV认证。公司直缝焊管产品广泛应用于石油、天然气、石化、城市燃气、建筑工程等领域，曾为新疆油田、兰—成—渝管线、伊朗国家石油公司、孟加拉国气体储运公司、印度燃气局、巴西天然气公司、国家大剧院、广州丫髻沙大桥、广州新会展中心、广东LNG项目、中海油海南环岛管线、中海油春晓气田群开发项目、番禺及惠州气田、珠三角成品油等公司或工程提供了大量优质钢管，产品得到国内外广大客户的充分肯定与认可。

1999年

广州住房制度改革

中华人民共和国成立后，广州的住房基本上由政府和企事业单位投资建设，实行低租分配形式的福利型住房制度。1989年，广州开始实行以“卖房起步，分步提租，相应发贴，新分配的住房实行新制度”为主要内容的住房制度改革。20世纪90年代，广州不断深化住房制度改革，先后推行住房公积金制度、住房货币分配政策，逐步取消住房实物福利分配。1992年4月1日，广州市政府颁布《广州市住房公积金试行办法》，在全省率先实施住房公积金制度。1998年3月30日，市政府颁布实施《广州市直属机关事业单位住房货币分配实施方案（试行）》，首先在市直属机关事业单位试行住房货币分配制度。1999年1月，市政府转发省政府《关于加快住房制度改革实行住房货币分配的通知》，规定从2000年1月1日起，全市一律停止按现行房改政策出售公有住房，全面实行住房货币分配。到2000年底，全市公积金归集覆盖106.42万人（占职工总数的80%），全市公积金累计归集总额达68.15亿元，全市归集的住房

补贴额为6209.34万元；有24.05万人经批准支取16.81亿元用于住房消费；用于支持政府的安居工程和经济适用房建设以及单位购、建住房贷款24.74亿元，所筹建的解困、安居小区解决2万多户中低收入职工家庭的住房困难问题，为1.18万户职工家庭提供个人住房抵押贷款11.49亿元。

在全国率先建立每周新闻发布制度

1999年2月2日，广州市政府建立每周新闻发布制度，就市政府常务会议决定的需公开报道的事项、政府的重大决策以及政府的工作重点和新闻媒介沟通，并听取新闻单位对市政府工作的意见。这在国内大中城市中尚属首例。市政府每周新闻发布制度建立以后，至同年底先后发布了广州市“一年一小变”的情况、春运、花市、焰火晚会、大中专毕业生就业、下岗职工再就业、自来水供应、出境定居人员权益保障等内容，受到新闻界的普遍欢迎和社会各界的一致好评。早在1990年9月4日，市政府就建立新闻发布制度，不定期地向广州地区的新闻单位发布新闻。同年9月11日，市政府举行首次新闻发布会，由副市长杨资元主持，市物价局局长梁之良介绍了广州市当时物价情况和市政府为加强物价管理、制止乱涨价所采取的措施。

率先启动“政府上网”工程

1999年2月3日，市政府公众信息网开通，广州市成为全国第一个启动“政府上网”工程的城市。该信息网是广州市委、市政府、市人大、市政协在国际互联网上的官方网站，由市信息中心联合各部门共同建设。同年6月7日，市政府办公厅与市电信局签署“政府上网”工程合作

协议书，市政府的局域网联入163、169网，标志着广州市“政府上网”工程正式启动。至1999年底，广州市上网的政府部门达到73个。2000年1月，中国邮电电信总局、国家经贸委信息中心在北京召开“政府上网工程百城市政府上网推进交流大会”，市电信局成为唯一的市级发言代表在大会上介绍经验。

广州地铁一号线全线开通运营

1999年6月28日，广州地铁一号线全线开通运营。广州成为继北京、上海、天津后内地第四座拥有地铁的城市。地铁一号线工程于1993年12月28日动工，1997年6月28日开通西朗至黄沙首段5个站，1999年6月28日全线开通，建设历时5年6个月。地铁一号线全长18.497千米，是国内第一条由地方政府自筹资金兴建的地铁，又是国内第一条科技含量最高的地铁，主要机电设备从国外引进，整体设备质量达到20世纪90年代初的世界水平。此后经过20多年的快速建设，至2017年广州已建成开通一至九号线、十三号线、十四号线知识城支线、APM、广佛线等13条共390.6千米的地铁线路，以及海珠区环岛新型有轨电车试验段（7.7千米），线网里程居全国第三，世界前十。

随着广州地铁跨越式的发展，广州地铁进入大线网运营时代，客流快速增长，2017年日均客运量超过760万人次，最高日客运量超过1002.6万人次，承担了广州市超过44%的公交客流运送任务，客流强度全国第一。广州地铁技术水平处于国内领先地位，在总体上接近国际先进水平，为中国城市轨道交通的建设提供成功的范例。

广州石油化工总厂兼并广州乙烯

广州乙烯工程于1988年6月经国务院批准正式立项，可行性研究报告于1990年4月获国务院批复，是广州市有史以来最大的工业投资项目。工程的建设规模年产14万吨，总投资75.84亿元，由广州市政府和中国石油化工总公司按9：1股比投资。项目的全套设备均从国外引进，大部分是贷款。工程地点选在广州石油化工总厂西北部的大田山。1993年11月7日开工建设，1997年8月至11月试车生产3个月，累计实现销售收入1.197亿元，累计亏损2.156亿元，被迫停产。

1998年9月，中国石化集团与广州市政府达成一致意见，广州市政府放弃乙烯股权，并承担25亿元债务；中国石化集团进行企业重组，由广州石油化工总厂兼并广州乙烯，并承担剩余45.2亿元债务。广州市政府对广州乙烯股份公司先期投资的12.2亿元转化为重组后的30%利润收益权。1999年4月，中国石化集团广州石油化工总厂托管广州乙烯。托管期间，广州石油化工总厂调整了广州乙烯有限公司领导层，并投入1亿元对乙烯各装置进行检修整改。1999年7月，国务院正式批准广州石油化工总厂兼并广州乙烯，并给予优惠政策：广州乙烯获准实施债转股22.6亿元，并被列入当年国家的兼并破产计划，享受停免息政策，停免息额3.12亿元；海关总署豁免广州乙烯进口设备欠缴的关税、增值税共1.32亿元。同年9月23日，累计停工656天的广州乙烯装置恢复生产。

2000年1月23日，举行广州石油化工总厂兼并广州乙烯仪式。这起兼并涉及债务70亿元，是当时国内最大的一起企业兼并。同年11月29日，广州乙烯工程通过国家竣工验收。是年完成聚乙烯诱导冷凝技术改造、火炬气回收系统等23个项目的改造，提前22天完成15万吨乙烯生产任务。

推行厂务公开、村务公开制度

1999年7月29日，广州市委、市政府召开广州市推行厂务公开制度动员大会。会议提出，从是日起，用两年时间在企业全面推行厂务公开制度。至2000年底，全市实行厂务公开的企事业单位共2072家，其中国有企业和国有控股企业884家，占该类企业的75%；公有产权占主导地位的企业635家，占该类企业的50%；事业单位553家，占该类单位的60%。通过厂务公开，使企业业务接待经费减少1268.47万元，企业采购成本下降6417.52万元，基建工程项目节约4312.14万元。

农村镇务、村务公开工作于1998年11月开始搞试点，至2000年底，全市81个镇1287条村全部实行此项制度。

厂务、镇务、村务公开，对促进基层民主建设，依靠群众办好企业、搞好村镇，促进改革发展稳定，产生了重要作用。

广州天河软件园成立

1999年8月31日，广州天河软件园、广州市软件工程项目招标服务中心和广州软件展示交易中心同日挂牌成立。其中天河软件园是国家首批十大重点软件产业基地之一，也是广东省第一个软件产业基地和发展软件产业示范区。天河科技管委会和天河软件园管委会合署办公，一个机构、两块牌子。2001年6月，天河科技园、天河软件园在全国政府部门中率先通过ISO 9001（2000）质量认证。

广州天河软件园位于广州东部高新技术产业带，规划面积22平方千米。1999年天河软件园成为全国第二大软件产业基地，软件产值占全国的10%，达到30亿元。1999年12月9日，经科技部批准成为国家火炬计划

软件产业基地。2001年被发改委和信息产业部列为国家十一大重点软件产业基地之一，2005年被国家新闻出版总署列为国家网络游戏动漫产业发展基地，2006年被商务部列为国家软件出口创新基地，2011年被中央人才工作协调小组列为海外高层次人才创新创业基地，2012年被工信部列为国家新型工业化产业示范基地（软件和信息服务），是华南地区软件产业集聚程度最高、市场基础最发达、高校资源最集中的软件园区。至2017年12月，天河软件园完成主营业务收入1993亿元，其中软件业务收入1803亿元，利润总额212亿元，实际上缴税费总额108亿元。

深化中学教育管理体制改革

20世纪90年代中期以前，广州市的老城区（越秀区、海珠区、东山区、荔湾区）实行市管中学、区管小学的管理体制；新城区（天河区、白云区、芳村区、黄埔区）及番禺、花都、从化、增城（县级市）实行三级办学，即区、县（县级市）办高中，镇办初中，村办小学。

1998年11月，广州市委、市政府印发《试点区深化中学教育管理体制改革方案》及《市属中学管理体制改革方案实施细则》，确定从1999年开始，东山、海珠两个区作为实施中学教育管理体制改革的试点。1999年9月，广州市教委正式将所属43所中学移交东山、海珠、芳村区教育局管理。2000年8月底，市教委将所属37所中学移交越秀、荔湾、白云区管理。至此，除面向全市招生的特殊教育学校、特色学校、省市重点中学和省级以上重点职中仍归市教委直接管理外，其余学校全部下放到区管理。

推行农电管理体制改革

1991—1997年，广州地区的农村用电管理主要围绕“三为”（为农村、为农业、为农民）服务达标竞赛和实现农村电气化开展工作。建立农村用电区（县级市、县）、镇、村三级管理制度，在1300条村设电管站，由村电管站电工负责抄表、收费、农村安全用电管理及协助镇农电所做好检查偷漏电工作，并开展农村低压电网整修和安装漏电开关等工作。通过整顿农村电工队伍，初步改变了长期在农村中存在的因投标承包管电、“以权谋电”、“以电养人”、“人情电”以及无证电工上岗等现象而导致农村到户电价居高不下的混乱状况。

1998年11月26日，广州农村电力工作会议首次提出农村用电“两改一同价”（改造农村电网、改革农电管理体制、城乡电网同网同价）工作的指导意见。1999年1月，广州市政府根据国务院、省政府通知精神，制定《关于实施广州市改造农村电网、改革农电管理体制，实现城乡同网同价方案》。同年8月，广州地区“两改一同价”工作全面铺开。至同年9月20日，广州地区1299条行政村均与供电部门签订《农村用电管理移交协议》，从而取消村级管电机构，将原来的区（县级市、县）、镇、村三级管理改为区（县级市、县）、镇二级管理，实现供电部门直接抄表到户、收费到户、管理到户和服务到户。广州地区125.32万户农村居民用电户从1999年9月的电能表读数截止日之后的电量起，电价全都降至每千瓦·时1元以下，提前实现广东省政府提出的1999年底将农村居民生活用电降到每千瓦·时1元以下的目标。

2000年

不断深化行政审批制度改革

随着社会主义市场经济体制的逐步建立，原来按计划经济模式建立起来的行政管理体制、经济管理体制的弊端显现出来。20世纪90年代以来，广州市改革管理体制，转变政府职能，不断适应市场经济体制的新要求。1999年，广州市着手改革行政审批制度，成立政府审批制度改革领导小组，制订改革方案，确定审批制度改革的指导思想和分类原则。2000年2月16日，广州市政府召开审批制度改革工作会议，布置对1000余项审批项目进行清理，加强对重大事项的审批，取消一批审批事项。2000年，对全市67个部门和单位的1377项审批事项进行第一轮清理，保留审批210项、保留核准330项、审核307项、取消202项、合并111项、下放33项、转移22项，另剔除162项。随后，广州不断深化行政审批制度改革，对现有的行政审批项目逐一依法审查，减少不必要的行政审批项目。到2008年，先后进行三轮行政审批制度改革，共清理行政审批事项2700多项，同时完善行政审批配套制度和监管体系，营造良好的政务环境。2009年，推进第

四轮行政审批制度改革，清理行政审批事项816项，实现精简50%以上审批事项的目标。2013年，完成第五轮行政审批制度改革，保留行政审批事项201项，取消行政审批事项60项，全面实施行政审批事项编码管理；同时优化审批流程，出台《广州市建设工程项目优化审批流程试行方案》，建设市行政审批服务暨电子监察系统，实现行政审批事项的全流程监察。2014年，全市首批10个政府部门权责清单共1134项权责事项公布；市一级行政审批事项完成调整，动态调整行政审批、备案事项99项。2015年，动态调整31项行政审批备案事项，全部取消非行政许可审批事项，第二批40个政府部门和承担行政职能的行政单位的权责清单全部公布，标志着市政府部门权责清单编制公布工作全面完成。

建立国内首个非公有制企业党组织

改革开放以来，广州非公有制经济发展不断发展壮大，至2001年全市私营企业有52 203家，注册资金551.12亿元，从业人员43万多人。1994年，中共广州市工商行政管理局委员会提出，哪里有企业就在哪里建立党组织，哪里有党组织就在哪里发展党员。1996年4月11日，中国共产党广州市私营企业协会委员会成立，这是国内首个私营企业协会党委。2000年2月24日，广州宝洁有限公司成立党委，成为全国第一个成立中共基层组织的跨国公司；广州宝洁有限公司成立于1988年，为美国宝洁公司在中国的第一家合资企业，2000年有员工2000多人，其中中共党员420多人。2002年4月，番禺裕丰钢铁有限公司在公司总部成立党总支部，这是广州市私营企业中第一个成立的党总支部。2002年8月23日，广州市首家民营企业党委——中共广州恒大实业集团委员会成立。至2002年，广州已建立1个私营企业协会党委、15个私营企业协会党总支部、1个私营企业党总支、191

个私营企业党支部，有1365名私营企业中的共产党员纳入党组织管理。

世界上装机容量最大的抽水蓄能电厂建成

2000年3月14日，广州抽水蓄能电厂全部建成投产，总装机容量240万千瓦，安装8台30万千瓦的可逆式蓄能机组。这是中国首座高水头、大容量的抽水蓄能电厂，也是世界装机容量最大的蓄能电厂。工程总投资约68亿元，由广东电力集团公司、国家开发投资公司和广东核电投资公司三方集资建设并利用法国政府混合贷款2亿美元，引进法国阿尔斯通公司生产的电力设备。设计年平均发电1983小时，年发电量23.8亿千瓦·时；年平均抽水2615小时，抽水电量31.38亿千瓦·时。该电厂引进国外管理经验，机构精简，全厂生产管理人员只有130多人，达到国外同类电厂的先进水平，投产后获得电力工业部、广东省多项表彰，先后被评为我国第一座“一流水力发电厂”、“广东省文明单位”、“全国精神文明建设先进单位”，并成为国内首家获南非NOSA安全健康五星管理系统四星证书的企业，1998年被广州市指定为高科技旅游景点。该电厂的投产，确保了大亚湾核电厂实现不调峰稳定运行，促进了广东电网电源结构的优化，在满足广东电网与香港中华电力公司调峰、填谷、调频、调相及事故备用电源等方面发挥了重要作用。

农业现代化建设走在全国前列

改革开放以来，在推进农业现代化建设进程中，广州走在全国的前列。广州建立了粮食、蔬菜、塘鱼、水果、生猪、三鸟、禽蛋、牛奶、花卉、速生丰产林等10个大型农业生产基地。农业生产结构得到调整优

化，主要农产品大幅度增产，质量也有了明显提高。2000年初，广州市农业结构战略性调整全面启动，推动农业从数量型向质量效益型转变，从传统城郊型农业向现代化都市型农业转变，取得初步成效。粮食、糖蔗播种面积大幅度调减，经济作物面积相应增加；种植业产值所占比重显著下降，畜牧、水产业产值比重逐步上升；农产品品种结构和品质结构进一步优化；蔬菜、花卉、林果、优质禽畜、奶业等日益成为全市农业的主导产业，其中花卉苗木、奶业等已成为增长速度较快的产业；森林公园、旅游农庄、设施农业示范场、花卉博览园等观光农业、休闲农业发展迅速，方兴未艾。农业结构不断优化，农业布局渐趋合理。至2006年，广州市都市型现代农业持续发展，农业现代化水平进一步提高，根据《广东省2010年珠江三角洲基本实现农业现代化的评价指标体系》的11项指标进行评估，广州市基本实现农业现代化达标率达88%。

新的广州大学成立

2000年4月24日，经教育部批准，广州师范学院、原广州大学、广州高等师范专科学校、广州教育学院、广州市城建职工大学、广州建筑总公司职工大学等六所学校和华南建设学院（西院）、广州市联合职工大学的电信学院和纺织学院等三块教育资源合并组建为新的广州大学。7月11日，新组建的广州大学正式挂牌。学校占地面积60万平方米，校舍建筑总面积48.2万平方米；设广园、桂花岗、麓湖、起义路、龙洞等5个校区。设有9个硕士研究生专业、31个本科专业、52个专科专业，学科覆盖文学、理学、工学、经济学、管理学、法学、教育学、历史学等八大门类。全日制学生1.5万人，专任教师1100人，其中高级职称500人，学科门类8个，硕士学位授权点6个，是一所多科性的本科院校，实行省市共

建、以市为主的办学体制。2004年，广州大学搬至大学城。2015年，广州大学晋升为一本高校，所有专业整体进入一本批次招生。

广州成立出口加工区

2000年4月27日，国务院批准广州成立出口加工区，是全国首批设立的15个出口加工区试点之一。2000年11月7日，广州市机构编制委员会同意成立广州出口加工区管理委员会，与广州经济技术开发区管理委员会、广州高新技术产业开发区管理委员会合署办公，实行一套人马、三块牌子的管理体制。该区位于广州经济技术开发区东区，占地3.05平方千米，是海关监管的特殊封闭区域，仅限于产品外销加工贸易，区内设置出口加工企业及相关仓储、运输企业。2001年3月30日，广州出口加工区挂牌成立。2002年5月16日，广州市委、市政府决定将广州保税区党委、管委会并入广州经济技术开发区党委、管委会。

国有资产授权经营

2000年6月，广州市政府批转市国有资产管理局提出的《广州市国有资产授权经营公司和授权经营集团公司管理办法》，规定新组建的资产授权经营公司，其总资产须在100亿元以上，国有净资产达20亿元以上；企业集团公司总资产和国有净资产分别达50亿元和10亿元左右。同年6月8日，广州机电工业资产经营有限公司、广州轻工工贸集团有限公司、广州汽车工业集团有限公司和广州钢铁企业集团有限公司等4家资产授权经营机构挂牌成立。四大集团公司按政企分开、适度规模、专业化分工、可持续发展、结构优化的原则组建。此次重组涉及458家企业，总资产

652亿元，其中授权资产138亿元，这是当时广州最大的一次资产重组。

2003年1月28日，广州纺织工贸企业集团有限公司、广州发展集团有限公司、广州珠江啤酒集团有限公司、广州珠江钢琴集团有限公司、广州百货企业集团有限公司和广州市建设资产经营有限公司等6家国有资产授权经营机构正式挂牌并全面启动运作。

国内首个在网上公开为民办事情况的公安网站

2000年7月5日，广州市公安局在国际互联网上开通“广州金盾网”。这是全国第一个在网上公开为民办事情况的公安网站。2006年，“广州金盾网”进行改版，通过对现有资源的优化整合和建设改造，打造统一的网上办事服务平台、信息发布平台和交流互动平台，使“广州金盾网”成为广州市公安局信息公开及为民服务的网络窗口。2015年，“广州金盾网”再次升级改造，按照“服务更好、信息更新、互动更快、界面更美”的要求，重新规划设计了网站栏目及其功能，并进一步加强了政务信息公开、网上办事和交流互动功能。

“城中村”改造

2000年9月6日，广州市召开村镇建设管理工作会议，提出用5年时间彻底改造白云、天河、海珠、芳村、黄埔等区城市规划发展区内的“城中村”，并以市政府行政命令的形式依法进行“四转”：将农村居民转为城市居民；将村民委员会转为居民委员会；将原来属农民所有的集体土地转为国有土地；将原来由村民委员会管理的集体经济转为由集体法人股东和个人股东共同持股的股份公司。同年12月1日，广州市政府办公

厅印发《广州市“城中村”整治建设方案》，确定城市规划发展区内的白云、天河、海珠、芳村、黄埔等5个区共138个村为“城中村”，总面积80.6平方千米，常住人口约70万人，外来人口约125万人。2001年，广州市在试点的基础上全面铺开“城中村”改制工作。同年，市政府制定并发布《广州市村镇建设管理规定》《广州市村庄规划管理规定》《广州市农村村民住宅建设用地管理规定》《广州市农村房地产权登记规定》等四项地方性规章，使城市周边村镇建设有了规范和要求，最大限度避免了城市化过程中新的“城中村”产生。2002年，白云区同德街撤销5个经济合作社，挂牌成立5个经济发展公司，建立5个社区委员会，正式接受城市社区管理方式，实现由“城中村”到公司的改制，这在广州市是第一家。

社会养老保险制度改革领先全国

2000年12月8日，广州市召开社会保险15周年暨扩面工作总结表彰大会。会议宣布，广州市临时工参加养老社会保险、养老保险个人缴费、建立养老金每年调升机制、工伤保险实行浮动费率、外来工和自由职业者参加养老保险、参保农民工可领取失业救济金等6大改革在全国领先。全市养老保险参保达152.33万人，失业保险达177.94万人，工伤保险为106万人，生育保险为68.91万人，4个险种征缴率均达90%以上。43万名离退休人员和每月近7万人次失业人员享受社保待遇。全年200多家关闭、破产企业的3万多名退休人员实现社会化管理，43万名离退休人员的基本养老金实行社会化发放，广州成为全国率先实现基本养老金100%通过银行按时足额发放的省会城市。

2001年

广州在国内率先编制城市总体战略规划

2000年，番禺、花都撤市设区，广州市城市发展空间得以拓展，使广州市能在更大的范围对城市功能结构和土地资源配置进行更合理的调整，以实现社会、经济、环境更协调发展。2000年6月至12月，广州开国内大城市之先河，开展城市建设总体发展战略规划纲要编制工作。2001年4月，广州市政府常务会议审议通过《广州城市建设总体发展战略概念规划纲要》（简称“2000年战略规划”）。至此，广州在全国率先提出城市总体发展战略规划，广州城市“南拓、北优、东进、西联”八字方针也于同期提出。2000年战略规划提出将广州建设成为高效、繁荣和文明的国际性区域中心城市和适宜创业发展又适宜居住生活的山水型生态城市的目标，以及“南拓、北优、东进、西联”的空间发展战略，及时解决了当时条件下城市发展方向、发展思路等战略性问题，提高规划运作的时效性，及时有效地对城市发展及建设进行引导与控制，成为广州城市发展的纲领性文件。此后，广州市又于2003年、2006年开展了2000年

战略规划实施检讨，开创并初步建立了城市总体发展战略规划层面的动态实施检讨机制。2010年9月24日，在肯尼亚举行的第46届国际规划大会上，广州市战略规划获国际杰出范例奖，广州成为中国首个获得这一全球规划最高级别奖项的城市。

实行老年人优待办法

1992年底，广州市有60岁以上老年人66.32万人，占全市户籍总人口的10.23%。按照60岁以上老年人口所占比例达到或超过总人口数的10%称之为“老龄社会”的国际通行惯例，广州市于1992年进入老龄化社会，成为老年型城市。在优待老年人方面，广州市老龄工作委员会等15个部门先后出台一些优待老年人的办法，但覆盖面比较窄，优待的项目和内容也比较少。2001年6月13日，广州市政府以第8号令发布《广州市老年人优待办法》（简称《优待办法》），从2001年10月1日起施行。《优待办法》规定老年人凭《广州市老年人优待证》在进入公园、乘坐公共交通车辆、看病等方面享受优待，并对商场、饮食、维修等与老年人生活密切相关的服务单位提出明确要求。实施《优待办法》第一年，广州市享受优待乘坐广州地铁的老年人36万多人次；实行老年人优待的公交线路（包括国营、民营）265条、过江轮渡16条，仅市第三汽车公司就为老年人提供乘车优待达664万人次；实行老年人优待的公园107个，有300万人次老年人免费进入白云山风景区休闲；实行老年人优待的体育活动场所37个，法律援助机构13个，公证机构13个；所有医疗机构、民航、铁路部门都按《优待办法》提供优待服务。

国有百货业改革重组

2001年8月16日，中共广州市委常务会议讨论通过《广州市国有百货企业重组改革方案》。根据方案，广州百货企业进行整合，形成两个零售百货业板块。一个板块是以广州友谊商店股份有限公司为核心，购并新大新公司。该板块以资本运作的手法，实现企业重组和发展的“双赢”，迅速扩大规模，挤进全国零售企业集团的前10名，成为有品牌形象的连锁大型百货企业。另一个板块是以广州百货大厦为龙头，重组广百集团（新大新公司除外）、物资集团、东百集团、南大集团以及由广百集团托管的3家企业。这个板块以百货零售业为主导，连锁、仓储、物流配送并存，按照“建制（转制）一批、撤并一批、关闭一批、放活一批”的办法，优化配置资源，实行国有资产授权经营。

公开选拔党政机关领导干部

20世纪90年代，广州市根据中央、省委的有关文件精神，以改革的精神抓好干部人事制度改革，努力营造公开、平等、竞争、择优的用人环境。1997年，在番禺市进行公选试点，总结经验，逐步推广。广州经济技术开发区自1997年至2000年公开招考21名局、处级领导干部和专业干部。2000年，制定《广州市公开选拔局、处级领导干部方案》和《广州市公开选拔局、处级领导干部实施办法》。2001年9月7日，广州市召开市直机关公开选拔局、处级领导干部动员大会，宣布市直机关在全国范围内公开选拔34个单位的11名副局级领导干部和76名正副处级领导干部。这样大规模、大范围公开选拔局、处级领导职位在广州还是第一次。10月20—21日，举行公开选拔市直机关局、处级领导干部笔试、

外语考试，来自广州市各机关、企事业单位、中央和广东省驻广州单位以及河北、四川、内蒙古、重庆等地的1502名考生参加考试。公开选拔领导干部的成功实施，既增加干部工作的民主程度，又为干部提供一个公平竞争的机会，促使优秀人才脱颖而出，克服了在干部任用工作中因“近亲繁殖”带来的种种弊端。

推进村镇规划

2001年10月1日起，广州施行《广州市村庄规划管理规定》，规定凡在广州市城市总体规划确定的建设用地规模范围内，农村村民住宅建设统一兴建农民公寓，所建住宅只能作村民居住之用，不得用作房地产开发经营。早在20世纪80年代，广州市建委就组织市辖县、区开展村镇规划的编制。1983—1984年，番禺县市桥镇、花县新华镇、从化县街口镇、增城县荔城镇、白云区江高镇完成镇总体规划的编制。至1987年，全市已编制镇（中心村）总体规划的有8个县城（镇）、42个建制镇、117个集镇和1566个乡（中心村）。1991—1995年，县级市政府所在地和建制镇（白云区江高镇、黄埔区长洲镇）的规划由市规划局负责组织编制，其他村镇规划由市建委负责组织编制。1997年市规划局制定《广州市中心村规划编制技术规定》和《加强对县级市规划部门业务领导的若干规定》，为中心村规划编制提供技术指导，理顺了与县级市规划管理部门的关系。1999年，市规划局制定并颁发《广州市中心村规划编制和审批暂行规定》，使中心村规划编制逐步走向规范化。至2000年，完成市区60个中心村及县级市大部分中心村规划的编制，完成35条村的规划审批。

实施城镇职工基本医疗制度改革

2001年11月20日，广州市政府召开广州市城镇职工基本医疗保险制度和医药卫生体制改革实施工作动员大会，宣布从12月1日起，启动实施《广州市城镇职工基本医疗保险试行办法》和《广州市城镇医药卫生体制改革实施意见》，全面推进广州市城镇职工基本医疗保险制度、医疗卫生体制和药品生产流通体制三项改革。此次医改标志着广州市50年来的公费劳保医疗制度彻底变革和社会医疗保障制度的开始，将过去各单位分散管理改为社会化管理。12月12日，广州市医疗保险服务管理中心举行医保卡首发仪式，《广州市城镇职工基本医疗保险就医和个人医疗账户管理办法》同时公布；全市已登记参加医疗保险的有1994家单位近30万人。12月30日，广州市城镇职工基本医疗保险首批定点医疗机构和定点零售药店授牌仪式在广州市政府礼堂举行。获得授牌的定点医院和定点药店分别是广东省人民医院等97家医院和广州医药公司健民医药连锁店健民分店等30家药店。《广州市城镇职工医疗保险医疗费用结算办法》同日正式出台。2002年1月1日起，广州市城镇职工基本医疗保险制度正式启动，参保人员可持医保卡到广州市定点医院和定点药店按规定就医、配药。

增城挂绿荔枝拍出世界水果最高价

增城自北宋开始就大量种植荔枝，至元代荔枝佳品已饮誉岭南。挂绿是珍稀荔枝品种，原产于增城，数量稀少。至清宣统时，以荔城西园一株驰名，曾成为朝廷贡品，饮誉海内外。1995年，这株西园挂绿荔枝大丰收，收获37公斤，部分在广州南方大厦公开出售，场面非常火爆。

2001年，增城市委、市政府决定拍卖挂绿荔枝。拍卖由广东公正拍卖有限公司主持，竞投者既有本市市民和港澳同胞，又有民营企业家。最终，总重不足0.25公斤的10颗西园挂绿荔枝，共拍得31.8万元，价值相当于3.18公斤黄金。其中最贵的一颗由法国雷诺汽车深圳分公司李警师个人以5.5万元竞得。经上海大世界吉尼斯总部认证，挂绿荔枝是世界最贵的水果，被载入吉尼斯世界纪录大全。2002年举办第二次拍卖会，竞投者多数是企业。10颗西园挂绿荔枝共拍得131.5万元，平均每颗13.15万元。其中最贵的一颗由新塘国际牛仔城以55.5万元竞得，刷新2001年5.5万元的吉尼斯纪录。

2002年

牲畜屠宰和肉品流通管理体制改革

2002年2月6日，广州市政府办公厅印发《关于贯彻市政府深化牲畜屠宰和肉品流通体制改革实施办法》。3月1日，广州市深化牲畜屠宰和肉品流通管理体制改革在越秀、东山、荔湾、海珠、白云、天河、芳村、黄埔（含广州经济技术开发区）8个区全面启动。通过改革与整顿，建立健全适应市场经济要求的定点屠宰企业生产运营和肉品流通经营规范的良性发展机制；建立健全肉品市场秩序规范与建制管理相统一，打击违法经营与保护守法经营相结合，确保人民群众肉食卫生的肉类流通市场管理体系。

创建“四区合一”管理模式

“四区合一”管理是指广州经济技术开发区与广州高新技术产业开发区、广州保税区、广州出口加工区合署办公，实行一套人马、四块牌

子。广州经济技术开发区成立于1984年12月5日，是国务院批准成立的全国首批14个国家级开发区之一，总面积9.6平方千米。广州高新技术产业开发区是1991年3月6日经国务院批准成立的首批国家级高新技术产业开发区之一，实行“一区多园”的发展模式，由广州科学城、天河科技园、黄花岗科技园、民营科技园、南沙资讯科技园等组成。广州保税区于1992年5月13日经国务院批准设立，1993年5月通过验关正式营运，位于广州经济技术开发区西区。广州出口加工区是2000年4月27日经国务院批准设立的全国首批15个出口加工区之一，位于广州经济技术开发区东区。为避免各种功能区的恶性竞争，充分发挥各种政策优势，广州自1998年开始探索各种功能区的整合。1998年，广州经济技术开发区与广州高新技术产业开发区合署办公。2000年，广州出口加工区成立后，与广州经济技术开发区、广州高新技术产业开发区合署办公。2002年5月16日，广州保税区党委、管委会并入广州经济技术开发区党委、管委会。至此，广州形成全国唯一的国家级功能区“四区合一”（统称“广州开发区”）管理模式。实施“四区合一”后，广州开发区不同功能区整合的优势得以充分发挥。2002年以后开发区生产总值、工业总产值两项主要经济指标以两年翻一番的速度发展。

全国交易量最大的果菜批发专业市场

广州江南果菜批发市场位于广州市白云区增槎路，于2002年7月1日由原广州石井江南农副产品市场和广州越秀蔬菜批发市场合并组建而成，是东南亚地区最大的果菜集散地之一。该市场于2003年起实施全面改建工程，2006年完工。改建后的市场经营面积由原来的15万平方米扩展至40万平方米，设商务楼、果菜检测中心、大型停车场、万吨冷库、

银行、垃圾压缩站等配套设施。其中传统交易区为各具特色的钢结构交易棚，经营国内外名、优、特、新的果菜。拍卖区有固定拍卖场和移动拍卖场，配套无线电子拍卖、电子网上结算系统及全方位电视监控系统。该市场主要经营蔬菜、水果两大类近千个品种的果蔬产品，蔬菜交易量一直稳居全国第一，水果交易量也从2005年起一直排在全国首位。2005年，该市场拥有蔬菜经销户500多家，日均蔬菜成交量约1000万公斤，占广州市蔬菜上市量的70%，并供应全国，部分出口东南亚和中国香港、中国澳门等地区。水果批发以进口水果为主，日均交易量约220万公斤，占全国进口水果交易量的70%左右。2009年，江南果菜批发市场果菜交易量43.1亿公斤，交易额达176亿元，连续七年被全国城市农贸中心联合会评为“全国蔬菜批发市场50强”第一名，连续五年被评为“全国水果批发市场10强”第一名。

广州市中小学实施“一费制”

21世纪初，广州市中小学收费项目较多，有基准杂费、课本费、练习本费、体检费、借读费、实习实验费等。由于监管机制不完善，容易引发乱收费，以致乱收费现象屡禁不止。2002年8月22日，广州市政府决定从2002年秋季开学起，在全市实行中小学收费“一费制”，即全市中小学生除住宿生应缴住宿费以外，入学只缴一项费（具体分普通生、借读生两种标准）。义务教育阶段的小学、初中学生除住宿生缴交的住宿费外，只缴书杂费；非义务教育阶段的普通高中学生除住宿生缴交的住宿费外，只缴学杂费。除此之外，未经批准，学校均不得擅自立项收费。按照中小学“一费制”的收费标准，以普通学校为基准，每生每学期的收费，小学为253元，初中为400元，普通高中为940元。对家庭确

有困难的学生，由学校减免书（学）杂费，减免人数一般为在校人数的5%～10%；农村人均年纯收入1500元以下的困难家庭子女接受九年义务教育，免交书杂费，以帮助困难家庭子女完成义务教育。实行“一费制”后，广州市中小学收费的总体水平下降10%。

推进户籍管理改革

中华人民共和国成立后，国家废除了旧社会的保甲户籍制度，逐步建立和健全了户籍登记制度。20世纪90年代后，广州先后出台蓝印户口规定、改革农村户籍制度、改革常住人口调控制度等政策。从2002年8月29日起，广州市全面放宽夫妻投靠、小孩随父母的入户条件，对侨汇购房业主及家属入户等实行新政策。按新的入户条件，夫妻投靠入户广州结婚年限减为10年（即1992年12月31日前登记结婚的）；父母一方有常住户口小孩可随时入户广州；侨汇购房后二次置业入户者可在市内迁移；侨汇购房且住满五年外地亲属可申请入户。从2004年1月1日起，广州市取消侨汇购房入户，停止受理申办广州市蓝印户口手续，并妥善处理有关遗留问题。2010年11月4日，广州市政府出台《广州市农民工及非本市十城区居民户口的城镇户籍人员积分制入户办法（试行）》和实施细则，全面启动积分制入户工作。2014年2月25日，市政府出台《关于加强我市人口调控和服务管理工作的意见》及《广州市户口迁入管理办法》《广州市积分制入户管理办法》《广州市引进人才入户管理办法》等配套文件，进一步改革户籍管理。

在全省率先建立城市生活垃圾处理收费制度

随着经济社会的发展和人口的增长，广州城市生活垃圾排放量不断增加，2001年全市城市生活垃圾日排放量达4630吨，生活垃圾处理面临巨大压力。2002年10月1日，广州在全省率先建立城市生活垃圾处理收费制度，为全省生活垃圾处理进行有益探索。广州市开征城市生活垃圾处理费，主要用于解决生活垃圾处理环节所发生的设施建设、维修和营运费用，由城市垃圾经营服务单位负责收取和管理使用，与已在收取的居民卫生清洁费一并收取。城市生活垃圾处理费的收取范围是：广州市城区范围内（不含番禺区、花都区）机构、企事业单位，个体户、居民户和暂住人员排放的生活垃圾。征收标准是：居民户每户每月5元，暂住人员每人每月1元，机构、企事业单位和个体户按实际排放量计收，每桶（0.3立方米）6元。持有效“低收入困难家庭证”的居民户免征城市生活垃圾处理费。番禺区、花都区、从化市、增城市政府可参照上述办法制定辖区内城市生活垃圾处理费收取办法。

国内首部保障社会公众知情权的地方政府法规

2002年11月6日，广州市政府颁布《广州市政府信息公开规定》，从2003年1月1日起实施。这是中国第一部保障社会公众知情权的地方政府法规，把广州市推进政务公开制度纳入法制化轨道。《广州市政府信息公开规定》明确规定广州市各级政府及其职能部门以及依法行使行政职权的组织是公开义务人，应该依法履行公开政府信息的义务；个人和组织是公开权利人，依法享有获取政府信息的权利。该规定旨在保障个人和组织的知情权，规范政府信息公开行为，增加行政活动的透明度，监

督政府机关依法行使职权。外国人、无国籍人、外国组织在广州市行政区域内申请政府信息公开，同我国公民、组织有同等的权利。外国或地区对我国公民、组织的政府信息公开权利加以限制的，广州市按照对等原则，对该国或该地区的公民、组织予以相应的权利限制。《广州市政府信息公开规定》颁布后，在境内外引起较大反响。2003年1月，中央电视台东方时空节目组专程到广州进行专题采访，节目于2月21日在中央电视台播出。香港本港台也进行了转播。国内不少省市考察团专门到广州学习借鉴。2013年，在首届“中国法治政府奖”评选中，《广州市政府信息公开规定》获得首届“中国法治政府奖”。

加快农村中心镇村建设

2002年5月8日，广州白云区的江高镇、人和镇、太和镇，番禺区的大岗镇、石楼镇、榄核镇，花都区的炭步镇、狮岭镇、花山镇，增城市的石滩镇、中新镇，从化市的太平镇、龙潭镇等13个镇被定为省级中心镇。12月16日，广州市政府印发《关于加快我市农村中心镇村建设的意见》，全面启动中心镇村建设规划，决定从2003年起，每年集中资金重点建设5个中心镇，促使农村富余劳动力转向中心镇村务工经商，逐步把镇村建成广大市民向往的、具有田园风光的现代化新型城区。12月23日，广州市召开推进农村中心镇村建设现场工作会议，确定从化太平镇、增城石滩镇、花都狮岭镇、白云江高镇和番禺沙湾镇为首批试点中心镇。至2005年底，全市扶持建设的15个中心镇全部启动。中心镇村建设投入进一步加大，市安排统筹资金2.25亿元，市农业、水利、公路、林业等有关部门筹集资金2.96亿元，落实优惠政策返还有关税费2.82亿元。15个中心镇经济社会发展继续保持良好势头，基础设施和综合服务功能

逐步完善，资金、产业与人口等生产力要素向中心镇集聚不断加快，促进了农村工业化、城市化和农业产业化的进程，逐步形成以城带乡、以工促农的城乡一体化发展新格局。15个中心镇的招商引资成效显著，投资建设569个项目，实际投入资金30.5亿元；工农业总产值实现1107.37亿元，财政收入达39.52亿元。中心镇富余劳动力转移就业速度加快，15个中心镇全年培训农村富余劳动力27 545人，转移就业26 558人。

完成农村税费改革

2002年，广州市根据广东省委、省政府税改试点工作通知精神，开展农村税费改革。当年，市财政部门牵头制订《广州市农村税费改革方案》，提出具有广州特色的改革措施，并制定《广州市农村税费改革转移支付办法》。由市财政安排6650万元（含省补助2550万元），通过固定性转移支付和过渡性转移支付补助区、县级市，对其中较困难的从化、增城市和花都区必保支出缺口的补助达74.5%。在全省率先完成农村税费改革，全市农民总体减负73%，全市农村税费总额从税改前的27 821万元下降到7591万元，农民人均负担从108元下降到29元，亩均负担从116元下降到36元，以法治形式理顺了政府与农民、农村集体与农民的分配关系，较好地解决历史上“有地无税，有税无地”的问题，促进了税负公平和政府职能转变，从根本上遏制了对农民的各种乱收费问题发生。在推进农村税费改革的同时，严格执行减轻农民负担“四项制度”（涉农收费公示制度、农村中小学义务教育收费一费制、村级订阅报刊费用限额制、涉及农民负担案件责任追究制），并按中央“一项制度、八个禁止”的规定和市政府下发的《关于全面清理整顿涉农收费的通知》要求，对全市涉农收费进行全面清理整顿，取消涉农收费项目15个，减轻农民负担207万元。

2003年

抗击“非典”疫情经验为世界各地借鉴

从2002年11月开始，广东省部分地区先后出现传染性非典型肺炎（简称“非典”）病例。2003年1月12日起，个别外地危重病人转送到广州大型医院治疗。春节前后广州地区开始出现本地病例，至2月9日全市共发现192例该类病例，其中2例死亡。面对突如其来的“非典”疫情，广州市创建一整套有广州特色的疫情控制工作机制和救治机制。“非典”疫情发生初期，广州市迅速指定医院定点收治病人，对“非典”病人和疑似病人以及住院观察人员实施分类分级收治管理。在疫情防控中，广州在国内首创“以户为主”的隔离模式，有效切断疫情传播途径。以全国抗击“非典”疫情的领军人物、中国工程院院士、呼吸病学专家钟南山为首的广州6个医疗单位参加的非典型肺炎防治协作攻关课题组结合临床实践，总结出“四早三合理”（早发现、早诊断、早隔离、早防治，合理使用皮质激素、合理使用呼吸机、合理治疗合并症）的治疗经验。该经验得到世界卫生专家肯定，并为世界各地借鉴。广州还迅

速研制出非典型肺炎基因诊断试剂盒，成为国家批准用于“非典”快速检测的四种诊断试剂之一。2003年，广州累计报告“非典”病例1273例，累计治愈出院1229例，病例治愈率96.54%，创造了全国、全世界最高的治愈率和最低的死亡率，在全省和全国抗击“非典”中发挥主战场和主力军作用。

首开人大立法听证会

2003年2月12日，广州市人大常委会首次召开立法听证会，来自社会各界的16名听证陈述人，围绕《广州市城市房屋拆迁管理办法（草案）》焦点问题进行陈述和辩论。在立法过程中加入听证程序，广泛听取各方意见，在此基础上对原法规草案进行适当的调整、修改，以减少新法规实施的阻力，使实施效果更好。同时，将听证这种做法法律化、制度化，不但激发市民的积极性，保障群众的知情权，也增强了立法的民主性，提高了立法过程的透明度。

广州市颁布生态城市规划纲要

2000年9月开始，广州市开始制定生态城市规划纲要，经过两年多研究、广泛论证和向专家咨询，参考国外先进指标体系，五易其稿。2003年3月12日，广州市政府颁布《广州市生态城市规划纲要（2001—2020）》（简称《纲要》）。《纲要》提出用20年左右的时间，实现“南拓、北优、东进、西联”的城市发展构想，突出“山、城、田、海”的自然特征，建立城市空间结构优化、城乡及产业布局科学、人居环境优美的生态格局，率先在全国大城市中建成“园林置城中，城置园

林中”的适宜创业和居住的兼备岭南自然景观与人文景观及山水特色的生态城市。

试行行政管理“无费区”

2003年5月27日，广州市政府印发《关于在开发区试行行政管理“无费区”的若干意见》，决定从2003年7月1日起在广州经济技术开发区、广州高新技术产业开发区、广州出口加工区、广州保税区和广州南沙开发区试行行政管理“无费区”。“无费区”免收的行政事业性收费有61项，每年减少收费收入约1658万元。不再收取的收费项目中，上缴省、市的公路运输管理费，由市交委统筹解决；工商、税务、质量技术监督、药品监督等系统的收费，由市工商局、税务、质量技术监督、药品监督等部门统筹解决。试行“无费区”后，国家、省、市如有新的收费规定，由开发区根据有关规定结合实际统筹解决，不再向企业收取。开发区价格主管部门和财政、审计、监察部门负责对收费单位的监督，严格执行行政事业性收费年审制度，依法查处乱收费行为，情节严重的追究单位领导的责任。“无费区”的试行，降低了开发区的运行成本，改善开发区的投资环境，提高开发区的竞争力，促进了开发区的招商引资。试行“无费区”后，开发区掀起了新一轮的投资热潮，不少外商投资项目纷纷落户开发区。广州经济技术开发区试行“无费区”后的5个月内，新增合同利用外资项目94个，合同利用外资较上年同期增长1.5倍。当年，广州经济技术开发区地区生产总值较上年增长41.5%。

中国音乐“金钟奖”永久落户广州

2003年7月11日，广州市政府和中国文联、中国音乐家协会签约，中国音乐金钟奖永久落户广州。中国音乐金钟奖创办于2001年，是中宣部批准设立，由中国文联和中国音协共同主办的中国音乐界综合性专家大奖，是与戏剧梅花奖、电视金鹰奖、电影金鸡奖并列的国家级艺术大奖。2003年12月12—21日，第三届中国音乐金钟奖在广州举行，设荣誉奖、作品奖、表演奖三类奖项，举办了“羊城欢歌迎金钟”“老年合唱贺金钟”“少年音乐闹金钟”活动，还面向社会开展公开征集金钟奖会徽和主题歌活动。2004年11月19—28日，第四届中国音乐金钟奖在广州如期举办。傅庚辰创作的《金钟之歌》首次在广州演奏，并成为金钟奖的主题曲。金钟奖以“黄钟大吕”的乐钟形象作为专用标志，专门铸造了纪念金钟，并建设开通了金钟奖网站。从2005年开始，金钟奖改为每两年举办一届（逢单年举办）。至2019年，金钟奖已经举办十一届，从第三届开始，广州已经举办了九届。

实施“青山绿地、蓝天碧水”工程

2003年9月，广州市全面实施“青山绿地、蓝天碧水”工程。这是改善广州生态环境，加快建设现代化大都市的重大战略部署。至2006年9月底，广州历时3年完成一期工程建设。全市新增绿地131平方千米，建成区绿化覆盖率达36.38%，人均公共绿地面积达11.32平方米，城市公园总数191个，613个采石场、采泥场的整治复绿工作全部完成，初步构建起“林在城中、城在林中”的生态格局。全市集中式饮用水源水质达标率97.51%，城市水域功能区水质达标率100%。中心城区五大污水处理系统

已经建成，生活污水处理率76.22%，27条河涌完成了截污，56条（段）河涌进行了整治，珠江广州河段及市内河涌的水质明显改善，广州市被省评为珠江综合整治先进城市。大气环境质量明显改善，2005年城市空气优良天数占91%，空气环境质量稳定保持在国家二级水平。

2006年10月9日，广州市委、市政府召开全市“青山绿地、蓝天碧水”一期工程总结表彰暨启动二期工程动员大会，正式部署实施二期工程建设。随着“青山绿地、蓝天碧水”工程建设的不断推进，广州生态环境日渐优化，宜居创业环境明显改善。到2010年，广州已基本形成以中心区城市公园、绿化广场、居住绿化、路网绿化、立体绿化等为“内圈”，以白云山、万亩果园保护区及近郊森林公园、防护林为“中圈”，以远郊的自然保护区、生态保护区为“外圈”的城乡一体大环境绿化系统。2006年，广州获全国城市建设管理最高奖——“中国人居环境奖（水环境治理优秀范例城市）”。2008年，广州被授予“国家园林城市”和“国家森林城市”称号。

广裕祠保护修复工程获联合国教科文组织表彰

2003年11月29日，广裕祠保护修复工程被联合国教科文组织评为2003年度亚太地区文化遗产保护奖第一名——杰出项目奖，为国内第一次获得此类评比的最高奖项。

广裕祠位于从化区太平镇钱岗村，是钱岗村陆氏宗祠。始建于明成祖永乐四年（1406），自明代宣德年间后，历代均有维修记录，是国内罕见的标记确切维修年代的建筑，具有十分珍贵的历史价值。其西更楼上有一块长8.7米、宽0.3米的“江城图”封檐板，以浮雕、镂空雕的形式，反映了清代广州珠江河北岸沿江城市风光和乡村生活风情，被誉为

清代广州的“清明上河图”。2001年11月，钱岗村有300户村民自觉捐款，成立陆氏广裕祠维修保养管理基金。2002年1月，广东省政府、广州市政府共拨出维修专项基金100多万元，对广裕祠进行修复。修复工程严格遵循《威尼斯宪章》和《奈良文书》的原则，达到修旧如旧的质量标准。同年7月，广裕祠成为广东省政府文化保护单位。2005年，广裕祠被认定为广州市爱国主义教育基地。2006年，广裕祠被国务院公布为全国重点文物保护单位。

首届广州人文社会科学交流会

2003年11月26日—12月20日，广东省委宣传部、广州市委宣传部、广东省教育厅、广东省社科院、广东省社科联等五个单位联合举办首届广州人文社会科学交流会。

交流会开展了名家讲座、学术论坛、理论研讨、咨询服务、知识竞赛等系列活动。“广州讲坛”连续举办三场学术报告会，分别由中国科学院可持续发展战略组组长、首席科学家牛文元教授作《大珠三角经济的整合与前瞻》演讲，清华大学教授、著名文化思想史专家张恺之作《中国传统文化与21世纪世界文化格局》演讲，著名作家二月河作《康雍乾文学创作》演讲。专题讲座包括“大珠三角经济的整合与前瞻”“泛珠三角区域经济合作与协调发展的思路与对策”等。成果成就展于12月12—20日在广州艺术博物院举行，有60多个单位参展，包括广东省主要高校、党校、科研机构、学术团体、出版社、新华书店和图书馆等。

此次交流会开全国先河，全面展示了广东省改革开放特别是“九五”以来人文社会科学的成就成果，进一步活跃了学术氛围，促进

了社科知识的普及和科研成果的转化应用。

全国规模最大的110社会应急联动指挥系统正式开通

2003年12月28日，广州市110社会应急联动指挥系统开通。该系统为全国规模最大的110社会应急联动指挥机构，年接处警设计容量为1000多万宗，日接处警容量近3万宗。广州市110报警服务台的前身是中华人民共和国成立后设置的01电话，设备简陋，功能单一。1986年1月10日，广州市公安局在全国率先开通110报警服务台，打破了以往一人一电话的接警格局，推动了全国110报警服务台的建立。1996年底，正式使用计算机系统接处警。1999年底，122交通事故报警电话、市公安局总机、局长专线等相继并入110报警服务台联合值勤。

广州市110社会应急联动指挥系统的开通，标志着广州市政府提高对突发事件的快速反应能力，处置社会公共应急事件的水平迈上一个新台阶。110社会应急联动指挥系统实行一级接处警工作机制。通过对全市巡逻警区和警员组合进行重新划分，逐步形成全市网格式警区划分和部署，建立一套“就近处置为主，属地管理为辅”的新接处警原则。突破了原来的二级处警机制的框架，减少了接处警中间环节，不仅是110联动系统实现从接警型向指挥型转变的重大突破，也是广州市公安局实现从传统警务机制向现代警务机制跨越这一总体目标的重要环节。

创办中国（广州）国际纪录片大会

2003年12月，广州电视台发起并举办广州国际电视纪录片学术研讨会，这是中国首次举办的国际性纪录片专业活动，被国内外同行形容

为一次远见、勇敢、冒险的开拓活动。此后，这一活动每年都在广州举办。2004年易名为广州国际纪录片大会。2005年再度易名为中国（广州）国际纪录片大会，并延续至今。2008年，国家广电总局正式批复，原则同意每年在广州举办中国（广州）国际纪录片大会。

中国（广州）国际纪录片大会是中国唯一有交易功能的国际性纪录片专业活动。大会的宗旨是推动中国纪录片产业进步与发展，其任务是：举办有主题和启发意义的纪录片学术研讨会；奖励纪录片工作者的作品和工作；建立纪录片市场投资、制作和销售的交流和对话；推广中国纪录片产品和制作人。

从2006年起，大会资助和组织中国纪录片制作人代表团前往加拿大、德国、新加坡、法国等国家参加国际电影节交流活动，举办“中国日”影展专场，推荐中国题材的优秀纪录片，构建展示中国文化和历史的平台。

率先在全国创建城市森林生态效益监测网络

2003年，广州市在全国率先启动“城市森林生态效益监测网络体系建设”项目，填补了国内针对城市环境的森林定位监测网络的空白。这是采用科学研究手段，跟踪监测并评估城市森林保护与建设的实施效果，为政府在改善城市生态环境中科学决策给予支撑，为市民提供“两个适宜”人居环境的崭新服务平台的新举措。

该项目由广州市政府投资2853万元启动，每年安排数十万元的监测研究经费；监测研究主要委托中国林业科学研究院热带林业研究所、华南农业大学、中科院华南植物园承担；日常监测及仪器维护则由监测站（点）所在的森林公园负责。

该项目遵从代表性、科学性和可比性原则，在全市范围内选定不同类型、不同环境条件的森林公园，重点建立10个森林生态系统长期定位监测站，并根据观测台站的辐射范围，在森林公园以及有代表性的林带设置10～20个监测副点和100个监测辅点，按梯度系统地构成湿地、城市人为扰动强烈、污染影响较大及近自然的森林生态系统生态效益监测网络。监测研究内容主要包含四个方面：生态安全监测研究，生物（森林、生物多样性）监测研究，森林环境（大气、土壤、水）监测研究，森林健康监测研究。具体监测分为九类：森林资源动态监测、森林生物多样性监测、森林病虫害及入侵生物监测、森林环境质量效应监测、森林系统的气候环境效益监测、森林水文监测、森林土壤系统监测、城市生态安全与森林生态系统健康及可持续发展的评估、城市森林生态系统功能效益的综合评价，共计186个监测指标。

2004年，该项目被列入国家“十五”攻关项目的子项目。2006年，被国家林业局确定为国家野外重点监测台站，监测研究被科学技术部列入“十一五”重大科技攻关项目。

花都汽车产业基地设立

2003年，广州花都汽车产业基地正式设立，成为广州市重点建设项目。2005年，获科学技术部授予“国家火炬计划广州花都汽车及零部件产业基地”称号和广东省政府授予“广东省汽车产业集群升级示范区”称号。2007年，获中国汽车工业协会授予“中国汽车零部件产业基地”称号。2010年，被工业和信息化部确认为“国家新型工业化产业示范基地”，成为广东省首个以汽车产业为主题获认定的国家级新型工业化产业示范基地。

花都汽车产业基地以龙头企业东风日产为依托，在东风日产的强势带动和周边广汽集团、一汽大众的有效辐射下，聚集了包括优尼冲压、康奈可、法雷奥、佛吉亚等世界著名企业在内的近200家汽车零部件配套企业，其中包括14家世界500强企业、日产33个一级配套供应商，带动周边超过1000家涉及加工、制造、服务、外贸等关联性企业。东风南方、风神物流等一批汽车售后服务体系骨干企业也发挥着核心服务配套作用。2016年，花都汽车产业基地实现工业总产值1496.77亿元，其中东风日产累计完成工业总产值1218.49亿元，花都汽车城配套企业累计完成工业总产值278.28亿元。实现税收124.55亿元，完成固定资产投资（建设改造）14.52亿元。

花都汽车产业基地已发展成为全产业链要素集聚较完善的汽车产业名城，是华南汽车板块中成长速度较快、发展较活跃、产业链较完整、集聚能力较强的汽车板块，培育并形成集产、学、研于一体的完备汽车产业链，是珠三角地区先进制造业重要集聚区和北部生态新城。

2004年

在全国率先对外企实行“六个放宽”“六个取消”政策

自2004年1月1日起，广州市对外商在本市投资办企业登记注册实行“六个放宽”，并在受理登记材料上实行“六个取消”，这在全国尚属首次。

“六个放宽”包括：放宽核准分支机构营业执照的经营期限；放宽对企业名称查询登记的限制；放宽对新设企业准入门槛，实行法人登记与营业登记分离；放宽对企业住所登记的条件；放宽企业存续条件；放宽对外设分支机构、办事机构的限制。在外资企业登记材料的受理上，实行“六个取消”，包括：取消名称核准登记须提交项目建议书和可行性研究报告的规定；取消法定代表人必须亲自到场签字备案的规定；取消办理延期登记必须提交场地证明的规定；取消分支机构、办事机构申请变更登记须提交董事会决议的规定；取消办理董事会成员备案须新旧董事会成员签名的规定；取消新登记企业筹建期只发一年期限营业执照的做法。

“六个放宽”“六个取消”简化了外商在广州办企业的登记程序，营造了更好的投资环境。

率先实现城乡用电同网同价

2004年1月4日，广州市第二期农村电网改造工程正式通过验收。农村电价降至每千瓦·时0.61元，广州提前实现城乡用电同网同价的目标。

改革开放以来，广州市农村电气化事业发展迅速，用电量急剧增长。但由于农电管理体制不顺、部分电网残旧，一些农村仍存在供电质量差、线损大、电价高等问题。在区、县共约1300条行政村中，电价每千瓦·时1元以上的农户占16%。1999年8月16日，广州市政府印发《广州市农电体制改革、农网改造和城乡用电同网同价实施方案》，计划用三年时间改革和理顺农电管理体制，基本完成农村电网的建设和改造，实现城乡用电同网同价。具体措施包括改革和理顺农电管理体制、加大农村电价整顿和管理力度、加快农村电网的建设和改造等。

广州市农村电网改造分两期进行，第一期工程总投资7.5亿元，于2001年7月通过省市专家组的验收；第二期工程总投资4.2亿元，于2004年1月通过验收。验收结果表明，广州地区农网建设和改造取得较好的经济效益、社会效益：农民负担大大减轻，2002年较2001年因电价下调减轻农民负担4.23亿元；农网中危及人身和设备安全的各种隐患基本被消除，线损大幅降低，2002年农村低压综合线损率为11.79%，比1998年降低50%；供电质量日益提高，全市农村10千伏电压合格率达99%以上；电价降低，用电需求得到满足，2002年全市村级用电量22.6亿千瓦·时，同比增长28.34%。

推进农村富余劳动力转移就业

随着广州城市化进程的加速，农村剩余劳动力大量增加，农民收入增长缓慢，城乡差距进一步扩大，推进农村富余劳动力就业成为广州发展过程中一个亟待解决的问题。2004年起，广州采取系列措施，推动农村富余劳动力就业，破解城乡二元结构。一是举办大规模农民专场招聘会。2月，广州市劳动保障部门会同农业部门在从化、花都、增城、番禺、白云等地召开6场“广州市农村富余劳动力转移就业系列专场招聘会”，这是广州市首次举行大规模专招农民的招聘会。6场招聘会共551家企业进场，提供职位19 410个，求职人数超过4.6万人，达成就业意向17 182人。二是帮助农民培训“充电”。农村富余劳动力普遍存在文化水平低、缺乏工作技能等不足，为增强农民就业能力，2004年为农村富余劳动力转移就业预备的资金达2100万元。凡参加培训经考试合格的农民，每人给予200元培训补贴费。对实现就业的农民，劳动局向其就业单位补贴一年的工伤保险。三是将农民纳入失业统计。以前只对城镇失业人员进行就业登记。此后，凡在法定劳动年龄内，有劳动能力和就业愿望的农村富余劳动力也可进行失业登记，劳动就业服务机构为其提供免费的就业指导、职业介绍和就业培训。农村富余劳动力在市内实现转移就业的，与城镇职工享受同等的养老、工伤、生育、医疗社会保障待遇。四是建设中心镇吸纳农民。集中力量建设10多个中心镇，每个镇的建成区面积约20平方千米，人口20万左右。发挥中心镇的辐射作用，带动周边地区和整个农村经济全面发展，促使农村富余劳动力向中心镇有序转移，实现农村富余劳动力“离土又离乡”。

在全国率先开通电子口岸

2001年10月，国务院办公厅下发《关于进一步提高口岸工作效率的通知》。2002年底，广州市政府启动广州地区口岸大通关物流信息系统建设。2004年3月29日，广州市政府和海关总署签订《建设广州电子口岸的合作备忘录》，广州电子口岸作为海关总署重点扶持的首批电子口岸，在全国率先开通。

广州电子口岸由广州海关、黄埔海关、广东检验检疫局、广州边检总站、广州海事局、广州港、白云机场等单位共同建设，是全国首个实现海关、检验检疫、海事、边防、港口作业一站式服务的信息平台，为客户提供单一窗口的一站式服务。客户的数据信息先由电子口岸的信息平台收集，随后分发到海关、检验检疫、边检、海事等口岸通关管理部门，通过各自部门的数据中心进行联网作业，最后将审批、作业等相关数据重新返回电子口岸的平台。口岸管理单位、外贸和物流相关企业可以实现数据交换和共享，减少大通关过程中单证输入和传递的环节，使进出口企业享受“一次输入、多次使用，一个窗口、全面查询”的便利，提高大通关效率。

广州电子口岸开展的业务项目分为口岸电子执法、本地大通关、咨询服务及信息发布、物流商务四大类，提供国际航行船舶舱单申报系统、运抵报告系统、会展通关系统、舱单互认系统近百项服务功能。至2005年底，广州海关、黄埔海关的电子口岸入网企业达2万多家，入网企业数量及规模稳居全国各类口岸前三甲。广州电子口岸还不断探索电子口岸跨区域合作模式，将服务范围拓展至省内佛山、清远、韶关、肇庆、河源、云浮等地。

签署《泛珠三角区域合作框架协议》

2004年6月1—3日，首届“泛珠三角区域合作与发展论坛”在香港、澳门、广州三地举行，福建、江西、湖南、广东、广西、海南、四川、贵州、云南9个省（区）和香港、澳门两个特别行政区（简称“9+2”）的政府领导共同签署《泛珠三角区域合作框架协议》，中国当代最大规模的区域合作由此开启。

泛珠三角区域占全国面积的五分之一、人口超三分之一、经济总量占全国的比重超过三分之一（不含港澳）。2003年以来，由广东省发起倡导泛珠三角区域合作，得到其他八省（区）政府和香港、澳门特别行政区政府积极响应。在中央的指导和国家有关部门的支持下，泛珠三角区域合作稳步推进。

《泛珠三角区域合作框架协议》（简称《协议》）是泛珠三角区域合作与发展的纲领性文件，全文共3000余字，内容包括泛珠三角区域合作宗旨、原则、要求、领域、机制及论坛安排等。泛珠三角区域合作根据“自愿参与、市场主导、开放公平、优势互补、互利共赢”五大原则进行，要求各方政府着重从四个方面推动合作发展：创造公平、开放的市场环境，促进生产要素的合理流动和优化组合；加强基础设施建设的协调，推动解决发展过程中相互关联的重大问题；动员和组织社会各界共同推进，逐步构筑泛珠三角区域发展的著名品牌，增强区域的整体影响力、竞争力；共同促进可持续发展。各方在基础设施、产业与投资、商务与贸易、旅游、农业、劳务、科教文化、信息化建设、环境保护、卫生防疫等10个领域达成合作共识。建立内地省长、自治区主席和港澳行政首长联席会议制度，港澳相应人员参加的政府秘书长协调制度，部门衔接落实制度等合作协调机制。《协议》规定原则上每年举办一次

"泛珠三角区域合作与发展论坛"，按照"共同主办，轮流承办"的原则由"9+2"政府轮流承办。

中国海事第一船"海巡31"号下水

2004年6月6日，广州广船国际股份有限公司建造的海上巡视船"海巡31"号下水，亮相珠江江面。该船总投资1.5亿元，排水量3000吨，最大航速22节，是中国海事系统最大吨位、装备最为先进的海上巡视船，也是中国海事系统第一艘适航无限航区的国际航行入级船舶，被誉为"中国海事第一船"。

"海巡31"号总长112米，型宽13.8米，航速22节，主要用于南海海区的巡逻、海上安全监督管理、海上交通事故调查处理、海上污染监测、海上搜寻和救助及履行国际公约等。与国内常规海巡船不同之处是，"海巡31"号集各种高科技于一身，船上配置先进的信息传输网络系统，可以对在海上执法中的数据和图像进行实时传输，并设有直升机起降平台和机库，形成海空结合的立体海上巡逻，更大范围扩展海上搜索面，增加巡视船的快速反应能力。该船可以抵抗11级大风，即使在非常恶劣的海况下仍能正常执行海上任务。续航力高达6000海里，自持力为40天，能满足无限航区的要求。

"海巡31"号的成功建造，缩小了中国与世界海事大国在装备上的差距，对于加强中国南海海区的水上安全监管具有重大意义。

开创"城中村"改造新模式

2004年6月23日，沥滘新村奠基。沥滘新村选址在广州大道东侧、南

洲路南侧、环城高速公路北侧的优势地段，总用地面积近10万平方米，工程预算逾20亿元，全部由该村4000名股民自筹资金，分四期15年完成，是广州市最大规模的“城中村”改造试点村。

沥滘新村按“五区二轴”的结构进行规划改造，“五区”是指改造区域道路条块分割形成五个组团，分别是启动改造地块、公建集中地块、东部商业区、西部商业区和中央居住区。“两轴”是指沥滘改造区依托广州市城市中轴和客运港的发展而形成的一条平行于中轴线的商业轴线和一条垂直于中轴线的商业轴线，在空间上形成“T”字形的商业发展轴。

沥滘新村采取滚动式改造，工程分四期循环推进。第一期：建设该村西北部一块约10万平方米的新征地块（空地）；第二期：建设第10社和第11社拆迁后腾出来的地块，面积约5.48万平方米；第三期：建设第7社、第8社、第9社拆迁后腾空的地块，面积约5.48万平方米；第四期：建设第12社、第13社、第14社使用的约14.55万平方米的地块。此外，还规划面积约2.3万平方米的地块作为公共设施用地、商业用地和公共绿地。除幼儿园、敬老院、医疗门诊、居委会等公共配套设施外，沥滘新村还规划有运动场、游泳池、会所等。

沥滘新村改造中由本村股民自筹资金、滚动发展、分期改造的做法，开创了广州“城中村”改造的新模式。

广州大学城建成

2004年7月，广州大学城首期工程完成。9月1日，中山大学、华南理工大学等10所高校新生进驻。19个月的建设速度、141幢大楼、230万平方米建筑面积、10所高校新园区、16万名大学生的容量，广州大学城

的建设是广州城市建设史上空前的造城运动，被誉为特大型工程建设的奇迹。

广州大学城位于广州市东南部的番禺区新造镇小谷围岛及其南岸地区，西邻洛溪岛，北邻生物岛，东邻长洲岛，与琶洲岛相望，距广州市中心约17千米。大学城规划范围43.3平方千米，可容纳学生18万～20万人，总人口达35万～40万人（包括村镇人口），相当于一个中等规模的城市。

广州大学城建设贯彻资源共享、生态优先、校际交流的原则，总体布局呈轴线发展加组团放射结构，轴线上布置综合发展区、信息与体育共享区、文化会展共享区，周边布置10个校区。

2005年底，广州大学城二期工程完成，包括各类高校的主教学楼、行政办公室、音乐厅，建筑面积达280多万平方米。2006年，建成可容纳4万人的中心体育场。2012年12月，广州市政府制定并实施《广州大学城提升计划工作方案》。2014年，广州大学城12所高校全部具备硕士研究生培养资格，其中9所具备博士研究生培养资格，拥有一批国家重点学科、重点实验室等科技创新平台和国家特色专业建设点、实验教学示范中心及人才培养模式创新实验区。进驻大学城的学生数量从2004年的首批4万人发展到2014年的16万多人。本科生数量约占全省总数近15%，研究生约占全省总数的30%，从广州大学城走出的毕业生近40万人。

新白云国际机场启用

原广州白云机场位于白云山西侧，始建于20世纪30年代，已难以适应广州经济社会发展的需要。1993年，经国家批准，新白云国际机场选址白云区人和镇和花都区新华镇交界处。2000年6月7日，新机场基建全

面开工。2004年6月30日，广州新白云国际机场一期工程通过国家竣工验收。8月2日，举行落成庆典仪式。8月5日，成功完成飞机转场，标志着中国第一个按照航空中枢理念设计、建造和运营的机场正式投入使用。

新白云国际机场航站楼由主楼、连接楼、指廊和高架连廊组成，总面积31万平方米，共分为4层：地上三层为出发及候机大厅，负一层通往地铁及停车场、机场酒店。机场一期工程建有两条平行跑道，分别位于航站楼的东西两侧。其中东跑道长3800米、宽60米，西跑道长3600米、宽45米。飞行区按4E标准建设，可供当前全球最大型的客机起降。

2012年8月，新白云国际机场扩建工程正式动工，建设项目包括第三条跑道及滑行系统、二号航站楼、站坪及空管、供油等配套设施。2015年2月5日，第三跑道投入运营。2017年10月，二号航站楼停机坪正式启用。截至2017年底，二号航站楼全面完工，商务航空服务基地投入使用。航线网络覆盖全球200多个通航点，其中国际及地区航点超过80个，通达全球40多个国家和地区；有近70家航空公司在白云国际机场运营。旅客吞吐量6580万人次，全国排名第三。

作为中国三大国际枢纽机场之一，新白云国际机场密集的航线网络和强大的辐射能力对华南地区乃至全国经济发展具有重要的意义。

新型农村合作医疗制度全面推行

2004年8月31日，广州市农村卫生暨新型合作医疗工作会议召开。会议宣布，是年起，以保大病、保住院、减轻农民群众大额医疗费用负担，缓解农民因病致贫、因病返贫为主要目的的农民医疗保障制度在广州全面推行。

新型农村合作医疗（简称“新农合”）制度以政府组织和大病统筹

为主要特征，农村合作医疗基金采取市、区（县级市）和镇（街）三级财政扶持发展的原则，资金按照参加人数每人每年不低于20元的标准安排，经济发展较好的区（县级市）可适当提高。农民以户为单位自愿参加，每人每年缴纳合作医疗资金不少于10元，村、社集体经济组织可根据自身经济水平给予适当资金扶持。出资额人均30元、50元、80元以上者，住院费用年累计补助的上限分别为3000元、6000元和10 000元以上。有条件的地方，可建立家庭账户，兼顾门诊费用定额报销。新型农村合作医疗由区（县级市）组织实施统筹，年度实施起止时间为1月1日到12月31日。每年实行一次性筹资，11月至12月集中宣传发动和缴费，当年缴费期内未参加的农户只能在下个缴费期参加。

2006年1月，国务院印发《关于整合城乡居民基本医疗保险制度的意见》，从当年开始建立城乡统一的居民基本医疗保险制度，做到“六个统一”：统一覆盖范围、统一筹资政策、统一保障待遇、统一医保目录、统一定点管理、统一基金管理。城乡居民不再受城乡身份的限制，参加统一的城乡居民医保，按照统一的政策参保缴费和享受待遇，城乡居民能够更加公平地享有基本医疗保障权益。至2018年，新农合发生了四大变化：一是新农合缴费标准提高。从2003年新型合作医疗的农民每人每年缴10元，到2012年农民个人缴费提高到每人每年60元，2014年逐渐提高到90元，2018年提高到199元。与此同时，新农合对于重大疾病的报销范围也逐渐加大。二是报销比例上涨，最高达90%。三是新增四项补贴，包括大病救助补贴、专项疾病救治补贴、常见疾病免额治疗补贴、慢性疾病直接报销补贴。四是实行部分人群免缴制度。包括农村的五保户、低保户，建档立卡的农村残疾人口，计划生育特殊家庭。

日本三大汽车企业整车项目落户广州

2004年9月6日，广州丰田汽车有限公司挂牌成立，动工建设。该公司由广州汽车集团有限公司与丰田汽车公司共同投资，投资总额38.21亿元人民币，注册资本13亿元人民币，双方各持50%股份。随着日本丰田整车生产与销售落户广州，广州成为国内唯一一个同时拥有丰田、日产、本田日本三大汽车制造商汽车企业整车项目的城市。

本田汽车（中国）公司于2003年5月29日在广州挂牌成立。该公司由广州汽车集团有限公司、东风汽车集团股份有限公司、本田技研工业株式会社、本田技研工业（中国）投资有限公司合资成立，是中国汽车史上首个产品100%出口的企业。公司投资额约10亿元人民币，年生产能力为5万辆，产品全部出口欧洲市场。

东风日产乘用车公司（原名东风汽车有限公司乘用车公司）于2003年6月16日在广州成立。该公司由东风汽车公司与日产汽车公司合资组建，注册资本167亿元人民币，是国内汽车行业合作规模最大、合作领域最广、产品最全的合资项目。主要从事乘用车的研发、制造、销售、服务等业务，拥有先进的冲压、焊装、涂装、树脂、发动机加工、发动机装配和整车装配等七大工艺以及处于国内领先水平的技术装备。

自此，广州形成南沙开发区、广州经济技术开发区、花都、增城永和等多个大型汽车生产及零部件配套基地，一个以日系汽车产品为特色的广州汽车产业集群正在迅速形成。

全国首个城市管理服务热线“12319”开通

2004年10月19日，广州市城市管理服务热线“12319”正式开通，这

是全国首个代表市政府24小时接听、受理市民投诉、举报城市管理问题的专线。

“12319”热线受理范围包括违法建设、违章施工；“六乱”（乱搭建、乱摆卖、乱堆放、乱拉挂、乱堆挖、乱张贴涂写）；“三废”（废水、废气、废渣）污染及道路保洁、环境卫生管理；市政设施、供水、煤气、园林绿化管理，路灯、供电管理；公共交通站场（亭）设施管理；工商广告招牌管理；公安交通管理；文明施工管理；除“四害”（老鼠、苍蝇、蚊子、蟑螂）；危房险情管理；物业管理等10个方面。热线开通初期平均每天电话呼入量近4000宗，高峰时段每天电话呼入量超过8000宗、自动留言400多条。开通两个多月，受理群众来电、来访和来函28 288宗，转办28 116宗，回复24 176宗。为落实“件件有落实，宗宗有回复”的工作要求，2005年，“12319”热线与各区实现联动。

2013年4月8日起，“12319”热线增加受理历史文化遗迹和文物单位保护等城市管理相关的问题。2014年共接到电话报案125 493宗，加上各种渠道转交的案件共147 799宗，案件办结率99.21%；市民回访满意度87.63%。来电通话时长平均为17分钟，投诉主要集中在流动摊贩、市容设施、违法建设、夜间施工四个方面。2015年7月1日，“12319”热线整合至“12345”广州市政府服务热线。

“12319”热线自开通以来，共受理转办市民来电110多万个，案件办结率99％以上，在市民与政府之间架起一座沟通的桥梁，对于服务广州市民和加强城市管理发挥了巨大作用。

开启“教育e时代”工程

2004年10月22日，广州市正式启动“教育e时代”工程。该工程由广

州市政府主办、广州市教育局承办，开全国之先河。

“教育e时代”第一期工程包括广州市教育科研网、广州名师辅导网、“心灵导航”心理辅导频道和广州市教育科研网数字图书馆、教学资源库、学生频道、青少年科普谷、e时代英语交互广场等项目；第二期及以后的项目在第一期建设后期分步设计推出。广州名师辅导网组织百名中小学各年级、各学科的一线名师，通过现代化网络提供广泛的教学平台，让更多的中小学生有机会获得名师的辅导传授。广州教育科研网要求广州市各中小学校统一接入，为未成年人教育提供健康、有益的网络空间和网络平台。“心灵导航”网站为青少年提供在线心理咨询，重在疏解其学业压力、发育烦恼以及和父母间的矛盾。青少年科普谷为青少年学生提供了一个学习科普知识、开展研究性学习、展示第二课堂科研成果、进行百项学科研究设计竞赛的专有园地。

“教育e时代”工程启动，标志广州市教育信息化建设步入新的阶段。2005年10月，该工程被工业和信息化部评为“全国首批信息技术应用示范工程”。

2005年

国内首辆餐厨垃圾专用收运车研制成功

2005年2月，广州市市容环卫局下属环卫设备厂成功研制国内首辆餐厨垃圾（俗称“潲水”）专用收运车。该车可一次装运垃圾8吨，无滴漏、无异味，在车厢内实现油水渣分离。

该车以一般的抽粪车为模型进行改造，将车的最大载重量增加到8吨的同时对抽吸系统进行了改进，使抽吸力得到大幅度提升，噪音比过去减小5分贝。潲水油通过塑料软管被强大的真空吸力抽到密闭的圆柱状车厢后，在车厢内沉淀，油、水、渣被初步分离，其中水分通过车厢底部的小孔渗透集中在底部，密度小的油浮在车厢顶部，而隔在中间的是残羹剩饭的渣。装满潲水油的专用收运车进入餐厨垃圾综合处理厂后，工人首先打开车厢底部的一个阀门，将水导进专门的污水处理设备处理，达标后进入城市污水处理系统，之后将油导进相应的处理设备制成工业用的防锈或润滑油，等水和油基本流完后，车厢尾部巨大的盖子打开，将剩余的渣倒进压缩处理设备，最终进入垃圾填埋场或焚烧发电厂进行

处理。

该车率先在越秀区试用，随后在全市范围内铺开。垃圾手推车退出广州老八区，垃圾集中装车点附近的脏臭现象也随之消失，大大改变了广州的市容环境面貌。

探索“团校合一”文化管理体制改革

2005年3月18日，广州芭蕾舞团、广州歌舞团和广州艺术学校（简称“两团一校”）成建制正式划归广州大学。这种“团校合一”的文化体制改革模式在全国尚属首创。

由于政府包揽，艺术院团始终游离于市场经济体制之外，普遍缺乏活力。针对这种现象，广州市委、市政府于2004年制定《广州芭蕾舞团、广州歌舞团、广州艺术学校划归广州大学实施方案》。政府转到幕后成为“指导员”，一方面让艺术院团发挥市场效应，推动文化领域的市场化改革，另一方面让学校成为文化后盾，推动艺术人才的培育和芭蕾艺术的传承。为确保改革顺利进行，广州市文化局向双方作出了“三不变”的承诺：一是事业单位性质不变。“两团一校”并入广州大学后，与原来所属的广州市文化局脱钩，归广州大学领导，但分别还是具有独立法人资格的专业演出团体和办学实体。广州市文化局只对“两团”实施业务指导，并在专项演出经费、创作研究经费、排练演出场地使用、承接演出任务等方面给予支持。二是财政投入不变。划归后“两团一校”原有的投资渠道保持不变。市财政对广州芭蕾舞团、广州歌舞团的事业经费投入不减少。三是牌子不变。广州芭蕾舞团和广州歌舞团的名称仍然保留，加挂“广州大学芭蕾舞团”和“广州大学歌舞团”的牌子。广州艺术学校除了保留现有名称之外，加挂“广州大学附属艺术

学校”牌子。

改革有效利用了艺术院团丰富的人才资源和品牌效应，整合大学艺术与设计资源，提升艺术教育水平，形成凝聚力。“两团一校”成为广州大学艺术与设计学院的教学实践基地，“两团一校”的艺术创作人员和演出人员以特聘教授、副教授、讲师等形式参与教学工作。2005年5月，广东省文化体制改革试点工作会议指出，这种全国首创的“团校合一”模式，代表了广东艺术团体体制改革的新路向。

出台国内首部关于人大代表议案的地方法规

2005年3月23—28日，广州市第十二届人民代表大会第三次会议通过《广州市人民代表大会代表议案条例》（简称《条例》），并于同年5月26日经广东省第十届人民代表大会常务委员会第十八次会议批准后，自2005年7月1日起施行，这是中国第一部关于议案的地方性法规。

该法规是广州市人大常委会自主起草的具有一定探索和创新意义的地方性法规。法规共39条，把有关法律关于代表议案的原则规定具体化，明确了代表议案的内容、范围以及议案的提出和处理。如《条例》规定，主席团将对代表议案分别作如下处理：符合法定条件并且所提出需要解决的问题的条件比较成熟的，决定列入代表大会会议议程；符合法定条件但在必要性、合理性和可行性等方面需要进一步研究的，决定交由有关委员会在代表大会闭会期间审议或者审查。主席团关于代表议案的处理决定以及议案审查委员会关于代表议案处理意见的报告，应当印发代表大会会议。《条例》规定，代表议案须经主席团提请代表大会全体会议表决，赞成票超过全体代表的半数才能通过。一旦经过表决通过的议案就成为具有法律效力的决议或者决定，政府必须执行。

《条例》的制定完善了广州市人大代表议案制度，对于提高代表议案的质量、保障人大代表的提议案权具有重要意义。

南沙出口加工区设立

2005年6月3日，国务院批准设立广东南沙出口加工区。南沙出口加工区位于珠三角地理几何中心南沙区万顷沙镇十涌至十一涌凤凰大道至蕉门水道处，规划面积1.36平方千米，是广东省和广州市重点开发区域。

2008年4月，成立广州南沙经济技术开发区管理委员会（与广东南沙出口加工区管理委员会合署办公），承担原广州南沙开发区建设指挥部管理职能，统一管理广州南沙经济技术开发区、广州南沙高新技术开发区和广东南沙出口加工区。2008年7月，南沙出口加工区通过海关总署等九部委联合验收，成为广东省内第三家正式封关运作的国家级出口加工区，是广州关内首个海关特殊监管区域。首期0.83平方千米园区建有“七通一平”的市政基础设施，落户企业不出园区即可办理全部进出口手续，加工区同时享有国家级出口加工区和国家级经济技术开发区特有的多项优惠政策。是年，完成投资3.5亿元，建成查验单位办公大楼、管委会大楼、监管仓库和验货专用场地。日本出光工程塑料、日立电动工具等5家世界500强企业进驻。

2009年9月7日，广东南沙出口加工区改称广州南沙保税港区。广州南沙保税港区规划总面积7.06平方千米，其中一期封关运作面积3.7平方千米，包括港口区、物流区、加工区和集中查验区四个部分，具备10万吨集装箱船舶双向通行能力，航道水深−15.5米。

联邦快递亚太转运中心落户广州

经过近两年艰苦谈判，2005年7月13日，广东省机场管理集团公司与美国联邦快递公司签署协议，在广州白云国际机场设立联邦快递亚太转运中心。经过3年多的建设，2009年2月6日，联邦快递亚太转运中心正式投产运营。这是中国设计的第一个大型自动化航空快件转运中心，取代了菲律宾的苏比克湾，成为联邦快递新的亚太转运中心。

联邦快递亚太转运中心位于白云国际机场的东北部，占地1.9平方千米，总投资约25亿元人民币，是广州市政府、广东省机场管理集团有限公司与美国联邦快递公司合作共建的世界顶级物流枢纽项目，也是白云国际机场扩建工程的核心项目之一。由广东省机场管理集团有限公司出资，采取租赁形式将建筑交付联邦快递公司运营。该中心按照满足2020年日均快件吞吐量17.9万件、日均分拣量12.5万件的需求设计，高峰每小时分拣能力可达2.7万件。主要建设项目包括408万平方米的停机坪与平行滑行道，可停放30架飞机，还有6.04万平方米的分拣中心及专用加油管线等。联邦快递亚太转运中心拥有自己的机坪控制塔。

联邦快递亚太转运中心投产后，联邦快递公司每周有16条国际货运航线136架货机进出白云国际机场新转运中心，往返于联邦快递提供服务的220多个国家和地区，使白云国际机场年货邮吞吐量增加40万～50万吨，对白云国际机场中枢战略的实施有巨大影响。

李坑生活垃圾焚烧发电厂投入运行

2005年10月23日，李坑生活垃圾焚烧发电厂投入运行。这是广州首座垃圾焚烧发电厂，也是全国首家采用中温次高压技术的垃圾焚烧发电

厂，标志着广州的垃圾处理开始逐步迈向以焚烧为主的新路子。

李坑生活垃圾焚烧发电厂位于白云区太和镇永兴村，距市中心23千米，占地面积10.18公顷，项目总投资7.252亿元。一期工程于2002年12月动工建设，设计处理生活垃圾能力为1040吨/日；配置520吨/日的焚烧炉两台，22兆瓦的发电机一台，设计发电量为每年1.31亿千瓦·时，可供约10万户家庭生活用电；设计使用寿命20年。

2012年，李坑生活垃圾焚烧厂更名为广州市第一资源热力电厂。2013年，广州市第一资源热力电厂二分厂调试点火，年内完成项目主体工程，于2014年9月19日通过验收投产运营。该厂设计日焚烧处理生活垃圾2000吨，年发电量2.6亿千瓦·时，年上网电量2.1亿千瓦·时，是国内规模最大的垃圾焚烧发电厂之一，荣获2014年中国人居环境范例奖。二分厂专门开辟面积为3000平方米的大型环境教育宣传平台，向社会开放参观，2014年1月被广东省环境保护厅评为“广东省环境教育基地”。

世界首台全永磁悬浮风力发电机在广州诞生

2005年12月26日，世界第一台全永磁悬浮风力发电机在广州诞生并通过专家鉴定，这项成果在国际上属于首创。它的成功研制，意味着中国乃至世界的风能发电技术取得关键性突破。2006年6月26日风力发电机正式投产，实现成果转化。

这台结构上完全由永磁体构成、不带任何控制系统的全永磁悬浮风力发电机，由中国科学院广州能源所、广州中科恒源能源科技有限公司和兰州环优磁机电有限责任公司共同自主研发。全永磁悬浮风力发电机的最大特点是能做到“轻风起动，微风发电”，其起动风速为1.5米/秒，发电风速为2米/秒，这就使得占中国面积68%、平均风速≥3米/秒的风

能可利用区和较丰富区能比传统风力发电机每年多增加发电时间1000小时。据国家机械工业风力机械产品质量监督检测中心检测，加装了全永磁悬浮轴承的发电机，在同等风速下，可比传统风力发电机提高发电量20%左右，风电场运行成本下降50%左右。风力发电成本可控制在每千瓦·时0.4元以下，与水电、煤电协同开发。

2007年5月1日，在第35届日内瓦国际发明展上，“全永磁悬浮风力发电机”获得展览最高奖——特别金奖。

2006年

全国首设进城务工人员权益咨询机构

2006年1月21日，广州市总工会进城务工人员权益咨询服务部在广州市第一工人文化宫挂牌，这是全国首个专门为进城务工人员设立的权益咨询机构。

2006年，广州市登记在册的进城务工人员有144万人（实际上有200多万人），成为推动广州市经济社会发展的重要力量，但其中只有一半是工会成员，许多进城务工人员的权益得不到切实保障。2006年1月13日，市总工会成立广州市总工会进城务工人员权益咨询服务部，作为为进城务工人员提供维权服务的常设机构，其主要服务内容包括：一是协助政府有关部门为进城务工人员追讨欠薪；二是为进城务工人员提供法律咨询和法律援助；三是监督企业做好安全生产和职业卫生工作；四是为进城务工人员提供危难救助。随后，各区、县级市总工会的困难职工帮扶中心也加挂“进城务工人员权益咨询服务部”的牌子，增加相应服务功能，使进城务工人员求助有门、投诉有路。

服务部成立后，积极开展工作。仅在1月23日至25日3天，就收到电话（来访）115人次，其中9%是反映欠薪问题。成立不到半年时间，共为782名进城务工人员提供法律咨询服务，办理追逃欠薪案件21宗，为120名进城务工人员追回欠薪33.79万元。2007年，举办进城务工人员专场招聘会，参会企业66家提供1200多个空缺岗位，参会人员达3000多人，1100人达成就业意向。

国内最大专业海洋救助船“南海救111”交付使用

2006年3月16日，8000千瓦海洋救助船“南海救111”在广州中船黄埔造船有限公司完工交付使用，为国内迄今自行设计、建造的交通救助系统尺度最大、装备最先进、救助功能最齐全的大马力远洋专业救助船。

“南海救111”总造价为16亿元人民币，船长98米，宽15.20米，设计航速20.35节，自持力30天，抗12级风浪，所航航区没有限制。该船装满油料后，具有12 000海里的续航能力，可以驶抵世界上任何一个海港。同时具备破冰功能，能破解厚度为20厘米的冰层，并在海面上进行360° 转弯；还具有卫星实时传输功能，可将海上救助现场的画面传回岸上。该船专门设计了获救人员的生活安置房间，可同时容纳100多人生活；具备一级对外消防功能，船上多支高压水枪能自动调节喷射160米远、70米高的水柱或泡沫，形成自动水帘幕，隔断失火船只的火焰。

开播全国首个区域性全英语频道

2006年3月28日，广州电视台英语频道正式开播，这是全国首个区域性全英语电视频道。

广州约有30万外籍人士在此工作、经商、生活和学习，为使外籍人士更好地了解广州，促进文化交流，2005年广州市新闻出版和广播电视局、广州电视台决定将“健康生活频道”改版为全英语频道。该频道的传输方式为有线光缆传输，频率为471.25MHz，覆盖范围为核定行政区域内。

广州电视台英语频道立足珠江三角洲，辐射整个华南地区，节目分设新闻、资讯、文化、娱乐四大版块，以新闻版块为龙头，经济资讯版块和文化版块为双翼，同时辅以一定的娱乐节目。主要栏目包括《广州新闻》《岭南风物》《发现广州》《分享》《商道》《异域万象》《经典院线》等。频道全天播出18小时，主要节目编排为6小时，每天滚动播出多次，以方便不同收视习惯的观众收看。第16届亚运会筹办与举办期间，精心打造了《相约2010》《迎亚运英语100句》等节目。

2014年10月28日，经国家新闻出版广电总局批准，广州市广播电视台英语频道正式更名为广州市广播电视台生活频道。

南沙汽车滚装船码头建成

2006年6月6日，广州港南沙汽车滚装船码头在南沙开发区沙仔岛建成投产。该码头有3个深水泊位，其中2个为汽车滚装船专用泊位，1个为多功能用途泊位，能靠泊当今世界上最大的汽车滚装船，年通过能力达100万台，一次停放汽车2万台。码头后方规划物流园区占地面积155万平方米。

该码头历时15个月建成，投产后由广州港南沙汽车码头有限公司负责经营，该公司由广州港集团、广州汽车集团及广州南沙资产经营公司共同注资建立。2014年8月26日，码头完成整车进口口岸基础设施和监管

设施建设，通过国家联合验收组验收，获得外贸整车进口资质。2015年9月7日，首次靠泊外贸进口滚装船，顺利接卸32台进口整车。

码头自投产以来，与国内的汽车码头、船运公司缔结战略合作联盟，开辟上海、天津、大连、海口、青岛、烟台等班轮航线，承运包括丰田、本田、日产、海马、通用大众、一汽大众、广汽传祺等多种品牌的内贸商品车。截至2016年5月底，累计完成商品车装卸共278.47万台。

全国首个动漫体验基地“动漫星城”建成

2006年8月18日，广州最大地下主题商场“动漫星城”在广州市人民公园下沉广场开城，这是全国首个动漫体验基地。动漫星城由广州市地下铁道总公司与广州天源投资有限公司共同开发，投资6亿元，总建筑面积3.2万平方米，共分地下三层，停车场面积约8000平方米，是国内首个获得地下物业产权的主题式商场。

动漫星城从2006年3月开始对外招商，为统一商场管理，保留商场特色，采用了只租不售的商业运作模式。动漫星城分三层，负一层汇集潮流、时尚精品、化妆品和美食营地，配备极具特色的动漫网游产品展示销售区，提供国内外最新的动漫咨询、游戏新品；负二层集中打造潮流服饰、特色生活用品、潮流商品店以及动漫原创、动漫特区、游戏电玩、潮流饰品等多种业态，开辟动漫、网游附属产品、授权产品的展示销售区；负三层独辟环球卡通世界，同时集结动漫书吧、卡通周边产品动漫原创社，专门开设游戏互动、群众活动交流专区，全方位展现动漫及潮流的最新元素。

广州获“中国人居环境奖”

2006年9月10—15日第五届世界水大会在北京召开，广州市获建设部授予的“中国人居环境奖（水环境治理优秀范例城市）”。

广州获此荣誉与近年来加快城市生活污水处理系统建设和河涌整治的成就分不开。20世纪80年代以来，珠江水质状况严重恶化，江水发黑发臭，江中一些生物甚至绝迹。整治珠江，保护母亲河，是广州市最迫切需要解决的环境问题。从2002年起，广东省委、省政府，广州市委、市政府明确提出珠江综合整治要实现2003年初见成效、2005年不黑不臭和2010年江水变清三个阶段性目标，并先后修编完成《广州市污水治理总体规划》和《广州市中心城区河涌水系规划》。

随着“一年一小变、三年一中变”的不断深入，广州不断加快城市生活污水处理系统建设和河涌整治步伐，截至2006年建成大坦沙一期、二期、三期，猎德一期、二期，沥滘，西朗，开发区，前锋等9座污水处理系统，铺设污水收集管网420千米。城市污水处理量增至155.3万吨/日，2005年生活污水处理率达71.34%。27条河涌截污，40多条河涌清淤，建设167.8千米堤岸、20多座水闸，增加绿化面积100多万平方米。建立国内规模最大的水质水量在线监测系统，大坦沙、猎德、沥滘、西朗4大污水处理厂实现24小时实时在线监测。与此同时，不断加大治污监督力度。2003—2005年，查处饮用水源保护区内违法违章建设项目6606宗，清拆违法建筑289.5万平方米，查处废水超标排污企业和违法排污企业746家。

创办“书香羊城”全民阅读活动

2006年，广州市作出开展“书香羊城”全民阅读活动的决定，把每

年的12月定为全民读书月，推动全民阅读工作纳入广州学习型城市建设发展规划，启动该项大型综合性读书文化活动。

为建立健全活动机制，广州市先后制定全民阅读活动2006—2010、2011—2015、2016—2020三个五年规划，以及2006—2015十年大纲，对全民阅读工作作长远部署。2015年，实施《广州市公共图书馆条例》《广州“图书馆之城”建设规划》，以立法和政府规章的形式保障公众基本文化权益。

“书香羊城”全民阅读活动全面铺开，包括开展阅读进机关、进军营、进校园、进企业、进家庭、进社区、进农村等“七进”活动。从2011年开始，连续举办“书香羊城”年度十本好书评选活动，活动邀请各方名家遴选好书并在网络广泛征求市民意见，评选出10本好书推荐给市民。2013年，把每年的4月设为“书香羊城阅读月”，举办经典美文诵读、名家签售、读书讲坛等多项阅读活动。2016年活动期间，开通由106、107两条线路5辆公交电车组成的“阅读专线”，每天穿梭于广州城区的大街小巷，途经广州各主要公共图书馆。

“书香羊城”作为广州文化建设的一项重要品牌活动，成为提高广大市民群众文化水平和文明素质的一个重要载体。截至2016年，广州共有国家一级图书馆13所，全部实现免费开放，馆舍建筑面积总计达25.72万平方米，阅览座席总计1.7万个，总藏书量1644.5万册。全市170个文化站均按要求建有图书馆分馆或阅览室，藏书量在1万册以上，免费提供阅览、外借、电子阅览等服务。在村社（区）层面，全市共建有农家书屋、社区书屋1807家，建筑面积27.9万平方米。据不完全统计，全市共有各级各类阅读阵地5300个。广州不断营造“爱读书、多读书、读好书”的社会氛围。

广州港吞吐量跃居世界第五

广州港位于珠三角中心地带，通江达海，是华南地区最大的主枢纽港和主要对外贸易口岸。自2004年9月南沙深水港投产以来，广州港货运吞吐量以每年翻一番的速度增长。2006年，广州港货物吞吐量突破3亿吨，集装箱吞吐量达到660万标准箱，广州港货运总吞吐量从5年前的世界排名第12位跃居第5位，居全国港口第3位。

2008年，广州集装箱年吞吐量突破1000万标准箱。2010年，港口散货吞吐量突破4亿吨，成为继上海港、宁波舟山港之后中国内地第三个跨入4亿吨行列的国际大港。2015年，广州市出台《建设广州国际航运中心三年行动计划（2015—2017年）》，举全市之力推进广州国际航运中心建设。通过三年建设，2017年广州港泊位年综合通过能力、集装箱通过能力分别达到3.74亿吨、1576万标准箱，较2014年分别增长9.0%、34.6%；广州港集装箱航线由2014年底的123条上升至2017年12月底的197条，其中国际集装箱班轮航线由52条升至91条；内陆无水港及办事处由8个升至33个，覆盖全国8省30市；国际友好港由20个升至41个。2015年，广州港完成货物吞吐量5.2亿吨，位居国内第五位和世界第六位，完成集装箱吞吐量1762万标准箱，分别居国内第四位和世界第七位。2016年，广州港完成货物吞吐量5.44亿吨，居国内第四位和世界第六位；完成集装箱吞吐量1886万标准箱，居国内第四位和世界第七位。2017年，广州港集装箱吞吐量突破2000万标准箱，成功跨入2000万标准箱的港口行列，居国内第四位和世界第五位。

2007年

“中国环保第一爆”天河城西塔成功爆破

2007年1月3日6时40分，广州天河城西塔楼实施爆破，这是世界首次采用环保清洁拆除法对商业中心高大建筑进行爆破，被称为“中国环保第一爆”。

此次爆破工程主要拆除天河城西塔楼地上4层的钢筋外墙。天河城西塔楼与主体建筑之间间隔仅1.5厘米，工程人员在1、2、3、4层各条立柱内共布置雷管1304发、炸药276公斤、炮眼1105个，现场填充1.3万立方米活性泡沫。爆破全程仅两三秒，声响不超过75分贝，活性泡沫压下灰石，5米外不见灰尘，100米外不受干扰。整个工程花费80万元。如果采用人工拆卸需耗费400万元，工期一年。

此次爆破，采用世界首创的环保清洁拆除法：一是使用1.3万立方米活性泡沫，让整个建筑物“浸”在五六米高的泡沫中，阻止粉尘的产生；二是在爆炸点附着3万立方米活性水，爆破时形成活性水雾，最大限度吸附粉尘；三是四周用排栅密闭，爆破时向中间倒下遏制粉尘，实现

无飞石危害、无冲击波影响、低粉尘污染和低噪音污染的效果。据广东省环保监测站现场检测，悬浮颗粒每立方米不超过0.5毫克，达到世界环保标准。

天河城西塔楼爆破工程解决了过去爆破带来的粉尘、噪音、震动等一系列世界难题，为旧城改造中采取环保爆破方式拆除旧楼提供成功范例。

广州白云国际会议中心竣工

2007年1月10日，广州白云国际会议中心主体工程竣工。该中心位于白云大道南，总建筑面积31.6万平方米，由广东省、广州市政府及越秀集团共同投资39.36亿元兴建，是国内规模最大的综合性会议中心。

该中心主体建筑包括会议展览中心（B、C、D三栋）和东方国际会议酒店（A、E两栋）。这五栋不规则立方体建筑并排而立，外立面采用具有岭南特色的石材红褐色砂岩，向前微微倾斜，敦实而庞大，犹如起伏的山峦。会议展览中心拥有17万多平方米的会议场地，包括6万平方米的展览场地及65个各类会议厅堂。其中，会议厅堂包括2500座的世纪大会堂、1200座的岭南会议厅、250座的主席团专用会议厅、两个500座的国际会议厅以及由21个地级市命名的中型会议厅和其他中小型会议室等。各会场按需要配备同声传译系统、电子表决系统、中央控制系统、会议发言系统、声控系统以及会议音视频电子刻录系统等国际先进设施。东方国际会议酒店分为南座（A栋）和北座（E栋），两座酒店占地14万平方米，拥有1112间客房，配套设施完善，可保障大型会展活动的住宿用餐、休闲需求。

广州白云国际会议中心每年平均接待3000多场次国内外会议、展

览、演出、宴会活动，满足了广州日益增长的商贸活动、文化交流的需要。

成功创建国家环境保护模范城市

广州市创建国家环境保护模范城市（简称“创模”）自1998年起。1998年3月，广州市委、市政府作出创模决策，把创模工作纳入城市环境管理“一年一小变，三年一中变，到2010年一大变”计划。2004年，广州市正式向环保总局递交创模申请，并印发实施创模规划纲要。2004年底，28项创模考核指标中除了城市生活污水处理率等5项难度较大的指标，其余均达到考核要求。2004年11月，成立创模领导小组。2005年3月，全市召开创模动员大会，印发《广州市创建国家环境保护模范城市工作总体方案》，各部门围绕不达标的指标，狠抓水环境污染综合整治、大气环境污染综合整治和城市环境综合整治工作。2005年10月，广州市政府印发实施《广州市创建国家环境保护模范城市倒计时阶段工作实施计划》，全市各创模责任单位倒排工期，集中力量解决突出环境问题。到2005年底，28项创模指标基本达到国家环境保护模范城市的标准。2006年2月底，接受环保总局的创模调研，通过创模规划评审；5月底通过广东省创模预验。2006年11月20日顺利通过国家考核验收。2007年2月8日，广州被环保总局授予“国家环境保护模范城市”称号。

2012年6月，广州市国家环境保护模范城市通过环境保护部的复核。广州通过创模逐步实现了城市经济社会和环境的可持续发展，市民对环境的满意率超过95%。

在全国率先推行免费婚检

自2007年4月1日起，广州市在全市范围内实行自愿免费婚检，成为全国首个推行免费婚检的省会城市。

2003年，新《婚姻登记条例》实施后，广州市取消了强制婚检，婚检率从97%下降至7.31%，导致新生儿出生缺陷率上升。为扭转这种局面，广州市推行由政府购买服务的免费婚检，婚检费用由市、区两级财政分担。全市16家市、区级医院成为第一批免费婚检机构，夫妻双方只要一方是广州市户籍人口，并在广州登记结婚，在婚姻登记前3个月及婚姻登记后1个月内，可携带相关户籍材料到女方或男方户口所在地社区服务中心申领登记卡，凭卡在规定时间内到指定婚检机构进行免费婚检。婚检项目价值340元，包括体格检查、地中海贫血筛查、G6PD缺乏症（蚕豆病）筛查、HIV（艾滋病）筛查等12项体检和实验室检查项目，还可享受婚前卫生咨询指导、专案登记及追踪随访管理等专业的医疗服务。体检结果纳入妇幼保健机构的管理档案。

实施免费婚检提高了婚检率，有利于控制新生儿出生缺陷率，提高出生人口素质。

广深铁路实现四线并行和客货分线运行

广深铁路北起广州站，南至深圳罗湖桥，全长147.3千米，始建于1907年，1911年3月竣工通车。1987年建成复线，1994年建成准高速铁路。1996年6月召开的广深高速电气化铁路实施方案论证会，确定了广深线电气化建设以“先客运、后货运，先高速、后普速”为原则。1997年2月，总投资8亿元人民币的广深线高速电气化工程全面开工。1998年5

月28日，广深线高速电气化工程竣工，同年8月28日正式投入运营。1999年6月8日，广深铁路三线（普速线）电气化工程动工，并于2000年9月16日竣工，广深铁路成为中国第一条三线并行、全线封闭、全线电气化的铁路干线。2005年8月26日，广深铁路第四线全面开工建设，2007年4月6日建成通车。广深铁路又成为全国第一条四线并行、客货分线运行的铁路。2016年，广深线完成客运发送量8489万人次，货运量4860万吨。

中国最大耙吸式挖泥船“新海虎”号在广州建成

2007年5月26日，自航耙吸式挖泥船“新海虎”号在广州文冲船厂完工交船。“新海虎”号运营能力达13 500立方米/小时，是国内自行设计、建造的最大耙吸式挖泥船。

“新海虎”号船东是中国交通建设集团上海航道局属下的中港疏浚股份有限公司。该船由中船集团公司七〇八所设计，广州文船公司生产和建造，造价6.5亿元人民币，全船总长150.7米，型宽27米，型深11米，航速16.2节，最大挖深42米。当平均吃水9.5米、最大挖深42米、使用双耙挖泥时，对水顺流航速约为7节，即船对地航速约为3节，逆流航速为4节。该船主要用于沿海疏浚和吹填作业，可无限航区调遣。

“新海虎”号挖泥船被誉为“神州第一挖”，实现“五个第一”：第一次具备自行研制、设计和制造大型耙吸挖泥船能力；第一次自主成功建成现代化的国际同等水平的大型耙吸挖泥船；第一次摆脱大型耙吸挖泥船国际知识产权的垄断；衍生船型最多最广泛的大型耙吸挖泥船型；同类型舱容总和行业第一。

“新海虎”号挖泥船打破了少数发达国家对大型耙吸挖泥船设计、建造的垄断，改写了国内船厂只能建造1万立方米/小时以下挖泥船的历

史，填补了中国建造大型耙吸挖泥船的空白，提升了中国在世界疏浚行业的地位和国际竞争力。

首创实施“惠民66条”

2007年5月，《中共广州市委、广州市人民政府关于切实解决涉及人民群众切身利益若干问题的决定》（简称《决定》）出台，涵盖“三农”（农业、农村、农民）、就业、教育等11个方面66件实事，简称“惠民66条”。

“惠民66条”涉及11个方面。（1）关注三农：一年一亿修水利；（2）劳有所得：再就业免税费过亿；（3）学有所教：三头并进保公平；（4）老有所养：基本养老金每月1297元；（5）病有所医：社区卫生服务纳入医保；（6）平安广州：群众安全感达86.7%；（7）住有所居：双特困户住房“应保尽保”；（8）城市交通：公交地铁优惠出台在即；（9）人居环境：216万市民喝上直饮水；（10）文体事业：场馆向未成年人免费开放；（11）政务服务：行政执法纳入评议考核。

全市各级、各部门采取积极有效措施，全力推进“惠民66条”的贯彻落实，出台50多项相关惠民政策，取得显著成绩。（1）三农：各级就业服务机构共推荐转移就业农村劳动力6.28万人。（2）就业：全市共建刑释解教人员安置实体250个，基本解决“三无”刑释解教人员的安置就业问题；完成再就业培训77 546人次。（3）教育：2008年春季新学期起对全市城镇义务教育阶段免收学杂费和课本费；多渠道妥善解决43万非广州户籍适龄儿童少年的义务教育问题；全市共清退违规补课收费69.2万元。（4）社保：全市50多万退休人员基本养老金月人均增加303元，达到1455元；共有430家困难企业的8.08万名退休人员通过财政借资办法

参加基本医疗保险。（5）医疗：企业职工医疗补充保险及基本医疗保险实施部分慢性病门诊报销；全市农民参合率达到99%以上；建立10多万居民电子健康档案和64万病案首页，为双向转诊奠定基础。（6）平安广州：深入开展“红棉07、08”和“剑锋07、08”行动，整治一批治安重点地区和突出治安问题。2007年5月至2008年5月，“两抢”“两盗”案件同比分别下降28.24%、25.53%，全市立刑事案件同比下降14.04%。（7）住房：2005年统计在册的5643户双特困户住房全部解决，实现双特困户住房“应保尽保”。（8）交通：开通城中村和城乡接合部地区公交中（小）巴线路71条、住宅小区接驳地铁的公交专线10条；建成12座行人过街设施。（9）环境：新车上牌100%达到国Ⅲ标准；对存在环境问题的146家企业实施环保挂牌督办；饮用净水供水区域人口增加116万人。（10）文体：全市公益性博物馆、纪念馆全部实行免费向未成年人开放；1000多所中小学校体育场馆向社会开放，符合开放条件的学校开放率超过95%。（11）政务：全市有31个委、办、局和相关单位共450多名工作人员进驻市政务服务中心，设置服务窗口201个，办理政务服务事项736项。

2008年8月，广州市委、市政府又出台《关于切实解决涉及人民群众切身利益若干问题的补充意见》。“惠民66条”变“惠民83条”，17条补充意见内容逐步完善，涉及养老保险、合作医疗、廉租住房等社会保障体系。“惠民66条”和“补充17条”得到有效落实，市民生活质量和幸福感提升，民生福利明显改善。

中国海上第一救“南海救101”轮在广州建成

2007年11月18日，被称为“中国海上第一救”的1.4万千瓦海洋救助

船“南海救101”轮在广州建成出厂，交由交通部南海救助局执行海上救助任务。这是国内自行设计建造的救助船舶系列中尺度最大、功率最大、航速最快、抗风能力最强、装备最先进、救助功能最齐全的海洋专业救助船。

“南海救101”轮由交通部建造，投资2.6亿元，上海船舶研究设计院和广州中船黄埔造船公司分别负责设计和制造。该船总长109.7米，型宽16.2米，型深7.6米，满载吃水6米，满载排水量6256.76吨，最大救助航速22节。采用前倾式球鼻首型船首，巡洋舰式船尾船型，双主机、双可调螺距螺旋桨推进方式，设双悬挂式流线型襟翼舵。主要用于海上遇险船舶的人命救生和以海上人命救生为目的的船舶救助及拖带、消防灭火等救助作业。还可以对遇险船舶进行夜间搜寻，以及封舱、堵漏、排水、空气潜水等救助作业。

与此前国内建造的专业救助船不同的是，“南海救101”轮具有齐全的海空立体救助设施，在救生甲板前部设有直升机起降平台，可直接起降 S 76型直升机进行海空联合救生作业。该船有效救助作业面积达490平方米，能一次搭载获救人员200人。在驾驶室顶消防平台两侧，各设有射程为180米的水炮2座，能扑灭海洋石油平台及其他海上设施、船舶的大火灾。为提高获救人员的生存率，还配有获救人员桑拿房和加温室。

“南海救101”轮的成功建造，标志着中国海上专业救助力量的装备建设迈上一个新台阶，意味着中国造船工业在专业海洋救助船舶的建造领域取得新突破。

2008年

成功抗击罕见雪灾化解春运危机

2008年1月下旬，中国南方各省遭遇历史罕见的持续低温、雨雪冰冻灾害天气，铁路运输受阻，致使大量旅客滞留火车站，给广州市春运工作造成巨大困难和严重威胁。1月26日—2月5日，滞留在广州火车站广场的旅客平均每天超过20万人，最高峰时段有40万人左右，形成险峻的公共安全危机。

广州火车站春运受阻，牵动了党中央、国务院领导和全市人民的心。中共中央政治局常委国务院总理温家宝视察广州火车站，指导解决旅客滞留问题，并慰问滞留在火车站的外来务工人员。中共中央政治局委员、广东省委书记汪洋和省长黄华华等领导多次到现场视察与指导。1月28日晚8时，广州警方启动春运应急预案，对广场地区实行全封闭管理，并将滞留旅客分批疏散到广交会流花展馆等安置点。2月1日，广州火车站广场滞留旅客再次出现高峰。零时，朱小丹、张广宁等市领导坐镇指挥部，研究应对高危情况的措施，决定启动最高一级预案，开放琶

洲展馆疏导安置滞留旅客。同时提出“科学划线、分区安置、有序疏导、控制外围”十六字方针，得到社会和滞留旅客的理解和配合。广州公安干警、武警官兵在疏导广场滞留旅客过程中，发明“切豆腐”“剥洋葱”战术，用人墙将拥挤的人群隔离分流，随后排成单排或双排队伍，安全引导旅客进入候客区域。为确保旅客安全有效疏散，还采取网格管理、分段截流、钟摆式疏导、“S”形行进、外围管制、箭形穿插、分片切割、逐批疏导、喇叭形放流、多层人墙保障、逐级缓慢推进等具体措施。11 000多名解放军、武警官兵和民兵预备役人员参与滞留旅客的疏导工作。4000多名头戴红帽身披绿雨衣的志愿服务者，在严寒和风雨中扶老携幼，送药送饭。广大市民踊跃捐款、捐物，为滞留旅客避风遮雨、驱寒送暖。各级组织说服50多万外来务工人员留在广州过春节。

2月5日，历经11天的广州火车站春运危机解除，其间没有发生重大交通事故、重大治安刑事案件、打砸抢烧事件和踩踏致群死群伤事件，这起全球关注的严重公共安全危机成功化解。

国内首个集行政审批和投资服务于一体的政务服务中心建成

2008年2月28日，广州市政务服务中心正式投入使用，是国内第一个集行政审批和投资服务于一体的服务平台。

市政务服务中心位于珠江新城华利路61号，是基于1985年创办的全国第一个专门为外商投资服务的专业机构“外经贸一条街”设立的，以企业为主要服务对象。成立之初，市发改委、公安局、工商局、国土房管局、交委、海关等31个政府职能部门进驻，201个服务窗口、450名工作人员，可集中办理736项行政审批服务，实现注册登记、固定资产投

资、贸易管理3个审批一条龙服务。为进一步提高政务效率，政务服务中心2008年11月推出63条便民举措，2009年再推出窗口部门53条审批提速便民服务举措。2013年，广州市政协委员曹志伟绘出建设工程审批流程的“万里长征（证）图”后，触发广州市行政审批制度改革。市政务服务中心会同相关部门编制出《广州市建设工程项目联合审批办事指引》，由原来的799个审批工作日减到不超过145个工作日。2016年6月20日，市政务服务中心琶洲分中心正式对外运行，这是中国第一家以“互联网+政务服务”理念为核心的政务服务中心。

政务服务中心不断推进网上办事大厅建设，2016年有46个市级部门和6个中央直属单位进驻，各区全部设立分厅，170个街（镇）开通网上办事站。市级网上办事大厅行政审批事项办理率为99.36%，社会服务事项办理率为91.73%。

广州获“国家卫生城市”称号

2008年3月24日，广州市创建国家卫生城市指挥部办公室召开新闻发布会宣布，全国爱国卫生运动委员会正式决定命名广州市为“国家卫生城市”。经过全市人民18年的不懈努力，广州终于获得“国家卫生城市”称号。

从20世纪90年代初，广州市开始抓创建国家卫生城市工作（简称“创卫”），把城市建设、城市管理与创卫工作有机结合起来，从城市基础设施建设抓起，致力于城市卫生日常管理，着力于提高市民整体素质，使市容环境卫生质量年年提高。特别是2007年以来，广州市委、市政府把创卫工作摆上突出位置，重申创卫绝不是形象工程、政绩工程，而是要以创卫为载体，实践执政为民宗旨，有效改善城市环境面貌和保

障市民健康，造福社会、惠及百姓。全市有关部门对照《国家卫生城市标准》，查找不足，落实整改。2007年8月、12月及2008年2月、3月，先后通过全国爱卫会组织的暗访调研、技术评估、考核鉴定和全国公示四个环节。广州在创卫过程中积累了四点经验：一是必须坚持以人为本，为民谋利；二是必须坚持求真务实，标本兼治；三是必须坚持各方联动，形成合力；四是必须坚持健全制度，完善机制。

国家卫生城市每满3年接受一次复审。2012年底，广州接受国家卫生城市的复审并顺利通过，2013年初再获“国家卫生城市”称号。

文艺院团转企改制

2008年4月28日，广州市委、市政府发出《关于继续解放思想，深化文化体制改革，推动文化事业和文化产业加快发展的决定》，决定将广东省木偶剧团、广州歌舞团、广州杂技团改制为广东省木偶艺术剧院有限责任公司、广州歌舞团有限责任公司、广州杂技艺术剧院有限责任公司，同时分别成立“艺术中心”，负责管理原剧团未受聘和离退休人员；广州粤剧团、红豆粤剧团合并成立广州粤剧院，在保留广州粤剧院、广东音乐曲艺团、广州话剧团、广州芭蕾舞团事业体制的基础上，组建广州粤剧发展有限公司、广东音乐曲艺发展有限公司、广州话剧艺术中心有限公司，进行市场运作。通过加大政府扶持力度，注入新的活力，开拓演出市场，逐步壮大发展。2008年12月31日，广东省木偶艺术剧院有限责任公司等多家市属文化艺术公司成立，标志着广州市文化体制改革迈出坚实的一步。

为推进转企改制顺利进行，成立“广州市文化艺术管理中心”，按照“老人老办法、新人新办法”，原有的8家文艺院团“老人”保留改

制前原事业编制身份，进入管理中心，由公司择优聘用，退休时享受事业编制身份待遇；“新人”全部按劳动合同法办理。艺术中心与转制后的公司没有行政和经济联系，不从事生产经营活动，封闭运行，人员只出不进，直到最终注销。同时加大扶持力度，大力改善转企院团生产经营的基本条件，出台《市属文艺院团经费综合定额包干管理办法》，以2008年底各院团获得的差额拨款额度为准，财政每年定额向原8家文艺院团核拨经费。此外，市财政一次性补助各转企院团专项经费用于添置必要的演出设备，保障文艺院团后续发展。政府还通过优先采购转制文艺院团的文艺产品等方式对文艺院团发展予以扶持。2008年成立“广州市促进文化艺术发展繁荣基金会”，吸收社会资金赞助，重点用于文艺院团的培养、奖励、创作和交流等项目。在改制过程中，创新性实施文艺院团与剧场、媒体和旅游“三捆绑”。

改制激发了广州文艺院团的活力，在2009年全球金融危机的大背景下，广州演出行业逆市而行，出现了蓬勃发展的生动局面。2009年8月14日，在全国文化体制改革经验交流会上，广州荣获“全国文化体制改革先进地区”称号。

广州对汶川救灾援建

2008年5月12日14时28分04秒汶川发生特大地震后，广州市委、市政府迅速响应中央号召，立即组织部署支援四川灾区抗震救灾工作。发出告全市人民书，号召全市各地、各部门和全社会立即行动起来，捐款捐物，举全市之力，给予灾区人、财、物的全力支持，并立即组织公安、消防、医疗队伍第一时间赶赴灾区开展应急救援。

5月13日7时，广州公安特警支队235名特警奉命第一批抵达灾区。5

月13日，向灾区拨出第一批捐款700万元。地震发生后不到三个月，广州市先后派出20多支专业队伍约2600人次奔赴灾区一线参与抗震救灾，社会各界累计捐款16亿元，向灾区发送救灾物资价值1.2亿元，群众献血约483万毫升，累计建设过渡安置房6376套127 520平方米。

2008年7月，党中央、国务院作出对口支援汶川地震灾区灾后恢复重建的重大决策，并把对口支援“地震源点”汶川县恢复重建的艰巨任务交给广东省。广州市主动承担起归口援建汶川县城所在地威州镇的使命。经过一年半的努力，广州共投入援建资金28亿元，援建项目77个，圆满完成对口支援威州灾后恢复重建任务，其中2个项目获四川省“天府杯（金奖）”优质工程奖，6个项目获四川省结构优质奖，14个项目获广州市优良样板工程。广州提前半年实现中央提出的“三年援建任务两年基本完成”目标要求，在“废墟”上打造一个更为安全、更具活力、更有特色的现代羌城，展示了“政治坚定，众志成城，不辱首善，奉献大爱，不畏艰险，百折不挠，以人为本，科学理性”的广州援建精神。

首创三级领导联动大接访日活动

2008年6月26日，广州市开全国先例举行市、区（县级市）、街（镇）三级行政首长公开联动大接访日活动。由市长和8位副市长带头，市、区（县级市）、街（镇）和政府职能部门领导三级行政首长共1039人分布全市202个点参与联动大接访，共接待群众4576批8350人次。其中市长、副市长接待群众288批774人次，市有关部门领导接待群众1851批3887人次，各区（县级市）、街（镇）领导接待群众2487批3689人次。

从大接访中群众反映的问题来看，主要集中在国土房管、劳动保障、涉法涉诉、建设规划、“三农”问题、民政救济、刑事治安、环境保护

等8个方面。其中国土房管和劳动保障方面涉及问题最多，分别占总量的22.8%和21.2%。此外，教育、公安、交通、工商、监察、市容环卫、卫生、人事、市政园林等方面也有不少群众反映问题。这些问题中，历史遗留问题约占60%，新问题约占40%，有200多宗个案在接访现场得到解决。

公开大接访活动畅通了群众诉求表达渠道，增加了上访者对政府的理解、信任和支持，政府也通过接访对存在的问题进行一次大排查，对未来工作以及如何构建信访工作长效机制进行了一次有益探索。

广交会由每届两期拆分为三期举行

2008年8月26日，商务部印发《关于第104届广交会和今后一个时期广交会改革方案》，自第104届起，广交会从原来的每届分两期举办拆分为三期举办。一期以机电产品为主，二期以日用消费品及礼品为主，三期以纺织服装、箱包及文体用品、医药保健及医疗用品、食品及土特产品等为主。将广交会由每届两期拆分为三期，是为了适度扩大规模，进一步提升广交会的专业化水平，使更多的企业获得参展机会。

第104届广交会于2008年10月15日至11月6日在广州举行，每期展览时间由之前的6天缩短为5天，撤换展时间为4天。第104届广交会分三期举办后，与第103届的举办模式相比发生了很大变化：一是规模进一步扩大，展位从3.2万个增加到5.4万个；二是会期延长，总办展时间从16天延长到23天；三是三期全部集中在琶洲展馆举办，流花路展馆不再使用；四是原来两期展出的大类商品及展区重新调整，原来第一期展出的纺织服装、医药保健类商品和第二期展出的箱包、办公文具、体育及旅游休闲用品、食品、土特产品展区安排在第三期展出；五是进一步专业细分展区，展区从原来的34个优化重组为50个。

2009年

进一步推动国有企业改革与发展

2009年5月31日，广州市委、市政府正式出台《关于进一步推动国有企业改革与发展的意见》，提出：要切实加强对国有企业改革与发展工作的领导，着力推动产权多元化改革、着力推进企业改制上市；推进国有资本向基础产业、支柱产业、战略性产业等重要行业及关键领域集中，推动国有资本向优势企业集中；理顺国有企业领导人员管理体制，逐步建立职业经理人制度，完善企业领导人员薪酬分配制度；加强董事会建设，健全监事会制度；统一经营性国有资产监督管理，加快建立国有资本经营预算制度，健全监督与责任追究制度；构建促进企业自主创新机制，健全企业自主创新体系；制定完善深化国有企业改革配套政策。

2015年5月，广州市再次发布国企改革的纲领性文件《中共广州市委广州市人民政府关于全面深化国资国企改革的意见》（简称《意见》）。《意见》指出，将深化市属企业负责人薪酬制度改革，建立科学的绩效评估机制。市属企业负责人薪酬要与企业上缴财政的收益挂

钩，出资人、企业、经营层、职工的短期利益和长期发展动力结合，探索建立持股经营、技术入股、增量奖励、期股期权等中长期激励机制。

经过几年的调整、改革和发展，广州市国有经济综合实力显著增强。2017年，市属国企实现营业收入7007亿元，比上年增长13%；利润总额623亿元，增长12.2%；国有净利润222亿元，增长0.7%；上缴税费644亿元，增长10.6%；上缴国资收益39.9亿元；国有资产保值增值率114%；市属企业资产总额2.97万亿元，比上年增长10.1%，资产规模连续多年位居副省级城市第一。

“新埔洋”号在南沙造船基地出坞

2009年6月19日，拥有中国独立知识产权的30.8万载重吨超大型原油船“新埔洋”号，在广州南沙珠江出海口中国船舶工业集团公司龙穴造船基地出坞。这艘船长333米，宽60米，用于装载闪点低于60℃的原油。“新埔洋”号甲板气势庞大，配备各种世界上最先进的驾驶与导航设备，即便穿越惊涛骇浪也能“24小时机舱无人值班与自动导航”。配备先进的淡水造水机，每天可通过海水淡化产生30吨生活用水，船员日常用水无忧。可持续航行60天、近4万千米，相当于绕地球赤道整整一周。2009年12月6—23日，“新埔洋”号进行试航，结果表明各项指标达到国际标准水平。2010年1月22日，完成了交接船签字仪式。3月，被认定为广东省高新技术产品。

这艘巨轮的建造，告别了华南地区一直造“小船”的历史，标志着中国华南地区最大的现代化造修船基地全面进入产出阶段。龙穴造船基地创造了“建厂就造超大型船舶”的高起点、高速度造船的全国纪录，改写了广州不能建造10万吨以上大型船舶的历史，一举成为中国三大造

船基地之一。2016年，广州市共有船舶企业40多家，具有船舶建造能力的企业20多家，船舶产能达500万载重吨/年，产值近300亿元。

颁布国内首部政治协商规程

2009年9月7日，中共广州市委正式颁布国内首部政治协商规程——《中共广州市委政治协商规程（试行）》。首次明确：广州市有关城乡建设的总体规划和行政区划的重大调整，广州市重大建设项目，关系民生和事关全局的重大问题，应对重大危机的预案和实施方案，均必须事先经过政治协商。2012年12月7日，广州市委召开广州市政协工作会议，正式发布经过三年试行的《中共广州市委政治协商规程》（简称《规程》），明确规定把政治协商纳入决策程序，市政府规章、重要人事安排等内容被明确写入协商内容。按照《规程》，政治协商应被纳入决策程序，对重大问题的协商，要在市委决策之前、市人大通过之前、市政府的实施之前进行。协商内容包括事关本市民生和经济社会发展全局的重大问题，拟提请市人大常委会审议的重要地方性法规（草案）和拟出台的市政府重要规章等8项。

《规程》是全国第一部党委颁发实施的政治协商规程，它率先实现了从制度设计到制度实践的重大跨越，实现了政治协商制度化，形成了人民政协协商民主的体制机制。《规程》颁布后，得到党中央、全国政协的充分肯定，广州市政协在2010年3月全国政协十一届三次会议期间的新闻发布会上介绍了试行《规程》的经验。

政府机构改革探索“大部门体制”

2009年9月24日，广州市委、市政府公布《广州市人民政府机构改革方案和实施意见》，积极探索建立职能有机统一的“大部门体制”，围绕“大城管、大文化、大交通、大建设、大水务、大林业”以及“统一城乡规划、统一人力资源和社会保障以及统一科技与信息化”，优化组织结构。涉及撤销、合并、新建、职责调整、理顺关系的部门和办事机构29个。将市科学技术局、市无线电管理办公室、市信息化办公室的职责，整合划入新组建的市科技和信息化局；将市人事局、市劳动和社会保障局的职责，整合划入新组建的广州市人力资源和社会保障局；将市文化局、市新闻出版和广播电视局（挂市版权局牌子）的职责，整合划入市文化广电新闻出版局，挂市版权局牌子；新组建市城乡建设委员会、市城市管理委员会、市林业和园林局、市交通委员会；市金融服务办公室更名为市人民政府金融工作办公室，调整为市政府工作部门；等等。进一步清理和规范议事协调机构，精简50%以上。凡属部门职责范围，可由某一部门承担或由有关部门协调处理、共同承担的工作任务，不再设立新的议事协调机构。确需设立议事协调机构的，严格按照规定和程序审批，不设实体性办事机构，不单独核定编制和领导职数。改革后，市政府工作部门和办事机构从49个精简为40个。

穗产《喜羊羊与灰太狼》荣获“五个一工程”奖

2009年9月21日，《喜羊羊与灰太狼》喜获中宣部第十一届精神文明建设“五个一工程”（2007—2009）“优秀作品奖”。《喜羊羊与灰太狼》是由广东原创动力文化传播有限公司制作的原创童话题材动画系列

作品，于2005年8月在杭州电视台少儿频道首播，第一部共530集，导演黄伟明，编剧黄伟健。

该剧主要讲述在羊历3513年，羊羊族群已经十分兴旺发达，羊都幸福快乐地生活着，以及羊村里的喜羊羊、美羊羊、懒羊羊等羊儿们与灰太狼斗智斗勇的一连串充满童趣的故事。剧情轻松诙谐，情节爆笑，对白幽默，还巧妙地融入社会中的新鲜名词，以“童趣但不幼稚，启智却不教条”的鲜明特色赢得很多粉丝，深受各年龄段观众的喜爱。在全国近50家电视台热播，最高收视率达17.3%，大大超过同时段播出的境外动画片。各种衍生产品受到广大小朋友的喜爱。

《喜羊羊与灰太狼》除了喜获“五个一工程”奖，还先后荣获多个大奖。2007年12月荣获优秀国产动画片一等奖；2008年1月荣获“金龙奖——2007年度动漫榜中榜内地及港澳台年度最佳创意动画奖”；2010年6月荣获中国最佳动漫创意奖；2010年11月荣获世界知识产权组织版权（动画片类）金奖；2011年12月获“中国文化艺术政府奖首届动漫奖”最佳动漫品牌奖；2015年9月29日荣获第12届金龙奖最佳动漫IP奖。截至2016年，《喜羊羊与灰太狼》共完结TV动画15部，动画电影9部，其中真人版动画电影2部。

在全国率先向社会公开本级部门预算

2009年10月16日，广州市财政局网站向社会公开《2009年广州市本级部门预算》，这是国内首次市本级部门预算向社会公开。在市财政局官方网站上，114个政府部门的2009年部门预算均上网公开，供免费下载。每个部门的预算内容包括“部门基本情况”“预算收支基本情况”“项目支出基本情况”“收支预算总表”，及详细的“收入预算总

表”和“支出预算总表”。广州首开全国部门预算公开的先河后，2012年广州实现部门决算和“三公”经费决算公开；2013年，实现市、区（县）、镇（街）三级政府“三公”经费预决算信息全面公开；2014年公开会议费预算和第三方绩效评价结果；2015年公开项目支出政府采购预算、政府性基金支出预算和项目绩效目标表；2016年政府债务纳入预算管理，在预算报告中公开政府债务余额、限额及地方政府债券使用情况，并将部门机关运行经费的公开范围从原来的“三公”经费和会议费扩大到“12公”（基本支出商品和服务支出属下的12项行政性经费支出明细预算）。2016年市财政局印发《广州市关于深化预算管理制度改革的实施意见》，推进建立健全政府预算体系、完善收支预算管理等10个方面43项改革。建立权责发生制政府综合财务报告制度，实现全市各区试编工作全覆盖。上述一系列改革措施引领全国。

《广佛同城化发展规划（2009—2020年）》出台

2009年12月24日，全国首个跨市域综合性发展规划——《广佛同城化发展规划（2009—2020年）》（简称《规划》）出台。《规划》由发展基础与环境、总体要求和发展目标、空间发展布局、重点协调发展区域、发展重点、规划实施保障六个部分组成。《规划》将广佛都市圈划分为核心提升区、调整优化区、重点拓展区、适度发展区和严格保护区等五类主体功能区域，并明确不同的发展政策和开发建设导向，实现各空间单元合理分工、错位发展、分类管理，促进广佛都市圈整体功能优化提升。

自广佛同城化建设全面启动以来，在两市的紧密协作和共同努力下，各项工作扎实推进，同城化进程不断加快，得到了人民群众和社

会各界的一致拥护和好评，广佛经济社会保持平稳较快发展，城市综合实力和竞争力明显提升，两市携手为推进珠三角一体化发展开创了新局面，广佛两市经济稳步增长，同城化带来的规模经济效应显著。2015年，两市地区生产总值总量达2.6万亿元，占全省经济总量的35.85%；地方一般公共预算收入1849.82亿元，占全省的19.75%；人均地区生产总值约12.62万元，接近全省平均水平（6.75万元）的2倍，达到世界银行划定的高收入国家标准。两市规模以上工业增加值达9247.37亿元，占全省规模以上工业增加值的30.5%。随着区域综合经济实力的不断增强，进一步凸显广佛两市在全省经济发展中的引擎作用。

2017年9月5日，广州市人民政府办公厅、佛山市人民政府办公室印发《广佛同城化“十三五”发展规划（2016—2020年）》，对广佛同城化进行总体定位，广佛地区将以建设荔湾—南海、花都—三水、番禺—顺德三大同城化合作示范区为重点，建设为珠三角世界级城市群核心区、全国同城化发展示范区、粤港澳合作核心枢纽、珠三角自主创新引领区、国家服务业和先进制造业中心。

武广高铁、京广高铁正式通车运营

2009年12月26日，武广高铁正式通车运营。武广高铁全长1068.8千米，是继京津城际铁路之后，中国第一条真正时速350千米的高铁。武广高铁始于武汉站，经咸宁、赤壁、岳阳、长沙、株洲、衡山、衡阳、耒阳、郴州、乐昌、韶关、英德、清远、花都，到达广州南站。基础设施设计速度350千米/小时，最高试验时速达到394.2千米/小时。武汉到广州的时间由原来的11小时缩短到3小时，长沙到广州的运营时间由过去的8小时缩短到2小时，缓解了京广铁路武汉至广州段的客运压力。

2012年12月26日，全长2298千米的京广高铁全线通车，是世界上运营里程最长的高速铁路。京广高铁自北京西站起，经过北京、河北、河南、湖北、湖南、广东6省市，止于广州南站，广州至北京的时间从20多个小时缩短至8小时。京广高铁的通车，进一步方便了中原地区与东西部地区之间的人员流动，促进沿线经济社会发展，推动中部崛起、西部大开发发展战略。

京广高铁线路不但速度快，运输能力也很惊人。2013年，京广高铁开通仅一年，年客运量1.5亿人次，旅客周转量1200亿人公里，日客运量超过25万人；货运方面，货运能力从老京广线的4000多万吨提升到1.2亿～1.5亿吨。2016年8月31日，京广高铁创日均发送旅客55.9万人次。

2010年

城镇企业职工基本养老保险实现全国范围跨省转移

2010年1月1日，《城镇企业职工基本养老保险关系转移接续暂行办法》（简称《办法》）正式施行。主要内容包括：外来务工人员在内的参加城镇企业职工基本养老保险的所有人员，其基本养老保险关系可在跨省就业时随同转移；在转移个人账户储存额的同时，还转移部分单位缴费；参保人员在各地的缴费年限合并计算，个人账户储存额累计计算，对外来务工人员一视同仁。

外来务工人员是广州城市发展不可或缺的建设者，为广州市的繁荣和发展作出了积极贡献。2010年，广州在职的参保人有300多万，外来户籍的约有100万，其中外来务工人员参保人达53万。但城镇企业职工基本养老保险不能跨省转移的问题一直困扰着外来务工人员的进退去留。

《办法》的制定颁布，解决了全国范围跨省转移养老保险关系的难题，实现了基本养老保险全国统筹，把养老保险由“地方粮票”变成“全国粮票”，可以让参保人在转换地域后持续参保，让他们拥有持续

的保障。解决了十多年来养老保险无法异地转移之痛，让更多的外来务工人员年轻时能安心在广州工作，年老后开心回家乡安度晚年，进一步保障农民工权益。

事业单位岗位管理改革全面启动

早在2004年广州开始启动事业单位聘用制，全市93%的事业单位内有近13万工作人员签订了聘用合同。2010年1月9日，广州市事业单位岗位管理改革全面启动，4000多个事业单位共20多万人以岗位管理代替身份管理，由固定用人转向合同用人。

2011年9月20日，广州市委、市政府发布《广州市事业单位分类改革实施意见》。事业单位根据社会功能划分为行政类、公益类和经营服务类三个类别。其中，公益类事业单位又具体划分为公益一类、公益二类、公益三类。根据不同类别的特点，实施不同的改革方式和措施。2016年6月17日，广州市人力资源和社会保障局、中共广州市委组织部印发《关于全面深化事业单位人事制度改革的指导意见（2016—2020年）》的通知，全面推行聘用合同制度，完善竞聘上岗制度，进一步打破事业单位工作人员的“铁饭碗”。事业单位应当与工作人员签订聘用合同，通过聘用合同规范单位和工作人员的人事关系，建立起以合同管理为基础的用人机制。健全领导人员选拔任（聘）用制度，改革考核方式，把考核结果作为加强领导班子建设和对领导人员选拔任用、培养教育、管理监督、激励约束的重要依据，完善事业单位专业技术、管理、工勤技能三类岗位之间交叉竞聘制度，畅通内部人才交流渠道。探索灵活的事业单位工资制度，建立健全以多劳多得、优绩优酬为导向，符合事业单位特点、体现岗位绩效和分级分类管理的事业单位绩效工资分配制度。

广州南站开通运营

2003年11月，广东省与铁道部签署了《关于加快广东省铁路建设等问题的会谈纪要》，确定广州南站选址番禺区钟村镇石壁村。2004年8月，广州南站获国务院正式批准立项，12月30日动工兴建。2010年1月30日，广州南站正式开通运营，投入使用。

广州南站总建筑面积61.5万平方米，站房面积48.6万平方米，设15站台、28站台面、28股道，自下至上分为B1层（地铁站、停车场）、1F层（进出站层、购票层）、2F层（高架站台层、东落客平台）和3F层（高架候车层、西落客平台）共四层。广州南站是连接京广高速铁路、广深港高速铁路、广珠城轨、贵广高速铁路和南广快速铁路及北京、上海、武汉、深圳和香港的综合交通枢纽，与广州站、广州东站和广州北站组成全国四大铁路客运枢纽。广州南站经停车次数量位列全国第一，超越上海虹桥站及北京南站等特大型车站。2017年春运期间，该站到发旅客1474.34万人次，日均到发36.86万人次，最高峰值44.62万人次，单日最高发送量为23.99万人次，单日最高到达量为27.39万人次。2017年暑运期间，该站到发旅客2753.61万人次，日均到发44.67万人次，最高峰值51.74万人次，单日最高发送量为25.67万人次。

广州确定为中国五大中心城市之一

2010年2月4日，在城乡建设部编制的《全国城镇体系规划》中，广州与北京、上海、天津、重庆一起首次被确定为中国五大中心城市。2011年2月，国务院批复原则同意《广州市城市总体规划（2011—2020年）》。在全新的蓝图中，广州被定位为“广东省省会、国家历史文化

名城，我国重要的中心城市、国际商贸中心和综合交通枢纽”。国家中心城市的定位更进一步增加了“重要的”作为前缀。

广州被确定为国家中心城市以来，始终坚定践行新发展理念，认真落实创新、协调、绿色、开放、共享的发展理念，顺应城市发展规律，坚持经济、社会、人口、环境和资源相协调的可持续发展战略，扎实推进国家重要中心城市建设。率先部署建设枢纽型网络城市，聚焦国际航运、航空和科技创新三大战略枢纽和国际综合交通枢纽，构建面向全球的贸易、投融资、生产、服务网络。例如：立足南沙新区、广州港建设国际航运枢纽；立足广州临空经济示范区建设国际航空枢纽；以广州高新区、中新广州知识城、琶洲互联网创新集聚区等为重点，加强创新能力开放合作，建设国际科技创新枢纽；立足国家重要中心城市建设国际综合交通枢纽，系统推进空港、海港、铁路、地铁、高快速路等交通基础设施建设；建设覆盖全市的绿色生态网络；制定实施城市更新“1+3”政策；深入推进立体化社会治安防控体系建设；推进“21世纪海上丝绸之路”建设行动计划；等等。

中山大道BRT试验线开通运营

2004年底，广州市有关部门开始着手对广州首条公交快速系统（BRT）进行研究、考察、论证和规划，2008年底BRT开工建设，于2010年2月10日正式建成通车，是当时亚洲第一大、世界第二大的快速公交系统。广州BRT修建速度快，造价却是广州地铁系统的1/10。

广州BRT西起天河体育中心，东至黄埔夏园，全线总长22.9千米。高峰期每小时单向客流约2.5万人次，是亚洲其他BRT系统运量的两倍以上。试验线建成后，公交专用道内公交车辆的车速从平均11千米/小时提

高到20千米/小时，非公交车的车速也有较大提高，以天河城到岗顶路段为例，车速从原来的13千米/小时提高到（31～38）千米/小时，有效缓解了天河中心区的交通压力。

广州BRT于2011年荣获可持续交通发展奖，为国内交通项目首获此奖者；2012年，广州BRT又荣膺联合国应对气候变化“灯塔奖”；2013年被评为BRT系统“金牌标准”，成为亚洲唯一被评为“金牌标准”的BRT系统。

增城经济技术开发区设立

增城经济技术开发区创建于1988年，2006年升级为省级经济技术开发区。2010年3月21日，经国务院批准为国家级开发区，是广州三大国家级开发区之一。该开发区设有先进制造业基地、广东侨梦苑、广州东部新能源汽车产业基地、增城开发区LED产业园、广东省太阳能光伏产业园、阿里巴巴华南（增城）电子商务产业生态园、增城开发区（石滩镇）研发创意产业园等七大功能区。落户的重点企业有广汽本田、北汽集团、日立汽车系统、广州电装、五羊本田、豪进集团、康威运动、阿里巴巴华南物联网运营中心、广本研发中心、工信部电子五所总部新区、南方电网超高压国家工程实验室等。

2016年，广州市人民政府与富士康科技集团子公司堺显示器制品株式会社签署了《第10.5代显示器全生态产业园区建设项目合作框架协议》，富士康第10.5代显示器全生态产业园落户增城开发区。该项目是继思科、中远海运、通用电气生物园等项目后，又一个落地广州的巨型项目，也是改革开放以来广州引进的单个规模最大境外资本投资项目。该项目一期总投资约610亿元，2017年3月动工，于2018年6月封顶并进行设

备安装调试，计划于2019年6月完工，预计达产后年产值约920亿元。

2017年，该开发区完成规模以上工业总产值1124.32亿元人民币，增长17.87%；全口径税收收入90.07亿元人民币，增长29.81%；固定资产投资首次突破百亿级，全年完成126.35亿元人民币，增长145.22%；全年完成限上商品销售总额1117.11亿元人民币，增长48.35%；利用外资实现倍数增长，其中合同利用外资19.03亿美元，增长229.35倍，实际利用外资1.53亿美元，增长4.27倍；进出口总额34.85亿元人民币，增长1.8%。

持续推进中新广州知识城建设

中新广州知识城选址在广州科学城北区（今黄埔区九龙镇），规划面积123平方千米。2010年6月30日，中新广州知识城奠基。中新广州知识城划分为南、中、北三大区块，还细分了多个产业园区。南区为智能装备及检验检测区；中区是知识产权保护与服务集聚专业园区、人工智能岛等；北区有近40万平方米的规划用地聚焦生物医药产业。此外，还有物联网与新材料产业园区、芯片半导体产业园区等。

中新广州知识城作为产城融合样本有别于一般产业园，特别注重“宜居”和“宜业”的平衡以确保整个园区的产城布局更加合理。在教育配套上，知识城南洋华侨中学、广州实验中学先后确定落地，凤凰湖小学建成开学；南方医院知识城分院等项目落地，标志着医疗这一生活要素得到落实。交通方面，“五轨四高四快”对外高快速交通体系将贯穿整个知识城。地铁14号线中新广州知识城支线即将开通，届时从中新广州知识城到广州中心城区的交通更加便捷。此外，中新广州知识城还在谋划四条高速地铁专线，分别往白云国际机场、广州东站、南沙以及位于增城的广州第二机场，全程用时均在15分钟内。至2017年，中新广

州知识城累计注册企业近500家，累计注册资本超过800亿元。

白云机场综合保税区设立

2010年7月24日，正式批复同意设立广州白云机场综合保税区。这是国家批准设立的第10个综合保税区，是全国面积最大的空港型综合保税区。

白云机场综合保税区位于广州空港经济区内，总规划面积7.385平方千米。一期封关面积1.65平方千米，于2014年4月17日通过海关总署等国家十部委联合验收，并于同年7月29日封关运作。综合保税区分为中区、北区和南区。中区位于白云机场北端，重点发展临空指向性强、附加值高的保税物流、航空维修、飞机租赁、高端商品保税展贸、文化创意等业务。北区位于花都区花东镇，依托其周边现有物流仓储的产业基础，重点发展B2B2C（电子购物平台模式）跨境电商、医药分拨等业务。南区位于白云区钟落潭镇，依托其紧邻广州国际健康产业城和临近主城区的特点，重点发展生物医药、医疗器械及电子信息的研发制造、高端商品保税展贸、B2B2C跨境电商、航空培训等业务。2017年，白云机场综合保税区已入驻各类企业350多家，业务涵盖保税物流仓储及配送、跨境电商、加工、代理报关等行业，进出口总额约155亿元，较2014年增长105亿元，增长210%，年平均增长70%。

广汽首款自主品牌车型“传祺”下线

2010年9月3日，广州汽车集团股份有限公司自主品牌乘用车厂生产的首款自主品牌乘用车“传祺”下线，标志着广州市汽车产业发展进入

创新发展自主品牌的新阶段。

广汽传祺已陆续推出传祺GA4、GA5、GA6、GA8、GS4、GS5 Super、GS8、GS7、GS3及GM8等传统车型及GA5 PHEV、GA3S PHEV、GS4 PHEV、GE3等新能源车型，实现了传统动力汽车和新能源汽车的完整布局。构建了以广汽全球研发网、世界级生产方式、全球供应链体系、广汽营销方式为核心的世界级造车体系，走出了一条“定位高端、品质优先、创新驱动”的发展路径。同时，广汽传祺SUV与轿车销量从2011年的1.7万辆到2017年的50.86万辆，保持了优质高速增长，发展速度和盈利水平均位居中国汽车品牌前列。据全球领先的市场研究机构J.D.Power发布的2017年中国新车质量研究（IQS）报告，广汽传祺连续五年位列中国品牌榜首，售后服务连续三年加冕中国汽车售后服务客户满意度自主品牌第一。2017年，广汽传祺在车市增速放缓的大环境下逆势上扬，全系列累计销量达50.86万辆，同比增长37%。不只跑赢整个市场大盘，更跑赢不少合资品牌。

2017年12月26日，广汽乘用车（杭州）有限公司工厂竣工，首款产品GA4正式下线，广汽传祺已形成覆盖珠三角、长三角、华中区域和“一带一路”经济带的产能布局。广汽传祺已在中东、东南亚、东欧、非洲、美洲等14个国家成功布局，初步构建起全球销售网络和服务体系。与此同时，广汽传祺已初步构建起体系完善的海外团队，并在北美设立研发中心。

西江引水工程建成通水

随着城市不断发展，流溪河上游来水量日益减少，广州西北部地区水资源供需矛盾日益突出。为了解决关系老百姓切身利益的饮水质量问

题，广州市西江引水工程人员经过两年的日夜奋战，于2010年9月29日终于迎来通水运行的历史性时刻，600万广州市民从此喝上优质的西江水。

广州市西江引水工程总投资概算为89.53亿元，取水设计规模为350万立方米/天，全程管线长71.6千米，是仅次于南水北调工程、上海青草沙水源地原水项目的全国第三大引水工程，列入国家《珠江三角洲地区改革发展规划纲要（2008—2020年）》“建立合理高效的水资源配置和供水安全保障体系”的重点建设工程。工程从佛山三水区思贤滘下陈村西江河段取水，由两条管径3.6米的主管引水至广州白云区鸦岗配水泵站后，其中242万立方米/天分别输送到江村水厂、石门水厂、西村水厂置换现有水源，余下108万立方米/天预留，以满足日后广州北部供水发展的需求。管线沿途跨越广州、佛山两市三区，途经36个行政村、110多个自然村，穿越京广、武广、广茂3条铁路，广肇、广三、西二环、广清、华南快速干线三期、机场高速6条高速公路，G321、西二环高速2条国道及15条主要市政路，9座大型桥梁与立交，2条主要航道及47条大小河涌。工程工期紧迫、任务重大，广州市水务投资集团组织各参建单位，屡次攻破多个技术难点，填补了多项国内外同类工程技术空白。

西江引水工程的建成，广州中心城区从此形成东江、北江、西江三江并举的优质水源新格局，提升了广州中心城区的供水质量，保障了城市供水安全。

完成污水治理和河涌综合整治项目

由于历史原因，珠江两旁很多地方的生活污水都是直接排放到河涌，然后再汇入珠江，尤其是一些城乡接合部，大小粪便未经任何处理直排河涌。流经城市的河涌收纳了城市生活污水，成了“排污沟”，又不截污，

涨退潮的时候直接流入珠江干流，河涌污染成为对珠江水质最大的威胁。

2008年12月23日，广州市政府出台《广州市污水治理和河涌综合整治工作方案》，投入486.15亿元开展污水治理和河涌综合整治，并且确立了774项具体工程，明确对2010年亚运会前污水治理和河涌综合整治工作实行各区（县级市）政府、市直各部门及各建设业主的一把手负主要领导责任，分管领导负直接责任，把污水治理、调水补水、河涌综合整治工作完成情况纳入政府、部门工作目标考核体系，并作为对各地、各单位有关领导任期考核的重要内容。

2010年9月底，经过一年多的整治，全市完成污水治理和河涌综合整治项目。调水补水效果明显，河涌水环境得到改善，水浸街改造工程经受住了特大暴雨考验。雨污分流和排污口整治取得新突破，有效制止违法排水和水污染现象。经过综合整治形成“一涌一景”的水景观特色，东濠涌、荔枝湾涌重现昔日美景。新增水边绿地面积586.56万平方米，河涌整治因地制宜，将堤防工程与生态景观、截污治污相结合，历史文化与自然景观相结合，改造成清洁、优美、舒适、人与自然和谐的具有历史文化内涵和岭南水乡特色的文化社区。

国内第一高塔建成

广州塔，又称广州新电视塔，昵称“小蛮腰”。塔身主体高454米，天线桅杆高146米，总高度600米，总建筑面积12.9万平方米，是中国第一高塔，世界第三高塔。广州塔位于海珠区（艺洲岛）赤岗塔附近，距离珠江南岸125米，与珠江新城、花城广场、海心沙岛隔江相望。广州塔于2005年11月动工，2009年9月竣工，2010年10月1日正式公开售票接待游客。

广州塔有5个功能区和多种游乐设施，包括户外观景平台、摩天轮、极速云霄游乐项目，有2个观光大厅、悬空走廊、天梯、4D和3D动感影院、中西美食、会展设施、购物商场及科普展示厅。塔顶设置发射机房和发射天线，用以发射电视、广播和微波信号。塔身168～334.4米处设有“蜘蛛侠栈道”，是世界最高最长的空中漫步云梯。塔身422.8米处设有旋转餐厅，是世界最高的旋转餐厅。塔身顶部450～454米处设有摩天轮，是世界最高的摩天轮。天线桅杆455～485米处设有“极速云霄”速降游乐项目，是世界最高的垂直速降游乐项目。天线桅杆488米处设有户外摄影观景平台，是世界最高的户外观景平台，超越迪拜哈利法塔的442米室外观景平台，以及加拿大国家电视塔447米的“天空之盖”的高度。广州塔荣获第三十七届日内瓦国际发明金奖及大会特别奖，荣获由中国建筑协会颁发的“2010—2011年度中国建筑工程鲁班奖”。

2011年，广州塔以“塔耀新城”被评为“羊城新八景”之一，成为城市新地标和广州深受游客瞩目的旅游景区。

世界首条全地下旅客自动输送系统开通

世界首条无人驾驶地下旅客自动输送系统——广州珠江新城旅客自动运输系统（简称APM线），于2010年11月8日14时正式开通试运行。APM线与轨道交通线路形成快捷方便的连接，线路总长约3.94千米，全部采用地下线路，共设9座车站，由北往南分别为林和西站（与三号线北延段换乘）→体育中心南站→天河南站→黄埔大道站→妇儿中心站→花城大道站→歌剧院站→海心沙站→赤岗塔站（与三号线主线换乘）。APM线采用庞巴迪CX-100车辆，为APM胶轮车，定员138人/辆，列车长12.8米，宽2.8米，高3.4米，重15吨。每节车厢两侧均设两组对开的外挂

门。列车最大行驶速度为55千米/小时。全线车站的站台均为岛式站台，站台有效长度为40米，两侧均设有屏蔽门。APM线路采用配套的庞巴迪CITYFLO 650控制系统，实现无人驾驶、移动闭塞等功能。最大运载能力为单向每小时4500人。APM线从7：00开始运营，23：00结束运营，其余时间用于线路和设备检修，节假日、举行重大活动时会延长运营时间。

成功举办第16届亚洲运动会

第16届亚洲运动会于2010年11月12日晚在广州海心沙岛开幕，国务院总理温家宝出席开幕式并宣布本届亚运会开幕。广州亚运会的办会宗旨是：弘扬奥林匹克和亚运精神，促进亚洲各国（地区）的团结、友谊和交流，致力于构建和谐亚洲。办会的理念是“激情盛会，和谐亚洲”。会徽以广州的象征——“五羊雕像”为主体轮廓设计，造型酷似火炬的五羊外形轮廓，象征着亚运会的圣火熊熊燃烧、永不熄灭，体现了广州的城市象征，又表达了广州人民的美好愿望。吉祥物为“阿祥”“阿和”“阿如”“阿意”“乐羊羊”，组成“祥和如意乐洋洋”，表达了广州亚运会将给亚洲人民带来“吉祥、和谐、幸福、圆满和快乐”的美好祝愿，也同时传达了本届运动会“激情、和谐”的理念。广州亚运会共设42项比赛项目，包括28项奥运会比赛项目和14项非奥运会项目，其中新增设的围棋、武术、龙舟、藤球、板球为中国传统项目。11月27日，亚奥理事会主席艾哈迈德·法赫德·萨巴赫亲王宣布第16届亚运会闭幕。来自亚洲45个国家和地区的近万名运动员刷新了3项世界纪录、15项亚洲纪录和27项亚运会纪录。中国体育代表团取得了199枚金牌、416枚奖牌的优异成绩，连续八届名列亚运会金牌榜首位。

本着“两个亚运 同样精彩”的指导思想，首届亚洲残疾人运动会（简称“亚残运会”）于2010年12月12日至19日在广州隆重举行。作为亚洲残疾人体育组织重组后举办的首届亚洲残疾人运动会，广州亚残运会见证了亚洲残疾人体育运动的新起点。约2500名运动员享受激情，顽强拼搏，描绘了一幅和谐、团结、友谊的壮丽画卷。广州人民当好东道主，以完善的无障碍设施，出色的赛事组织，人性化的服务，赢得了运动员、教练员和国际社会的广泛赞誉。亚残运会上，中国体育代表团取得了185枚金牌、391枚奖牌的优异成绩，名列金牌榜和奖牌榜首位。

圆满完成十年城市环境“大变”工程

1998年7月，中共中央政治局常委、广东省委书记李长春在广州城市建设现场办公会上对改变广州城市环境面貌提出“一年一小变，三年一中变，到2010年一大变”的要求。为完成这一城市生态环境建设目标，广州开展一系列的规划编制和建设活动。2000年，广州在全国率先开展《广州城市总体发展战略规划（2001—2010）》的编制，广州跨越式发展序幕就此拉开。2009年6月，中共中央政治局委员、广东省委书记汪洋对广州提出“天更蓝、水更清、路更通、房更靓、城更美”的具体要求，广州“到2010年一大变”目标进一步明确和细化，迎亚运的规划建设行动计划进一步深入展开。

到2010年底，广州共开展581项水环境综合治理工作，121条河涌全部实现截污和水生态修复，形成“一涌一景”的水景观特色，重新找回昔日岭南水城的记忆；广州空气质量优良率为97.6%，超过亚运会举办期间的空气质量优良率96%的保障目标。人居环境方面，广州共升级改造177条共483.63千米市政道路，修复社区道路路面407万平方米，新增和

改造绿地面积1681公顷，摆放鲜花5000万盆，82%困难家庭住房得到解决。交通方面，广州对道路交通拥堵严重的天河和同德围等地区开展专项整治，实施31项交通改善措施，整治后的天河和同德围等地区主要道路平均车速分别提高11%和46%。全市污水管网达2907千米，全市生活污水处理能力达465.18万吨/日，集中处理率提升到85%，其中中心城区近90%，每日减少直排珠江污水80万吨。广州“到2010年一大变”的目标全面实现。

建成1060千米绿道

2010年1月，中共广东省委十届六次全会作出建设珠三角绿道网的重大部署，提出要“一年基本建成、两年全部到位、三年成熟完善”的目标。广州市结合“山、水、城、田、海”的自然格局和人文历史资源，充分利用森林、田园、水体等生态资源，规划建设流溪河、芙蓉嶂、增江、天麓湖、莲花山、滨海等6条绿道，串联234个城市景观节点，42个亚运场馆，98个镇街，覆盖全市12个区和县级市，2010年，广州市完成1060千米的绿道建设。

广州绿道建设注重城乡绿化一体化，根据自身的资源和人文历史底蕴，发挥各自优势，营造出各具特色的城乡绿道。越秀区绿道串联老城区的传统市容与现代风情，体现“千年商都古韵，广府文化之源”的特色；荔湾区绿道凸显“水秀花香”“西关风情”的特色；海珠区打造“以水为脉、绕岛成环，以园为核、串联成网”的特色绿道网络；天河区绿道展现“活力天河，绿道有意”的建设理念；白云区展现以“山、河、湖、田、园”为主题的特色绿道；黄埔区以“滨江绿城，古港绿道”为主题，打造自然风光和人文历史特色的绿道；花都区突出山水田

园优势，形成生态人文绿道景观；番禺区展现“绿廊为脉，因岛成环，以环带面，以链串珠”的岭南水乡特色绿道；南沙区利用水道密布的特点，建设滨海特色绿道；从化市以“显山、露水、活村、秀城、营田、护林、舒路、亮点”为原则，建设山水田园特色绿道；增城市建设幸福市民、快乐游客、致富农民的绿道网络。

2011年

广珠城际铁路开通运营

2011年1月7日，广东省首条城际铁路——广珠城际铁路开通，结束珠三角西岸地区没有火车的历史，以200千米的时速连接“珠三角西岸”城市。

广珠城际铁路于2005年12月18日正式全线动工，总长144千米。其中广州至珠海拱北站长117.7千米；从小榄站引出支线至江门新会站长26.589千米。全线设22个车站，列车运行时速200千米。旅客来往广州—珠海、广州—中山、广州—江门间，旅行时间分别由此前乘汽车的150分钟、90分钟和110分钟，大幅缩减到41分钟、28分钟和53分钟。从广州南站出发，最快30分钟到达珠海北站。2012年12月31日，珠海北站至珠海站开通，广珠城际铁路全线贯通。

广珠城际铁路在广州南站与武广高铁、广深港、贵广、南广等多条高铁线路相连，实现互联互通。广珠城际铁路开通后，大大加强了广州与佛山、江门、中山、珠海的联系，对推动珠三角区域之间资源整合和

珠三角城市一体化发展具有十分重要的战略意义。

简政强区（县级市）事权改革

为适应市场经济条件下政府履行公共管理、公共服务职责的要求，进一步提高政府公共服务的质量和效益，不断满足人民群众对公共服务的需求，2011年3月30日，中共广州市委、市人民政府发布《关于简政强区（县级市）事权改革的决定》，进一步扩大区（县级市）政府在城市管理中的权限，扩大和落实投资审批和经济管理权，加大向区（县级市）政府下放社会管理事权的力度，同时优化垂直（双重）管理部门管理机制。6月1日，广州市正式启动简政强区（县级市）事权改革工作，向区（县级市）下放64项事权，涵盖了经济管理、城市管理和社会管理三大方面，重点围绕产业发展、规划建设、国土房管、项目投资、城市管理、市场监督、民生事业等领域，进一步向区（县级市）下放管理权限，结合广州城市发展总体规划和功能划分，根据区（县级市）发展水平和资源环境条件不同，实施差异化的区域事权改革。向区（县级市）下放大量的事权，赋予更大的经济社会管理权限，调动了区（县级市）的积极性，是推动城市建设和管理上水平之举。此次大规模地向下放权，全市性地统一全面推进，改革有思路、有方案，也有配套政策，在全国是一次创新。

加快广州北部山区镇发展

改革开放以来，广州经济高速发展，2010年经济总量首次突破1万亿元大关，成为继上海、北京之后第三个进入地区生产总值万亿元的城市。

但是广州北部山区部分农村经济发展仍较落后、贫富差距较大，城乡发展不平衡。2011年3月2日，广州市委、市政府出台了《关于加强我市农村扶贫开发工作的实施意见》，对加快北部山区镇发展作出了全面部署，采取“一区帮一镇、名企扶一镇、百企助百村”对口帮扶举措，由花都、萝岗、海珠、黄埔、荔湾、番禺、天河、越秀8个区，分别对口帮扶梯面、鳌头、温泉、良口、吕田、派潭、正果、小楼8个北部贫困镇。全市组织党政机关、事业单位、国有企业和各有关区，对全市的贫困村、贫困户进行“规划到户、责任到人”的帮扶。市、区（县级市）两级财政按上年度财政一般预算收入的1%资金专项用于扶贫开发工作。至2012年底，8个山区镇纳入帮扶的2836户扶贫户全部脱贫，家庭人均纯收入达到10 700元；8个山区镇财政总收入水平达到65 505万元，比2010年增长46.65%；超过96%的山区自然村实现通电、通电话、通有线电视、通路灯、通洁净水、通硬底化道路，改善了山区镇基础设施和生产生活条件。

2017年，市本级投入21.5亿元扶贫援建资金。其中投入7.2亿元市内新农村建设资金，加快推进美丽乡村和特色小镇建设，建设完善区级政务服务中心11个，镇（街）级公共服务中心170个，村（社区）级公共服务站2684个，推进全市1144条行政村人居生态环境综合整治和建设社会主义新农村示范村。农村泥砖房和危房改造两项惠民工程有序推进，基础公共服务设施建设进一步提升，社会事业和民生保障进一步改善，造血功能和自我发展能力进一步增强。

实施城市生活垃圾分类管理

面对日益增长的生活垃圾产量和环境状况恶化的局面，如何通过垃圾分类管理，最大限度地实现垃圾资源利用，减少垃圾处置量，改善生

存环境质量，是当前世界各国共同关注的迫切问题之一。广州市从2000年开始探索试点生活垃圾分类，2010年逐步推广实施。2011年4月1日，国内第一部城市生活垃圾分类管理的政府规章《广州市城市生活垃圾分类管理暂行规定》正式施行，全文共30条，规定了垃圾分类适用范围、保障措施、收集容器的设置和维护、分类过程操作要求和管理要求、监督管理、举报和投诉以及法律责任等，标志着广州市城市生活垃圾分类工作进入一个规范化、法制化的新阶段。

2015年9月1日，《广州市生活垃圾分类管理规定》（简称《规定》）正式施行，《规定》共9章62条，不仅将适用范围扩大到全市的行政区域（包括农村），并且构建了“源头减量、分类投放、分类收集、分类运输、分类处置”的全流程监管体系。同年，成功创建全国第一批生活垃圾分类示范城市。2017年9月，广州市城管部门选取100个小区推行生活垃圾强制分类制度。2018年3月30日，《广州市生活垃圾分类管理条例》经广东省第十三届人民代表大会常务委员会第二次会议审议通过，自2018年7月1日起施行。中央电视台《焦点访谈》栏目以《广州：垃圾分类有“法”了》进行专题报道，使“垃圾分类”成为在全国层面提升广州形象的关键词。经过全市上下、各级各部门的共同努力，广州逐步建立起垃圾分类投放、分类收集、分类运输、分类处理体系，初步探索出一条具有特大型城市特点和广州特色的垃圾分类路子。

实施“菁英计划”

为贯彻落实“科教兴市”和“人才强市”战略，加强战略性人才储备，满足建设创新型城市对人才的需求，2011年4月2日，中共广州市委组织部、市发改委等六部门联合印发《广州市“菁英计划”留学项目实

施办法（试行）》。该项目瞄准广州市经济、社会发展的重点领域，每年选派并资助广州地区具有博士学位授权点的高校、科研院所的在册优秀学生，到教育、科技发达国家和地区（不含港澳台地区）公认的一流高校（综合实力世界排名前300名的大学）及其相关专业，师从国际学术界有较大影响力的导师攻读博士学位或进行联合培养，学成回国后服务广州。

2011年7月26日，国内首个地方公派留学项目广州“菁英计划”实施。经过组织资格审查、学科专家评议、领导小组审定、项目公示，共有39名留学人员获得选派资助，其中，攻读博士学位9人，联合培养博士生30人。留学国家包括美国、英国、荷兰、瑞典、澳大利亚、法国、日本、新加坡、以色列等9个国家，广州市为此项目安排专项资金1300多万元。至2017年，“菁英计划”共派出200人到海外留学，共有100多人完成学业，回广州创业就业，主要分布在生物医药、新一代信息技术等新兴行业。

城区交通改善工作全面启动

随着经济发展、城镇化进程加快以及居民购买力的大幅提高，城市人口逐年快速增长，机动车数量膨胀式增加，尤其是小轿车的无序发展、过度使用，加剧了交通拥堵，交通供需矛盾日益突出。2011年8月1日，广州市召开“路更畅”新闻发布会，正式公布《广州市关于改善中心城区交通状况的工作措施》，提出包括“公交优先”发展战略在内的30条具体措施，全面启动广州新一轮交通改善工作。

经过多年的不懈努力，广州市公共交通已基本建成“以轨道交通为骨干，常规公交为主体，水上巴士等其他交通方式为补充”的立体公

共交通体系。2013年底，广州成功入选国家“公交都市”创建城市。至2017年，广州市公交优先发展政策体系得以不断完善和落实，公共基础设施建设、运营保障能力和服务水平显著提升。一是轨道交通运能运力持续提升，运营线路达11条，运营里程达316.7千米。二是公交线网不断优化完整，覆盖面积不断扩大，全市公交线路达1207条，基本形成了“干、支、微”三层次公交网络。三是进一步推广清洁能源和新能源应用，推动“绿色公交”，累计更换节能与新能源（含纯电动车、插电式混合动力车、非插电式混合动力车及LNG）公交车7833台，占全市公共汽电车车辆总数的54%。四是以信息化改造传统交通，全面升级推广“行讯通”综合交通信息服务和微信公众号，公交行业管理和服务水平得到大幅提升；“行讯通”总用户达600万以上。

成功创建全国文明城市

1998年，广州在全国特大城市中率先提出创建国家环境保护模范城市和创建全国文明城市（简称“创文”）的决定。2002年3月26日，广州市召开创建文明城市工作会议，广州市政府向各区政府颁发《2002年度城区环境综合整治和城区景观工程建设任务书》。2004年6月，“创文”真正进入广州市委、市政府的议事日程，《广州市精神文明建设工作要点》公布。2005年，中央文明委正式启动第一批“全国文明城市”评选工作，广州市申报参评，但未进入广东省文明委的推荐名单。

2006年，广州市提出同步推进创建全国文明城市、国家卫生城市、国家环境保护模范城市、国家园林城市、国家森林城市和中国最佳旅游城市。同年11月20日，广州市创建国家环境保护模范城市通过国家考核验收。同年12月，市委、市政府提出在空间战略“南拓、北优、东进、

西联”的基础上，实施“中调”战略；疏解密度，改善人居，提升功能，优化环境，保护传统，凸显文化，使中心片区成为珠三角乃至更大地域范围的区域服务中心。2007年3月3日，“迎亚运、讲文明、树新风、促和谐”全民行动暨文明交通宣传整治活动正式启动。7月15日，沙河涌、猎德涌、黄埔涌、车陂涌、乌涌、花地河、大沙河7条河涌的综合整治全面铺开。10月28日，广州市获“国家园林城市”称号。2008年，广州市获“国家卫生城市”“国家森林城市”称号。同年，广州市第二次申报参评“全国文明城市”，结果再次落选。

2009年，广州第三次启动创文工作，每月围绕一个主题组织开展创建全国文明城市主题月实践活动；4月29日，印发《广州市2009—2011年创建全国文明城市工作规划纲要》《广州市创建全国文明城市工作达标责任分解表》。2010年，广州市强力推进城市公共文明建设。2011年3月28日，广州市召开精神文明建设表彰暨创建全国文明城市动员大会，开展环境卫生、市容市貌、公共卫生等12项专项整治行动。同年4月，广州市第三次申报参评“全国文明城市”，以全省第一名的成绩获得参评“全国文明城市”资格。同年9月19日至24日，全国文明城市测评组对广州市创建全国文明城市工作和未成年人思想道德建设工作进行综合测评。2011年12月20日，全国精神文明建设工作表彰大会在北京召开，广州入选“全国文明城市”。历经13年矢志不渝的努力，广州市创建全国文明城市工作取得圆满成功。

广深港高速铁路广深段开通运营

2011年12月26日，广深港高速铁路广深段正式开通。广深港高速铁路，是广州市、深圳市经由香港西九龙的一条高速铁路，也是中国“四

纵四横”客运专线中，京广高速铁路至深圳、香港的延伸线，为珠三角城际快速轨道交通网的骨干部分。列车时速中国内地段可达350千米，香港段为250千米，广州至香港行车距离142千米，全程行车时间约为30分钟。2015年12月，深圳北至福田段开通。2016年11月18日，总长26千米的广深港高速铁路香港段宣告全线贯通。

广深港高铁的修建，激活了整个高铁网络。广深港高铁通过广州南站可实现与武广高铁、广珠城际等高铁、城际铁路的无缝换乘，为乘高铁南下的北方旅客前往香港提供极大的便利，也为广珠城际沿线的珠三角城市居民前往香港提供快捷的轨道交通方式。对于东莞、深圳等沿线城市而言，广深港高铁的意义不仅是通往香港的交通工具，而是使得沿线城市与广州南站相连接，从而纳入全国高铁网络，沿线城市的市民可以在当地就享受到全国高铁网络和珠三角城际轨道交通的便捷。这条线路建成通车之后，对增强内地与香港间的经济协作和人员往来将发挥重要作用。

2012年

全国首部水务管理地方性法规实施

广州市水务改革走在全国前列。2008年，广州市顺应新形势，大力实施水务改革，成立了广州市水务局，将涉水职能统归该局，职能涉及城市供水排水、农村水利、大江大河防汛防洪，实现了水务的城乡统筹一体化管理。2012年5月1日，全国第一部关于水务管理的地方性法规《广州市水务管理条例》（简称《条例》）正式实施。《条例》严禁商业行为和房地产开发占用河道、河涌、湖泊、山塘、水库水域。面对城市道路标高不断“垫高”，造成周边区域标高相对降低，人为地制造“锅底地”，《条例》第三十四条规定，新建、改建、扩建的市政道路，建设单位不得擅自抬高地面标高。《条例》规定任何单位和个人不得采取私设暗管等规避监管的方式向河道、河涌、湖泊、山塘、水库、灌溉渠等水体排放污水和废水。新建、改建、扩建的建设项目需要配套建设排水设施的，应当根据排水规划采取雨污分流、地表径流控制和雨水综合利用等工程措施。《条例》规定，在河道、河涌管理范围以及湖

泊、山塘、水库、堤围等水工程管理范围内建设的码头、道路等建筑物、构筑物，涉及河道、河涌以及水工程防洪功能的，其所有人或者实际使用人应当加强养护和管理，并依法承担防汛抗洪义务，服从防洪、排涝、抢险的统一指挥。《条例》在水资源、水域、水务管理等方面都作出创新，其中地表径流控制制度更是首次在地方性法规中确立。

在全国率先全面铺开社会组织直接登记

广州自2006年起开始社会组织直接登记改革探索，历经起步、逐步深化、全面实施、立法保障阶段。

2006年3月1日起，广州市取消行业协会业务主管单位，改为直接向登记管理机关申请成立登记，选择比较活跃、改革风险比较小的行业协会作为登记改革试点。2009年起，广州市逐步将科技类、体育类、社会工作类民办非企业单位和公益服务类、工商经贸类社会团体以及地市级异地商会业务主管单位改为业务指导单位，实行由民政部门直接登记。2012年1月1日起，除依据国家法律法规须前置行政审批的社会组织外，行业协会、异地商会、公益慈善类、社会服务类、经济类、科技类、体育类、文化类等八类社会组织可直接向登记管理机关申请登记。

在认真总结社会组织起步阶段、逐步深化阶段的做法和完善监管措施的基础上，广州市自2012年5月1日起，在全国率先全面铺开社会组织直接登记。即除依据国家法律法规须前置行政审批外，社会组织直接向登记管理机关申请登记。为巩固和深化广州市社会组织登记管理改革成果，广州市在全国地级以上城市率先以政府规章形式制定出台《广州市社会组织管理办法》（简称《办法》），从2015年1月1日起实施。《办法》巩固和深化了2012年以来广州市社会组织直接登记改革成果，在社

会组织登记成立、年检制度、内部治理等方面取得有效突破，进一步降低了社会组织成立条件，将社会团体会员数量降至15个以上，取消社会团体和民办非企业单位（基金会除外）的注册（开办）资金要求，放宽社会组织住所要求，将社会组织年度检查改为年度报告，系列改革措施受到社会各界广泛关注，得到社会组织的一致认可。

至2017年底，广州市共有社会组织7445个，其中社会团体2977个，民办非企业单位4424个，基金会44个，基本形成种类齐全、布局合理、结构优化、运作规范、作用明显的社会组织发展格局。

“通程航班”业务率先启动

2012年6月15日，广州海关隶属白云机场海关在全国率先启动“通程航班”监管模式，中国南方航空股份有限公司（简称“南方航空”）成为海关总署批准的首批试行“通程航班”监管模式的航空公司。所谓通程航班联运，主要是指旅客托运行李“一站式”直挂服务，旅客只需在始发站托运行李，除个别托运行李在中转站由海关按规定开箱查验外，中途一般无需跟进，即可在目的站取行李。“通程航班”试行后，白云机场享受免提中转托运行李服务的通程旅客从2012年的45.8万人次增长到2016年的174万人次，年均增长率达到42%；通程行李量从2012年的48.1万件增长到2016年的202.4万件，年均增长率达到46%。

“通程航班”在给旅客提供通关便利的同时，也给旅检口岸在“人、物分离”的情况下实现有效监管带来新的挑战。海关通过研发行李预检追踪系统，使用信息化管理系统，设置国际中转候机厅和海关查验区，设置中转行李暂存仓等方式，实施有效监管。“通程航班”监管模式推行，促进了白云机场的中转港建设，提升了白云机场和南方航空

在国际航空市场的竞争力。截至2015年7月31日，白云机场海关共监管通程航班68 136架次，监管通程旅客321.05万人次，监管通程行李363.61万件。

2017年3月1日，广东省机场集团公司、中国南方航空股份有限公司、广州海关举行全面开展“通程航班”业务启动仪式。此后经广州白云机场中转的南方航空所有国际航班旅客，均可享受“通程联运、行李直挂”的便利。

国内首个民间金融街开业

2012年6月28日，国内首个民间金融服务机构集聚区——广州民间金融街在长堤大马路正式开业。

经过几年的发展，广州民间金融街园区的民间金融业态不断丰富，从原来的小贷“一枝独秀”，发展为互联网金融、融资租赁、典当、股权投资、金融文化产业等“百花齐放”，成为国内外知名企业、行业龙头涉足金融或拓展金融板块的重要布局板块，辐射效应增强。2016年，广州民间金融街成为唯一获得“全国民间金融产业知名品牌创建示范区”的民间金融产业运作平台，并率先开展小额贷款公司行业监管改革创新试点，境内外企业均可在金融街规划范围内设立小额贷款公司，优质企业可独资设立小贷公司。其中一大亮点为在金融街可设立互联网特色小贷公司，突破区域限制，可在全国范围内放贷。

至2017年5月，越秀区集聚“互联网+金融”机构94家，涵盖互联网小贷、金融科技、互联网征信数据等产业类型，集聚各类民间资本近400亿元，累计为超过100万户的中小微企业和个人客户提供融资超5000亿元。成功吸引万达集团、恒大集团、保利集团、绿地集团等7家世界500

强企业，以及16家中国500强作为主发起方设立的互联网小贷公司落户金融街园区。

广佛肇清四市共治珠江水系

珠江水系包括东江、西江和北江等支流，西江和北江分别流经肇庆、清远，两江交汇于佛山并从佛山流经广州。随着经济的快速发展，珠江面临的环境生态问题日益严峻，治理和保护好珠江成为广佛肇清四市的迫切使命。

2012年7月7日，广州、佛山、肇庆、清远四市签署《广佛肇清四市联合治水行动纲领》（简称《纲领》），开始联手共治珠江。《纲领》明确，四市将强化协同治水责任意识、强化饮用水源安全保护、强化产业结构和布局优化、强化环保监督执法力度、强化污水处理设施建设、强化发动广泛宣传教育。为切实推进珠江治理活动落到实处，四市明确建立珠江保护联盟，开展两大工作。一是各市抓好自己片区的水域治理与保护，尤其要把各自的污水截住并处理好，以“清洁的片区”组建成“美丽的珠江”。二是加大跨界水域联合治理与保护，尤其是抓好片区接合处水域整治，确保珠江治理与保护不留死角。建立跨界水污染联防联治机制，每半年开展一次跨界污染联合执法活动，针对有可能造成跨界污染的企业、工业园区、工业集中区域、农业面源、流动源，共同商议确定联合执法范围等。举办“爱我珠江亲水节”活动，强化治水宣传。此项活动每年举办一次，由四市轮流主办，首届于2012年7月7日在广州举办。通过广州、佛山、肇庆、清远四市合力行动，全面提升区域水环境质量，促进流域内城市可持续发展。

实现城乡居民社会养老保险全市全覆盖

广州市积极开展城乡居民养老保险扩面参保工作，不断提高城乡居民养老保险基础养老金，加大资助弱势群体参保资助力度，充分发挥社保政策的托底作用。2006年开始，广州从解决当时最为迫切的“农转居”人员养老保险入手，逐步推进覆盖城乡全体居民养老保险的体系建设工作。2012年8月8日，《广州市城乡居民社会养老保险试行办法》颁布施行，政策覆盖本市户籍城乡非从业居民，社会养老保险制度实现了全市全覆盖。2014年12月，广州市对原城乡居民社会养老保险办法进行修订，出台实施《广州市人民政府办公厅关于印发广州市城乡居民基本养老保险实施办法的通知》，建立健全城乡居民社会养老保险缴费激励制度和基础养老金正常调整机制，城乡居民社会养老保险制度不断完善，城乡居民养老保障水平不断提高。

至2017年12月，广州市共有125.57万城乡居民参加城乡居民社会养老保险，参保完成率达到100%，达到“制度全覆盖”迈向“参保对象全覆盖”的目标。城乡居民社会养老保险工作开展以来，广州多次提高养老金待遇，平均养老金从2009年的279元/月逐步提高至2017年的633元/月，基础养老金也从80元/月提高至202元/月，全市42万城乡居民享受养老金待遇。

医疗救助体系逐步完善

《广州市医疗救助试行办法》《广州市重特大疾病医疗救助试行办法》，于2012年9月1日起在广州市正式实施。普通门诊救助统一提高到每人每月100元，取消了困难群众医疗救助起付标准，困难群众住院费

用报销比例提高到90%，年度限额从3万元提高到4万元；增加了资助参保的种类；增加了对门诊特定项目疾病的二次救助；减少了审批环节，免除了困难群众住院押金等。本市困难群众和因病致贫的居民在享受社会医疗保险待遇后，每人每年最高的医疗救助可达14万元。广州市多层次、广覆盖的医疗救助体系逐步建立。

2016年3月1日起施行新修订的《广州市医疗救助办法》。实施新的医疗救助政策后，困难群众医疗救助年度救助限额从原来的每人每年最高可达33万元增加到35万元，其中包括：门诊慢性病、门诊特定项目、住院救助15万元；临时医疗救助2万元；商业保险医疗救助15万元；慈善医疗救助3万元。新的《广州市医疗救助办法》较2012年实施的《广州市医疗救助试行办法》，在救助范围、救助标准、救助比例上都有提高，同时还明确了外来人员医疗救助等方面的内容。2017年，广州市实施补充医疗救助，投入600万元为全市困难群众购买团体健康专项综合保险，为83.55万人次提供医疗救助金共4.84亿元。

全国率先完成并公布全域功能规划

2012年11月4日，广州各区域功能布局规划详情首次公布，是全国率先完成全域功能规划的城市。

此次规划按照“以人为本、创新驱动、协调发展、国际视野、低碳智慧、岭南特色”六大指导原则，充分吸收理想城市理论和伦敦、东京、纽约的多中心组团式网络型空间结构、“精明增长”、“零碳城”的先进经验，以国际先进城市为坐标系，深入分析广州特大城市的具体实际，整合优化全市域7434平方千米的空间资源。依据规划，广州划分为6个功能区25个功能组团。其中6个功能区分别是：一个都会区，包括

越秀区、荔湾区、海珠区、天河区、黄埔区、白云区南部、萝岗区南部地区和沙湾水道以北地区。两个新城，指南沙滨海新城、东部山水新城。南沙滨海新城，包括南沙区和沙湾水道以南地区；东部山水新城，包括萝岗区北部地区和增城市的中新镇、朱村街道。三个副中心，则是指花都副中心、增城副中心、从化副中心。在6个功能区总体框架基础上，划分25个功能组团。各组团集中建设，就近布局居住和就业，实现紧凑集约、低碳高效的发展。

成功举办广州国际马拉松赛

2012年11月18日，首届广州国际马拉松赛在花城广场鸣枪起跑。2万名选手参加比赛，男女比例为7∶3。线路全程42.195千米，途经天河、越秀、荔湾、海珠四区，起点设在广州新中轴线的珠江新城，终点设在海心沙。经过紧张角逐，来自埃塞俄比亚的贝卡纳·达巴·托雷萨以2小时11分5秒的成绩获得全程马拉松男子组冠军，来自埃塞俄比亚的穆露·赛博卡·赛夫以2小时26分46秒的成绩获得全程马拉松女子组冠军。

广州国际马拉松赛是经国家体育总局、广东省政府和广州市政府批准，由国际田联和国际马拉松及公路跑协会备案的中国高水平马拉松赛，每年11月下旬在广州举办。历经五年的发展，形成了自己的特色。2015—2017年，广州马拉松赛连续三年荣获中国马拉松金牌赛事，还被人民网评为2016年中国马拉松最具传播影响力赛事，还被国际田联评为银标赛事，并作为改革开放代表城市入选由中国田径协会和中央电视台联合主办的《奔跑中国》系列赛。2017年，广州国际马拉松赛成为中国马拉松大满贯第一赛季创始成员赛事，被国家旅游局、国家体育总局公示为国家体育旅游精品赛事。

广珠铁路全线通车

早在1904年11月，清政府与葡萄牙在上海签订合作修建“中葡广澳铁路合同”，该铁路计划从广州修铁路经珠海进入澳门，后因种种原因没有付诸实施。1993年，国务院批准广珠铁路立项；1997年，广珠铁路开工；1999年，因资金缺乏被迫停工；2007年9月25日，国家发改委批复同意广珠铁路复工；2012年12月29日，广珠铁路正式建成通车，成为广州交通枢纽的重要组成部分。广珠铁路连接广州、佛山、江门、珠海四市，线路全长189.37千米，沿线9个车站，设计时速120千米，以货运为主兼顾客运，年运量6000万吨。

广珠铁路作为珠江三角洲西部地区的重要铁路，是缓解广州西向货流瓶颈、打通珠三角西翼海铁联运的一条重要通道。北接京广大动脉，向西承担广州铁路枢纽西北联络线的重任，向南连接珠海高栏港深水港，还将与新建的贵广铁路、南广铁路、沿海铁路和广州南沙港铁路四条铁路干线交会。广珠铁路的开通，使沿线的外贸企业或生产加工等各大企业大幅度降低了运输成本，同时进一步促进了沿线地方经济的发展。

南沙成为国家级新区

广州市南沙区，位于广州市最南端、珠江虎门水道西岸，是西江、北江、东江三江汇集之处，地处珠江出海口和大珠江三角洲地理几何中心，是珠江流域通向海洋的通道，连接珠江口岸城市群的枢纽，广州市唯一的出海通道，距香港38海里、澳门41海里。

1990年6月，南沙被确定为重点对外开放区域和经济开发区；1993年

5月12日，国务院批准设立广州南沙经济开发区。2011年，南沙开发写入《国家“十二五”规划纲要》。2012年，经过20多年的建设，南沙形成了汽车生产基地、造船基地和物流基地等临港产业体系，有了一定的经济规模，为后续发展奠定了良好的基础。是年9月6日，国务院批复同意《广州南沙新区发展规划》，南沙成为全国第六个国家级新区。南沙新区发展战略定位是：立足广州、依托珠三角、连接港澳、服务内地、面向世界，建设成为粤港澳优质生活圈和新型城市化典范、以生产性服务业为主导的现代产业新高地、具有世界先进水平的综合服务枢纽、社会管理服务创新试验区，打造粤港澳全面合作示范区。

2015年4月21日，广东自由贸易试验区南沙片区正式挂牌。依托自由贸易试验区战略，南沙在新一轮改革开放中勇于先行先试，着力打造“创新高地”，逐步形成“南沙模式”。在自由贸易试验区效应的带动下，南沙经济呈现蓬勃发展态势。2017年南沙实现地区生产总值1391.89亿元，同比增长10.5%，增速连续四年位列全市第一，市政府工作报告中以较大篇幅阐述“建设南沙城市副中心”，南沙将全面贯彻国家、省、市“十三五”规划工作部署，统筹推进国家新区、自由贸易试验区和广州南沙城市副中心建设，全面加快实现国家战略功能。

2013年

公办幼儿园招生面向社会电脑派位

2013年4月22日，广州市教育局印发《广州市2013年幼儿园招生工作意见》《广州市属公办幼儿园招生工作办法》，广州市首次实施市属公办幼儿园电脑派位招生。15所市属公办幼儿园70%的招生计划通过电脑派位实施。经网上报名、随机派位、资格审核、录取公示等流程，完成招生工作。全市报名幼儿5545人，录取654人，派位中签率为11.8%。2015年，广州市进一步完善改革方案，由各区各自摇号改为全市统一摇号，首次统一在广州招考网幼招服务平台进行网上报名和电脑派位。符合条件的每名幼儿最多能填报两个志愿，1所市属公办幼儿园志愿和1所区属公办幼儿园志愿。其中，小区配套公办幼儿园优先考虑业主子女入园，剩余学位进行电脑派位。“摇号入园”提高了家长们的公平感，提高了政府的公信力。2016年，广州市属13所公办幼儿园全部移交区属管理，从2017年起，不再组织面向全市的幼儿园摇号，幼儿园招生改由各区教育局通过摇号方式招生。

广州图书馆新馆成为广州文化地标

2013年6月23日，位于广州新城市中轴线的广州图书馆新馆正式对外全面开放。作为广州的文化地标之一，广州图书馆新馆建筑总面积9.8万平方米，分为地下二层、地上北楼十层以及南楼八层，是世界上最大的城市公共图书馆之一。广州图书馆新馆依托城市新中轴线景观，采用东西走向的“之”字形优雅布局，以“美丽书籍”为设计理念，突出层叠的建筑肌理，寓意着书籍的重叠和文化历史的沉淀，古朴大气。同时，广州图书馆新馆还融入骑楼等文化元素，中西合璧、多元共存，极具岭南建筑艺术特色。至2017年，广州图书馆新馆馆藏文献790万册（件），可供借阅的图书达400多万册，实现藏、借、阅、咨一体化格局。除传统的读者借阅区、藏书区外，广州图书馆新馆增设综合服务区、对象服务区、主题服务区、多媒体信息服务中心等功能区域。开放区域为北馆8—9楼以及南馆的1—6楼，包括多元文化馆、广州人文馆、亲子绘本阅读馆、语言学习馆等特色馆区。无线射频识别技术（RFID）、文献自动分拣系统、自助服务设备的投入，使高效精确的典藏管理和便捷服务得以实现。

自2013年正式开放以来，广州图书馆新馆总共接待3198万人次来访，按1400万广州常住人口计算，即5年间广州市民平均到馆2.3次。

广州获批72小时过境免签政策

自2013年8月1日起，在广州白云国际机场口岸对45个国家持有第三国签证和机票的外国旅客施行72小时过境免签政策。同年12月，扩大到51个国家，其中欧洲申根签证协议国家24个，欧洲其他国家共13个，美

洲国家6个，大洋洲国家2个，亚洲国家6个。广州成为继北京、上海之后获准实施过境免签政策的中国内地城市。

“过境免签”是指外籍人士从过境某国前往第三国时，不必申请过境国签证即可顺利过境，并可在短暂时间内停留。这一政策为外国游客来穗提供诸多便利，带动了广州的旅游消费，成为提升广州国际旅游目的地形象的助推器。广州市旅游局采取多项措施积极推进旅游工作。2013年8月6日，广州市旅游局、南方航空、白云机场和广之旅国际旅行社有限公司在白云机场举行首团欢迎仪式，邀请近20位符合政策要求的外国游客免费体验广州一日游，正式启动广州72小时过境免签旅游线路。

广州股权交易中心开业

2013年8月9日，广州股权交易中心开业仪式在广州科学城总部经济区举行。广州股权交易中心是根据国务院关于建设区域性股权交易市场工作安排、经广东省政府批准筹建的服务全省乃至全国的场外交易市场，由广东粤财投资控股有限公司、广州国际控股集团有限公司和广州凯得控股有限公司等大型国有企业在广州开发区发起设立，注册资金1.8亿元。广州股权交易中心首批会员单位有34家。其中，中国银行、光大银行、中国建设银行、中国农业银行等会员银行为广州股权交易中心挂牌公司提供3810亿元股权质押总体授信额度。

为降低企业融资成本和交易成本，切实服务实体经济，广州股权交易中心率先采用“先挂牌、后收费”商业模式，对挂牌企业不收挂牌费用，挂牌企业在成功融资或股权转让之后，再根据融资或流转交易金额收取一定比例的手续费。它首创“特色板块”导入政府扶持政策，与广

东省中小企业局、广州市科创委、广州市文广新局、广州市花都区政府分别建设“广东省高成长中小企业板”“广州市科技创新企业板”“广州市文化创意企业板”“广州绿色环保企业板”。至2017年底，广州股权交易中心累计实现融资和流转交易总额1933亿元（含全资子公司广州金融资产交易中心），挂牌展示企业规模国内领先。

率先实行商事登记制度改革的国家中心城市

2013年9月1日，广州经济技术开发区、南沙新区、珠江新城等6个区域启动商事制度改革试点工作，广州成为第一个实行商事登记制度改革的国家中心城市。

广州在全国率先建立商事登记信息管理平台，实现市、区两级347个许可审批部门信息共享，以及登记、许可、监管工作联动和无缝衔接。自运行以来，平台通过接入和统一两种形式，共接入市区级部门113家，其中市级部门34家，区级部门79家，有效实现各部门信息互联互通、资源共享，形成有力的后续监管链条。

2017年，广州市在全国率先推出“人工智能+机器人”全程电子化商事登记模式，创新使用人脸识别签名、智能地址比对、智能推荐经营范围等领先技术，做到申报、签名、审核、发照、归档、公示全程电子化，实现开办企业“免预约”“零见面”“全天候”“无纸化”即时办理，为企业提供ATM式的一体化自助办照服务，在全国引起较大反响。

截至2017年底，广州市深化“多证合一”改革，企业和农民专业合作社实行“十一证合一”，个体工商户实行“四证整合”，实现“一照一码”全覆盖。拓展“银商通”服务，将登记窗口延伸至全市852个银行网点。试行“容缺登记”，所有登记审批全流程3个工作日内完成，开办

企业设立登记1个工作日完成审批，换照、备案等8项简易登记事项做到当场审批，审批时效提速88%。

率先在全国实现三级政府“三公”经费全面公开

2013年9月13日，广州市属12个区（县级市）政府部门、164个街（镇）政府全部先后挂网公开“三公”经费［因公出国（境）经费、公务用车购置及运行费、公务接待费］决算，成为全国首个实现三级政府“三公”经费全面公开的城市。

自2008年5月《中华人民共和国政府信息公开条例》实施以来，广州率先在全国开启政府财政信息公开的“破冰之旅”，加大政府信息公开力度，回应社会关注。2012年，全市41个政府部门在官网公布了2011年部门决算，其中2011年部门“三公”经费决算实现全口径公开，广州成为全国首个公布“三公”经费的市级政府，开创全国先河。

为进一步规范“三公”经费的公开和监管工作，完善监督保障机制，形成规范工作的长效机制，广州市还研发并试运行“三公”经费管理电子监察系统，将全市67家市直单位的每月“三公”经费开支情况纳入系统监察范围。其中，监察内容包括公务出国（境）、公务用车、公务接待等开支明细情况。

“三公”经费的全面公开是推进政务公开的第一步，最大限度地保障并实现人民群众对政府工作的知情权、参与权和监督权，是广州市贯彻落实中央决策部署、打造法治政府、建设廉洁城市的重要举措，对推进政府预决算信息公开化，打造“透明预算”“阳光财政”，增强政府公信力，推动服务型政府的建设步伐具有深远意义。

首届世界广府人恳亲大会举行

2013年11月13日，由全球五大洲32个社团联合发起倡议，广东省广府人珠玑巷后裔海外联谊会、广州市侨办、广州市侨联共同主办的首届世界广府人恳亲大会在广州白云国际会议中心隆重开幕，来自全球39个国家和地区的347个广府人社团共计3000多名嘉宾参加开幕大会，其中来自海外和港澳台地区的嘉宾多达1716人，堪称全球广府人有史以来最大规模的聚会。

大会以“世界广府人、共圆中国梦”为主题，旨在凝聚世界广府人，助力复兴中国梦。开幕式同期进行了“十大广府杰出人物”和“十大广府杰出青年”的表彰，其中王锦辉、邓小颖、古润金、石汉基、红线女、苏志刚、李学海、欧初、萧德雄、翟美卿等10人获“十大广府杰出人物”称号，古巨基、冯珊珊、李慧琼、吴杰庄、岑钊雄、余威达、易建联、赵广军、袁玉宇、霍启刚等10人获“十大广府杰出青年”称号。大会期间举办了一系列文化交流活动，包括“广府文化论坛”“广府传统艺术品展览”“广府风情摄影大赛”“返乡之旅”等活动，增进广府人同祖、同缘、同语的亲密关系，凝聚广府力量，为世界各地的广府乡亲相互学习、交流信息、文化传承、联系合作搭建了新平台。来自海内外的专家学者和嘉宾齐聚一堂，共同围绕论题“广州：世界广府人共同的家园”各抒己见，交流分享研究成果，对传播岭南文化、弘扬广府精神具有重要意义。

广州成为全国首个公开行政权力清单的城市

2013年11月21日，广州市行政权力清单上线发布。行政权力清单包

括行政审批、行政处罚、行政强制、行政征收等八大目录3705项市本级行政职权事项。广州成为全国首个公开行政权力清单的城市。

清单涵盖了广州市48个行政单位共3705项市本级行政职权事项，包括行政审批387项、行政处罚3138项、行政强制63项、行政征收5项、行政裁决1项、行政给付2项、行政检查28项、其他行政事项81项。清单列出了各项职权的实施单位、职权名称和职权依据。其中，按照实施单位分类，广州市公安局的行政审批职权、行政处罚职权项目数最多，分别为45项和328项。清单也列出了一些“不常见”的职权。例如，广州市地铁总公司也具有行政处罚职权，分别为“对有碍城市轨道交通公共场所容貌和环境卫生的处罚”“对在禁止吸烟场所或者区域内违反控烟规定的处罚”两项。

广州市行政权力清单上线发布，标志着广州市建立权力清单制度、规范行政权力公开运行取得阶段性成效，对促进依法行政，实现“让人民监督权力，让权力在阳光下运行”，打造廉洁政府、建设廉洁广州具有重要的现实意义。

2014年

率先推进“三规合一”工作及村庄规划编制

2014年1月10日，广州市率先在全国超大城市中全面完成国民经济和社会发展规划、城乡规划、土地利用总体规划“三规合一”工作，实现了三个规划“一张图”管理、一个平台审批，形成覆盖市域和城乡的城乡规划体系。

早在2012年，广州市在全国特大城市中率先探索“三规合一”工作，先后在花都、白云、萝岗、天河、南沙五个区进行试点，探索并积累经验，形成全市“三规合一”工作的规范与标准。10月，广州市全面启动“三规合一”工作，并分三个阶段推进完成。2014年1月，广州市“三规合一”工作领导小组审议通过“三规合一”的“五个一”成果，即一张图、一个信息平台、一个协调机制、一个技术标准、一个管理规定。4月，广州市政府批转“三规合一”成果，要求市发改、国土、规划部门和各区（县级市）政府严格执行，以划定的各类控制线为依据，对规划编制和项目审批进行管控。在“三规合一”工作中，广州市在全国

首次创新性地提出以建设用地控制线、产业区块控制线、生态控制线和增长边界控制线为核心的“四线”管控体系，严格划定开发边界、控制生态敏感区、引导产业进园、协调建设用地规模与布局，并以“四线”的动态调整实现“三规”的动态协调。

至2014年底，按照“科学规划、适度超前、合理布局、分步实施”的原则，结合“三规合一”要求，完成52个镇（街）村庄布点规划编制，以及867个行政村（5257条自然村）村庄规划方案编制和审批，其中859个村庄规划已经村民代表大会表决同意，其他275个行政村纳入城市控规管理。2015年11月，广州市政府常务会议审议通过《广州市“多规合一”工作方案》，在“三规合一”成果的基础上，实现环保、教育、体育、卫生、林业园林、交通、市政、水务、环卫等多个部门的专业规划纳入全市“一张图”平台，构建各类规划定位清晰、功能互补、统一衔接的规划协调机制，强化空间指引。

新一轮行政区划大调整

2014年1月25日，国务院下发《关于同意广东省调整广州市部分行政区划的批复》。国务院同意撤销广州市黄埔区、萝岗区，设立新的广州市黄埔区，以原黄埔区、萝岗区的行政区域为新的黄埔区的行政区域，黄埔区人民政府驻萝岗街道香雪三路1号；撤销县级从化市，设立广州市从化区，以原从化市的行政区域为从化区的行政区域，从化区人民政府驻街口街道新城东路99号；撤销县级增城市，设立广州市增城区，以原增城市的行政区域为增城区的行政区域，增城区人民政府驻荔城街道惠民路1号。2015年5月29日，增城区正式挂牌运作。8月12日，从化区正式挂牌运作。9月1日，新设立的黄埔区正式挂牌运作。

区划调整后，广州市由原“十区二个县级市”变为“十一区”，广州市辖越秀、海珠、荔湾、天河、白云、黄埔、花都、番禺、南沙、从化、增城11个区，城区面积由3843.4平方千米扩大到7434.4平方千米，市辖总面积超过上海，“大广州”格局初现。此次区划调整扩大产业发展空间，实现优化布局，推进城市发展，为下一轮的区域经济发展集聚新的能量；对提升广州城市核心竞争力与辐射带动能力、实现资源共享、优势互补、协调发展，具有里程碑式的意义。

先行试点家禽“集中屠宰、冷链配送、生鲜上市”

为有效防控人感染禽流感疫情，减少病毒传播，维护公共卫生安全，促进家禽生产经营业转型升级，广州市在全省率先启动家禽“集中屠宰、冷链配送、生鲜上市”试点工作。2014年2月15—28日，全市禽类批发市场和农贸（肉菜）市场禽类交易区实行休市。休市期间，市场停止一切禽类销售，不得存放任何禽类。4月26日，广州市政府发布《关于广州开展家禽集中屠宰、冷链配送、生鲜上市先行试点工作的通告》。从5月5日起，在越秀区全区、荔湾区部分区域、天河区珠江新城、番禺区大学城共82个农贸（肉菜）市场298个活禽经营档口先行开展家禽生鲜上市试点。试点区域内禁止生鲜家禽产品经营者饲养、存放、宰杀和出售鸡、鸭、鹅、鸽等活禽。餐饮服务提供者的加工经营场所不得圈养、宰杀鸡、鸭、鹅、鸽等活禽。经过半年多的试点，防控效果良好，广州市疾控部门对生鲜市场和非生鲜市场进行了外环境H7N9禽流感病毒污染情况监测，与试点前相比，试点后市场H7N9禽流感核酸阳性率下降了68.19%，标本阳性率下降了73.57%；非试点市场H7N9禽流感病毒核酸阳性率和标本阳性率均高于试点市场。

自2015年4月1日起，广州市扩大活禽经营限制区范围，在原试点区域基础上增加海珠区、天河区、白云区部分地区形成连片区域。2017年6月28日，根据《广东省家禽经营管理办法》要求，广州市进一步扩大活禽经营限制区，包括海珠区原限制区外所有区域；荔湾区桥中街；天河区沙东街、兴华街、五山街、棠下街、天园街、员村街；白云区三元里街、云城街、新市街、棠景街、同德街、松洲街。活禽经营限制区内统一推行家禽“集中屠宰、冷链配送、生鲜上市”，不得进行活禽经营活动。

国内规模最大的垃圾焚烧发电厂投产

广州市第一资源热力电厂二分厂（李坑生活垃圾焚烧发电二分厂）位于广州市白云区太和镇永兴村，占地面积约7万平方米，由广州环保投资集团有限公司负责整体投资、建设和运营。工程于2009年9月10日动工，2012年底项目主体基本完工，2013年6月26日点火试运行是国内规模最大的垃圾焚烧发电厂之一。该项目采用世界先进的丹麦伟伦垃圾焚烧技术和丹麦尼鲁烟气处理技术，配备3台日处理能力750吨的焚烧炉排炉和2台25兆瓦的汽轮发电机组，设计日均处理生活垃圾2000吨，年发电量2.6亿千瓦·时，年上网电量2.1亿千瓦·时，相当于逾7万个家庭一年的用电量。2014年9月19日，广州市第一资源热力电厂二分厂通过项目竣工环境保护验收，项目正式投产运营。同年底，获得2014年中国人居环境范例奖。

李坑生活垃圾焚烧发电二分厂引进多项国际先进环保技术，在垃圾焚烧、烟气净化、渗滤液处理、飞灰处理方面达到国际先进水平，严格执行国内最严格的“三废”排放标准，其中部分关键技术指标达到欧盟

2002标准。其采用的丹麦伟伦机械式炉排焚烧炉，能使垃圾逐层拱碎、均匀分布，实现更完全燃烧，尤其适用于中国城市生活垃圾水分高、热值变化大的特点。通过采用先进的垃圾焚烧技术处理生活垃圾并达标排放，使垃圾处理达到“无害化、减量化、资源化”，这一做法既具有广泛的社会效益，又产生较好的经济效益，使经济发展与环境保护可持续发展。

贵广、南广高铁正式开通运营

2014年12月26日，连接中国广东、贵州、广西三省区的两条重要高铁线路——贵广、南广铁路同时全线开通运营，在跨区域交通通道建设上取得新突破。

贵广铁路于2008年10月开工建设，全长856千米，设计速度每小时250千米，全线设30个车站，其中广东境内207千米，设7个车站（线路所）。建成通车后，贵阳至广州铁路运行时间由原来的20小时左右缩短至4小时左右。南广铁路于2008年12月开工建设，全长574千米，设计速度每小时200千米，全线设21个车站（线路所），其中广东境内227千米，设9个车站（线路所）。建成通车后，南宁至广州铁路运行时间由原来的12小时左右缩短至3小时左右。

贵广、南广铁路的开通运营，打通了连接西南地区与华南沿海地区的快速、大运力的铁路通道，增强了广州市的对外辐射功能，为促进泛珠三角区域的经贸合作和交流，实施“一带一路”倡议提供了重要平台。

2015年

建设“中国融资租赁第三极”

2015年4月9日，中国融资租赁三十人论坛专题高峰会在广州举行，全国融资租赁行业170位专业人士参会。中共广州市委书记任学锋提出力争在未来两三年将广州建设成为继天津、上海之后的“中国融资租赁第三极”。会议产生两项助推南沙融资租赁产业发展的成果。一是越秀融资租赁与工银金融租赁签署战略合作协议，明确写入共同谋划建设南沙新举措。二是与会嘉宾签署共同宣言，发起设立广州南沙租赁资产交易平台，共同打造国内领先的融资租赁资产交易所。9月22日，广州首架以SPV（单机子公司）方式引进的飞机交付仪式在白云国际机场举行。南沙开发区管委会与天津渤海租赁有限公司就空客A330-300型飞机引进签订《合作备忘录》，并完成飞机抵穗交付。此举标志着广州实现飞机租赁零的突破，形成利用中国（广东）自由贸易试验区广州南沙片区优惠政策，以低成本、高效率“租”飞机的成功模式。至2015年底，全市新增融资租赁企业52家，总数达166家，注册资金合计683亿元。中国融资租

赁业初步形成天津、上海和广州三足鼎立之势。

截至2017年4月底，南沙通过租赁方式引进15架飞机，涉及金额11.5亿美元。南航国际租赁、中交租赁、粤财金租等大型租赁企业落户南沙，南沙融资租赁企业累计落户264家，注册资金总额约789亿元，业务规模超千亿元。南沙融资租赁的蓬勃发展，将有力地促进实体经济发展和城市建设，降低中小企业经营成本，助推企业“走出去”开拓国际市场。

南沙自由贸易试验区功能区块建设全面启动

2015年4月21日，中国（广东）自由贸易试验区广州南沙新区片区（简称“南沙自贸区”）挂牌，全面启动自贸试验区功能区块建设。

2014年12月12日，国务院常务会议同意在广东、天津、福建特定区域再设三个自由贸易试验区。中国（广东）自由贸易试验区面积116.2平方千米，其中广州南沙新区片区60平方千米（含广州南沙保税港区7.06平方千米），分七个区块，包括海港区块、明珠湾起步区区块、南沙枢纽区块、庆盛枢纽区块、南沙湾区块、蕉门河中心区区块、万顷沙保税港加工制造业区块。按区域布局划分，广州南沙新区片区重点发展航运物流、特色金融、国际商贸、高端制造等产业，建设以生产性服务业为主导的现代产业新高地和具有世界先进水平的综合服务枢纽，打造国际性高端生产性服务业要素集聚高地。

南沙自贸区挂牌以来，实施创新政策，全面推行负面清单管理、企业注册“一口受理、多证联办”、政府购买查验服务、国际贸易“单一窗口”、口岸管理“三互”等一系列改革措施，形成可向全市复制推广的“56+8”改革创新经验，25项创新成果纳入广东自贸试验区首批可在

全省复制推广的27条改革创新经验。

截至2017年4月底，南沙自贸区挂牌二周年，新设企业24 671家，集聚74个世界500强企业投资项目和103家总部型企业；融资租赁企业落户264家，注册资金总额约789亿元，业务规模超千亿元；全力建设国际航运中心核心功能区和国际航运枢纽主要承载区，2016年南沙港集装箱吞吐量达1262万标准箱，助力广州港吞吐量居国内沿海港口第四位、全球港口第七位；沙仔岛汽车码头吞吐量55万台，成为国内排名第三的汽车专业码头；集疏运体系日臻完善，开通156条航线，包括74条国际班轮航线、28条内贸航线和54条“穿梭巴士”支线。在广西、贵州、湖南等省区建成28个无水港；与38个国际港口建立友好合作关系；航运产业平台建设成效显现，全球排名前21的班轮公司开辟国际航线并开展业务；建立了航运指数、船舶交易、航运结算三个平台，发布的“珠江航运指数”成为检测国家经济运行的重要数据之一。

《广州大典》完成编纂出版

2015年4月30日，历经十年编纂，《广州大典》完成出版，正式首发。《广州大典》汇集历史文献4064种，分经、史、子、集、丛五部，编成520册，是广州史上继学海堂和广雅书局刻书之后的第三次大型古籍整理，也是迄今最全面的广州历史文化史料著作集成。同日，广州大典研究中心成立揭牌，广州大典网络服务平台上线开通。

《广州大典》由中共广州市委宣传部、广东省文化厅策划，由陈建华主编，广州出版社出版，广州日报传媒股份有限公司印务分公司印制。2005年开始组织编纂，先后被列为广州市“十一五”“十二五”时期重点文化工程。收录广州人士（含寓贤）著述、有关广州历史文化的

著述及广州版丛书。所收文献时间下限为1911年，个别门类延至民国。地域范围包括清代中期广州府所辖南海、番禺、顺德、东莞、从化、龙门、增城、新会、香山、三水、新宁、新安、清远、花县，以及香港、澳门、佛冈、赤溪。

《广州大典》按经、史、子、集、丛五部编辑，所收文献底本来自国内55个、国外14个藏书机构及6位私人藏书家。《经部》收录文献375种，分为56册。《史部》收录文献1178种，分为197册。《子部》收录文献747种，分为62册。《集部》收录文献832种，分为103册。《丛部》分综合性丛书和自著丛书两类，收录文献932种，分为102册。

实现城乡居民医保和大病医保全覆盖

2015年7月1日，《广州市社会医疗保险办法》正式实施，广州市构筑起以城乡居民社会医疗保险为基础、城乡居民大病保险为补充、民政医疗救助为托底的多层次城乡居民医疗保障体系。至是年12月底，参加广州市城乡居民医疗保险人数达444.99万人。城乡居民参保人无需额外缴费，就能享受到最高18.28万元的城乡居民医保待遇和最高12万元的大病医保待遇。此外，城乡居民医保及大病医保报销方式，均实现即时结算，参保人只需持医保（社保）卡就医，就可享受大病医保“一站式”报销，无需另行办理其他报销手续。

城乡居民医保和大病医保全覆盖主要做法：一是建立动态筹资调整机制，以上年度本市城市常住居民人均可支配收入和本市农村常住居民人均可支配收入之和的平均数为缴费基数，根据广州市多年财政补贴占七成左右的实际情况，将个人缴费和政府补贴的比例固定为3：7，保证城乡居民的缴费水平随着收入的增加而提高，亦使政府补贴形成长效的

增长机制。二是实现城乡居民医保经办的统一管理。统一城乡居民医保制度后，管理服务工作由各级医疗保险经办机构统一办理，政策规定、服务标准、管理规范、基金收支、信息系统实现统一，提高经办机构的工作效率，方便定点医疗机构的结算管理，降低经办机构、定点医院的管理成本和城乡居民的就医成本。三是创建镇村定点一体化管理的新模式。广州市将村卫生站统一纳入医保定点管理，实施镇村定点医疗机构一体化管理，建立适应镇村一体化的医保管理模式和信息系统，特别是与中国农业银行合作，将POS机简便记账方式推广到全市一体化管理村卫生站和普通门诊定额包干就医管理的大中专院校，方便原新农合村民就医，破解村卫生站医保管理难题。四是引入商保经办大病保险的新模式。通过广州市公共资源交易中心公开招标，引入中国人寿广东省分公司承办大病保险，上线居民大病保险待遇记账系统，实现与商保机构信息系统的数据对接，实现城乡居民基本医保和大病医保“一站式”结算，减轻大病患者医疗费用负担。五是建立城乡居民医保扩面长效保障机制。广州市出台《关于城乡居民社会医疗保险扩面工作经费有关事项的通知》，按照新增缴费人数每人每年6元、续保人数每人每年3元的标准，由市、区财政部门按现行财政体制安排参保扩面工作经费，纳入各级人社部门年度预算。

实现城乡居民医保和大病医保全覆盖后，城乡居民实现公共服务均等化，制度公平性增强，农村居民得到更多实惠，减轻了大病患者医疗费用负担。

广州成为全国贸易流通体制改革发展综合试点城市

2015年7月29日，国务院办公厅印发《关于同意在上海等9个城市开

展国内贸易流通体制改革发展综合试点的复函》，广州列为国内贸易流通体制改革发展综合试点的9个城市之一。11月16日，广州市政府常务会议讨论并原则通过《广州市国内贸易流通体制改革发展综合试点方案》，明确将专业市场转型升级、提振实体零售等作为此次试点的核心任务；同时，按照商务部关于试点1年时间内要明确三至五项重点工作的要求，提出试点的五项重点工程。试点的五项重点工程为：一是创新专业批发市场的商业模式；二是打造电子商务集聚区；三是打造“食在广州”城市名片；四是推进物流标准化试点；五是提升天河路商圈为国际知名商圈。

广州立足“突出转型升级、体现广州特色”要求，采取推开“零售业+”发展新模式，推进传统专业批发市场转型升级，推动电子商务跨越发展，推行物流标准化改革试点，取得阶段性成果。2016年全市电子商务交易额约1.7万亿元，整体规模位居全国前列；快递业务量28.7亿件，日均处理785万件，继续保持全国第一。2017年上半年，全市网上商店零售额370.7亿元，增长19.1%；全市跨境电商进出口109.2亿元，增长1.1倍，其中出口51.1亿元，增长49.5%，进口58.1亿元，增长2.4倍，进出口规模继续保持全国第一。

2017年7月25日，商务部、国家发展改革委、工业和信息化部、财政部、交通运输部、工商总局、质检总局、邮政局、供销合作总社九部门联合发布《关于复制推广国内贸易流通体制改革发展综合试点经验的通知》，向全国复制推广37条典型经验和模式，其中广州市占六条，在九个城市中数量位居第二。这六条经验分别为：以平台服务为基础的专业市场转型升级，电子商务生态化、集聚化发展模式，龙头企业带动托盘标准化及循环共用模式，商务综合行政执法模式，负面清单和正面清单结合的专业市场管理模式，“政府+商会+企业”共治共管的商圈管理模式。

率先上线商事登记管理平台、首创二维码营业执照

2015年9月1日，广州市根据国务院、省政府的部署，正式实施营业执照、组织机构代码证、税务登记证“三证合一、一照一码”登记制度改革。

“三证合一、一照一码”改革通过“一个窗口受理、互联互通、信息共享”，将过去由工商行政管理、质量技术监督、税务三个部门分别核发不同证照，改为由工商行政管理部门核发加载统一社会信用代码的营业执照。此次改革最大程度实现登记便利化，节约行政资源，方便群众办事。改革前，申请人办理企业设立登记，需要跑多个部门、提交多份申请表格和材料才能取得营业执照、组织机构代码证和税务登记证。改革后，申请人只需填写“一表”，向“一个窗口”提交“一套材料”，经工商行政管理部门审核后，直接核发加载统一社会信用代码的营业执照，并在全国企业信用信息公示系统公示，提高登记服务效率。

广州在全国率先上线商事登记管理平台和公示平台，首创二维码营业执照，进一步激发市场活力。是年，广州市工商登记前置审批事项从127项精简至12项，登记业务办结时限由15个工作日压减至3个工作日；全市新登记商事主体20.7万个，比2014年增长11.4%，内资商事主体新增注册资本为5405.3亿元，比2014年增长92.9%，外资商事主体新增注册资本64.8亿美元，比2014年增长29.1%。

广船国际建成全球第一艘极地甲板运输船“奥达克斯”

2015年9月15日，全球第一艘极地甲板运输船“AUDAX”（奥达克斯）在广船造船基地成功出坞。“奥达克斯”轮是一艘28 500载重吨、

双桨、双电力推进的运输船，具有低能耗、绿色环保、高性能等特性，主要用于运输大型海工模块，其破冰能力和防冰冻性能均达到世界最高水平，是全球首艘极地重载甲板运输船。“奥达克斯”轮总长206.3米，垂线间长193.8米，型宽43米，型深13.5米，设计吃水7.5米，结构吃水8米，可常年在极地冰区航行，在1.5米厚的冰层上破冰航行，速度可达2节航速，接近每小时3.8千米，水平已达到俄罗斯规范中的最高冰区等级Arc7。该船采用并联造船法建造，全船总共175个分段，分为13个总段和59个总组总段，船坞吊装次数达68次。由于北极地区平均温度为−15℃～−20℃，冰层厚度达1.5米，对船体破冰材料的韧性要求极高，为此，广船国际从鞍钢专门设计定制了满足该船生产需求的特殊钢材。此外，为确保高质量完成焊接和生产线、流水线的加工，广船国际先后组建12个攻关小组，涵盖了防冰冻、焊接、涂装、人力资源培训、制材采购、机床通风等方面，并与芬兰设计公司在内的多家国际机构合作，整合国内外智慧，共襄攻克难题。

“奥达克斯”轮服务于俄罗斯北冰洋沿岸利比利亚半岛和亚玛半岛的大型天然气田项目，是目前唯一可以在北冰洋冬春冰冻季节连续运输LNG大型设备模块至YamalLNG项目基地塞贝塔港的船舶。

“天河二号”成为第一台实现计算速度全球六连冠的超级计算机

2015年11月6日，全球超级计算机500强榜单在美国公布，“天河二号”超级计算机以每秒33.86千万亿次连续第六度称雄。超级计算机是国家科研的重要基础工具，在地质、气象、石油勘探等领域的研究中发挥关键作用，也是汽车、航空、化工、制药等行业的重要科研工具。TOP

500榜单则是对全球已安装的超级计算机“排座次”的最知名排行榜，从1993年起，由TOP 500国际组织以实测计算速度为基准每半年发布一次。

“天河二号”超级计算机是中国国防科技大学承担的国家“863”计划和“核高基”国家科技重大专项项目，峰值运算速度50 000万亿次，实际运算速度33.86千万亿次。它具有高性能、低能耗、应用广、易使用、性价比高等特点，其综合技术处于国际领先水平。2013年11月，“天河二号”落户国家超算广州中心，面向国内外用户开放使用。“天河二号”超级计算机系统由170个机柜组成，占地面积720平方米，内存总容量1400万亿字节，存储总容量12 400万亿字节，最大运行功耗17.8兆瓦。“天河二号”运算1小时，相当于13亿人同时使用计算器计算一千年，其存储总容量相当于存储每册10万字的图书600亿册。“天河二号”超级计算机广泛应用于生物医药、新材料、工程设计与仿真分析、天气预报、云计算与大数据、电子商务、智慧城市建设、数字媒体与动漫设计等多个领域，为经济社会转型升级提供重要支撑。截至2017年底，“天河二号”超级计算机用户总数已突破2500家，是全世界用户数量最多、利用率最高的超级计算系统之一。

谋划“三大战略枢纽”建设形成新的增长极

2015年12月3日，中共广州市委通过《关于制定国民经济和社会发展第十三个五年规划的建议》，提出加快三大战略枢纽（即国际航运枢纽、国际航空枢纽、国际科技创新枢纽）建设。

建设国际航运枢纽：加强广州港深水航道拓宽工程、南沙港区四期、江海联运码头等工程建设，优化港口布局，建设提升黄埔临港经济区；完善现代集疏运体系和现代航运服务体系，推进江海直达，发展多

式联运，推进邮轮母港建设，出台海关和检验检疫便利化通关措施。建设国际航空枢纽：推进白云国际机场扩建、空铁联运综合交通网络等基础设施建设；做好空港经济区企业投资项目清单管理省级试点，出台扶持航空产业发展政策；开展白云国际机场综合整治，提高管理服务水平。建设国际科技创新枢纽：实施创新驱动发展战略，建立自贸试验区和国家自主创新示范区“双自联动”机制；整合优化创新空间，建设广州科技创新走廊；实施科技创新小巨人企业和高新技术企业培育三年行动计划，推动科技与金融深度融合；做强一批龙头专业孵化器，推进新型研发机构建设；加大在财政资金等方面的支持力度，构建并落实有利于创新创业的政策环境和制度环境。

2016年，广州港完成货物吞吐量5.44亿吨，同比增长4.5%，居华南第一位，全球港口第六位；完成集装箱吞吐量1886万标准箱，同比增长7.0%，广州国际航运枢纽渐成气候。与此同时，白云国际机场的国际旅客吞吐量同比增长约20%；以“空铁联运”“空港+海港”联动为牵引，依托白云国际机场、广州北站、黄埔港、南沙港等交通枢纽，集民航、城轨、地铁、高速公路、城市公交等于一体的立体式综合交通枢纽渐具雏形。在创新方面，以专利为重要参考项，广州的有效发明专利2万多件，专利申请增长速度和新三板挂牌企业总数列全国省会城市之首。中新广州知识城、琶洲互联网创新集聚区、南沙明珠科技城等成为国际科技创新的孵化器，国际科技创新枢纽建设不断提速。

2016年

国内首家跨境保税生鲜自营仓启动

2016年1月11日，广州获批建设跨境电商综合试验区，京东商城与广州易江南贸易有限责任公司达成战略合作协议，在广州白云国际机场跨境综合保税区正式开启国内首家跨境保税生鲜自营仓。

江南果菜批发市场是全国最有影响力的农产品批发市场之一，供货网络遍布全球，销售网络遍布全国。水果、蔬菜交易量连续多年排名全国首位，进口水果更是占到全国进口水果交易总量的过半份额。作为旗下企业，广州易江南贸易有限责任公司借助江南果菜批发市场进口水果的优势，成为广州首家生鲜电商跨境平台。跨境保税生鲜自营仓全部采用京东商城的仓配体系，主要仓配进口水果、进口鲜花、进口乳制品三大品类。海外直采的进口生鲜品类直接从农场采摘、打包、空运至京东跨境保税生鲜自营仓，大幅缩短从海外直采进口生鲜品类的供应链流程，减少中间流通环节。经过国家检验检疫局现场检验检疫，确保商品品质符合国家安全标准后，进行分拣、配送，海外直采的进口生鲜

品类从国外农场抵达消费者手上，实现从农场到餐桌只需要四天。此外，每个环节实现全程源头监控，让国内消费者品尝到安全、新鲜的原产地直供进口生鲜产品。因通过跨境平台购买没有关税、增值税等，仅在一级批发渠道上就可以节省13%的成本，顾客购买的价格也可节省15%～30%。

《广州市城市总体规划（2011—2020年）》获国务院批复

2016年2月19日，国务院批复《广州市城市总体规划（2011—2020年）》。根据新批复的城市总体规划，新一轮总体规划确定广州的城市性质为“广东省省会、国家历史文化名城，我国重要的中心城市、国际商贸中心和综合交通枢纽”，城市定位有所提升。

国务院批复从城乡区域统筹、城市规模、自贸区建设、基建、环保、人居环境、历史文化保护等八个方面对广州城市总体规划作具体要求。

一是重视城乡区域统筹发展。实行城乡统一规划管理，统筹安排城乡基础设施、公共服务设施，推进城乡一体化。二是合理控制城市规模。到2020年，市域常住人口控制在1800万人以内，市域建设用地控制在1772平方千米以内，其中城镇建设用地控制在1559平方千米以内。三是建设中国（广东）自由贸易试验区。四是完善城市基础设施体系。按照绿色循环低碳的理念规划建设城市基础设施，推进珠三角和粤港澳地区交通一体化，建立多层次、多类型的城市综合交通体系。五是建设资源节约型和环境友好型城市。切实做好节能减排工作，淘汰落后产能，形成合理的城市空间结构，促进经济建设、城乡建设和环境建设同步发

展。六是创造优良的人居环境。坚持以人为本，统筹安排关系人民群众切身利益的教育、医疗、市政等公共服务设施的规划布局和建设。七是重视历史文化和风貌特色保护。统筹协调发展与保护的关系，切实保护好城市传统风貌和格局。

实施人才绿卡制度等政策促引领军人才

2016年2月，广州市制定出台加快集聚现代产业人才、促进创新驱动发展的“1+4”系列政策文件，即《中共广州市委广州市人民政府关于加快集聚产业领军人才的意见》及4个配套文件《广州市人才绿卡制度》《羊城创新创业领军人才支持计划实施办法》《广州市产业领军人才奖励制度》《广州市领导干部联系高层次人才工作制度》，将集聚产业领军人才工作细化为12个项目，计划五年投入35亿元，在各重点产业领域内培养、引进和支持3500名产业领军人才，包括500名创新创业领军人才（含团队成员）、1000名产业高端人才、2000名产业急需紧缺人才，形成人才引领产业、产业集聚人才、人才与产业良性互动的良好局面。12月，2016中国海外人才交流大会暨第18届中国留学人员广州科技交流会在广州举办，首次将参会人才由以海外留学人员为主，扩大到包括外籍高层次人才、港澳台人才、杰出华人华侨代表在内的全口径海外人才，吸引带动各类产业人才来穗工作。

广州市产业领军人才集聚工程发布后，在全国范围内引起巨大反响，吸引了包括院士、“千人计划”专家在内的大批高端产业人才前来申报。其中，超过10位中国科学院院士、中国工程院院士、美国科学院院士、加拿大科学院院士作为团队带头人或团队成员申报创业领军团队项目，高端人才聚集效应初显，集聚了一大批“高精尖缺”人才，为全

市经济社会又好又快发展提供有力的人才支撑。

在全国超大城市中率先启动户籍制度改革

2016年2月，广州市公布《关于进一步推进户籍制度改革的实施意见》，成为全国超大城市中率先启动户籍制度改革的城市，统筹全市户籍制度及相关社会领域改革，有力促进来穗人员有序实现市民化，稳步推进基本公共服务向常住人口覆盖。其具体内容包括取消农业户口，实行城乡户籍“一元化”登记；设立公共集体户，方便无固定居住地人才落户；建立居住证积分管理制度；加强人口基础信息平台建设和人口信息管理应用等。广州在深化户籍制度改革上不断探索。2010年起，广东省率先实施积分入户政策，地方政府通过对外来务工人员的个人素质、参保情况、社会贡献等指标进行量化赋值，申请者达到一定分值即可入户当地。此后数年，广东省一直对该政策进行调整优化，逐步降低入户门槛，拓宽其受惠面。2014年，广州市进一步调整户口迁移政策，统一城乡户口登记制度，全面实施居住证制度，促进基本公共服务均等化，增强社会公平性，让发展成果更好地惠及全省人民。

南沙自贸区首创“账户e路通”“香港通”

2016年4月14日，南沙自贸区与中国人民银行广州市分行合作开展“账户e路通”业务，试点开展银行基本账户开户许可与企业设立登记业务联办，建立地方政府与金融监管机构组织协调和信息共享机制，南沙区成为全国首家开展该项业务的地区。“账户e路通”业务开展后，企业可在南沙政务服务中心办理企业登记相关证照时提交开立人民币银

行基本存款账户业务申请。企业登记核准后，开户银行和中国人民银行广州市分行通过系统平台获取其相关信息，为其办理账户开立手续，核发《开户许可证》。企业在收到银行通知后即可办理面签等余下开户手续。企业全程仅需前往银行一次，节省办理业务时间，提高办事效率。“账户e路通”业务开通有利于提高区内企业服务的效率和质量，营造国际化、法治化、市场化投资环境。

2016年4月17日，南沙自贸区联合越秀集团、创兴银行有限公司及广州南沙投资咨询有限公司共同发起，启动商事服务“香港通”。8月起，“香港通”在创兴银行香港各网点全面铺开，首期设10个办理网点。香港企业家只需在这些网点，按要求填写企业名称核准、外商投资企业备案、商事登记等事项所需的资料，网点会及时将这些商事登记资料文件转交给南沙区的“一口受理”窗口。有关职能部门完成审批后，把企业“一照一码”营业执照及印章等递送到位于香港的创兴银行网点，再通过网点转交给在港申请人。“香港通”将国内商事服务延伸至香港地区，实现港人港企足不出港，通过创兴银行香港合作网点即可享受南沙投资落户的“一站式”商事服务。8月19日，广州市知青居商务信息咨询服务有限公司通过“香港通”渠道落户广州。同时，南沙企业通过“香港通”渠道“走出去”，利用“香港通”搭建投资贸易服务双向渠道，促进两地资本流动便利化。

思科中国创新中心总部、通用电气生物产业园、富士康10.5代显示器全生态产业园落户广州

2016年，广州创新型经济加快发展，先进制造业增加值增长7.5%，思科中国创新中心总部、通用电气生物产业园、富士康10.5代显示器全生

态产业园等一批科技型总部企业落户，为广州产业升级发展注入国际先进的专业技术和服务，对广州面向全球集聚创新资源、建设国际创新枢纽具有重要意义。

4月22日，广州与思科系统国际有限公司签署合作框架协议，思科中国创新中心总部落户广州，美国思科公司与广州联手打造智慧城，该项目主要专注于IoE（万物互联）/IoT（物联网）业务创新，搭建万物互联云平台，建设高标准智慧产业体系，打造国内首个以智能制造云产业为核心、集“产、学、研、商、居”于一体、年产值超1000亿元人民币的思科（广州）智慧城。至2016年10月，288家世界500强企业在广州投资设立720多个项目，总投资额逾500亿美元。通用电气医疗集团GE生物科技园项目设址中新广州知识城，这是GE医疗集团在亚洲的首个生物科技园，年产值预计40亿～80亿美元，将与黄埔区、广州开发区共同打造世界领先的生物医药与健康产业创新特色园区。

12月30日，广州与富士康科技集团子公司堺显示器制品株式会社签署合作框架协议，堺显示器制品株式会社第10.5代显示器全生态产业园落户广州增城开发区，该项目计划投资610亿元，是近年来广州投资额最大的先进制造业项目，重点建设显示器、智能TV、电子白板生产工厂，主要生产大尺寸8K超高精细影像液晶显示屏幕，年产值近千亿元，带动广州制造业的转型升级。

全球规模最大的散货运输船队落户广州

2016年6月16日，全球规模最大的散货运输船队中远海运散货运输有限公司正式在广州成立，中远海运散货运输总部正式落户广州南沙，开启了中国散货运输事业的新航程，对广州建设国际航运枢纽具有重要

意义。

按照中国远洋海运集团“6+1”总体战略布局和深化改革的统一部署，隶属于原中远集团的中远散货运输（集团）有限公司和隶属于原中海集团的中海散货运输有限公司实施重组整合，成立新的中远海运散货运输有限公司。该公司拥有和控制干散货船舶达382艘、3458万载重吨；运输货物覆盖铁矿石、煤炭、粮食、散杂货等全品类，年货运量超过3.4亿吨，运力规模位居世界第一；经营航线覆盖全球100多个国家和地区的1000多个港口，建有跨国、跨地区的全球营销网络；总资产748亿元，员工总数1.8万人，其中船员1.3万人；拥有涉及航运业、航运支持产业、房地产开发、物业管理、装备制造和宾馆旅游等产业板块的40余家陆产企业，实现海陆互补、多元发展。

广州市委部署建设枢纽型网络城市

2016年8月4日，中共广州市委十届九次全会开幕。大会提出围绕国家重要中心城市总目标，着力建设枢纽型网络城市，提升适宜居住、适宜创新创业创造的城市品质，让人民群众生活更安全、更便捷、更舒适、更幸福。广州市委、市政府紧密结合广州实际，从坚持广州城市发展战略定位、坚持在继承中创新发展、坚持着力破解制约城市可持续发展的体制机制障碍、坚持以人民为中心的思想等四个方面考虑，对广州城市规划建设管理工作作出全面部署。

推动城市发展方式转变，进一步提高城市规划建设管理水平。着力强化规划战略引领，增强规划编制的科学性、规划实施的强制性、规划管理的系统性，提升城市空间品质。进一步加强系统整合，科学布局建设城市空间的枢纽与节点、网络与连接，优化城市形态，凸显城市

特征，强化城市功能。着力建设国际航运、航空、科技创新三大战略枢纽，形成新的发展动力源和增长极。优化产业结构，推动产业集聚集群集约发展，促进产城融合，增强城市可持续发展的产业支撑。

加强城市发展的组织和制度保障。加强组织协调，深化城市规划建设管理体制机制改革，依法规划建设治理城市，提高城市工作能力，营造有利于干事创业的政治生态，推动形成党委统一领导、党政齐抓共管、全社会广泛参与的城市工作格局。

建设枢纽型网络城市，是适应全球城市发展新趋势，传承广州城市发展脉络，实现国家赋予广州的城市定位，巩固提升国家重要的中心城市地位的内在要求，推动国家重要中心城市建设全面上水平。

琶洲互联网创新集聚区加快建设

2016年，广州市培育互联网企业集聚发展。8月15日，广州市政府常务会议审议通过《琶洲互联网创新集聚区产业发展规划》，把琶洲互联网集聚区定位为广州新经济发展的重要引擎、广州国际科技创新枢纽先行区、国家级“互联网+”创新示范区、全球互联网产业创新创业优选地。

琶洲互联网创新集聚区规划范围以“互联网+总部示范区”为核心，带动互联网总部拓展区、互联网产业综合配套区形成发展合力，辐射带动琶洲西区建设紧凑新型CBD（中央商务区），打造形成“一核双轴两区”的产业空间发展格局，突出集聚区在“黄金三角”“一江两岸三带”中的重要节点地位。培育发展以“互联网+”为特征的新型总部经济，重点发展互联网服务及新媒体、人工智能等六大产业，抢占产业链、价值链的核心环节，推动国内外互联网创新人才、创投资本、产业

政策、创新文化等各类互联网创新资源要素融合发展，探索构筑互联网创新创业生态体系，创建国家互联网“双创”示范中心。

目前，琶洲互联网创新集聚区中的入驻企业以总部经济为主。2017年上半年，琶洲互联网创新集聚区已开展实体业务的企业累计实现营业收入28.7亿元，同比增长232%，琶洲互联网创新集聚区“互联网+”产业集群正在加速形成。

广州开通发往欧洲的集装箱国际货运班列

2016年8月28日，印有“中欧班列”统一标识的集装箱国际货运班列，满载41组柜“中国制造”，经天河检验检疫局和广州东站海关统一验放后缓缓驶出广州大朗站，直奔欧洲。这标志着广州首发至欧洲班列正式开通运行。

此前，广州对欧洲的货物贸易主要采用海运，小部分采用航空或公路运输。此趟班列将经满洲里前往俄罗斯卡卢加州沃尔西诺，全程11 500千米，运送货物包括服装鞋帽、布料、家具、灯具、电器、电子产品等，计划运行14天，比海运缩短30天以上，比公路缩短7天，运费比空运节省80%，集安全、快捷、经济、绿色于一体。中欧班列的开行，将填补广州与欧洲国家铁路运输的空白，有效地提升广州及周边地区的物流效率。

作为广州依托“一带一路”倡议而全新构建的国际物流陆路大通道，该线路2017年可实现每周开行一列出口班列和一列进口班列，并逐步覆盖欧洲全境。目前，全国已有26个城市开通在运中欧、中亚班列线路39条，有力推动中国与“一带一路”沿线国家的经贸往来。

开通中欧班列，为构建广州“三中心一体系”格局和建设物流中心提供多式联运载体，有力提升广州对外贸易竞争力，促进贸易中心的发

展，并将成为“一带一路”倡议中重要的国际中转枢纽。

出台全国首部依法行政地方法规

2016年9月，广州市第十四届人民代表大会常务委员会第五十六次会议审议通过《广州市依法行政条例》并经广东省人大批准，自2017年5月1日起施行。这是全国首部全面规范地方政府行政行为的地方性法规，也是全国首部将依法行政工作纳入法治化轨道的地方性法规。

《广州市依法行政条例》首次以地方性法规的形式对行政决策程序作出规定；同时进一步规范行政执法行为，对行政执法的基本要求、裁量权基准、执法情况公告、执法协调等作了明确规定；并且强化对行政行为的监督，规定依法行政专项工作报告、地方性法规实施准备情况报告等有效管用的监督制度，对于规范行政行为，保障公民权利，建设法治政府、创新政府、廉洁政府和服务型政府具有重大而深远的意义。

广州法治建设一直走在全国前列。2016年1月，广州市行政案件由广州铁路运输中级人民法院和广州铁路运输第一法院集中管辖。3月，中国社会科学院法学研究所发布《中国司法透明度指数报告》，广州中级人民法院司法透明度排名全国法院第一，审务公开、数据公开、执行公开三项指标均排名第一；天河区法院公开失信被执行人信息获评“全国示范法院”。8月，广州市政府召开创建珠三角法治政府示范区动员大会暨市政府法律顾问室揭牌仪式。

整治“四风”常态化、长效化

2012年中央八项规定出台以来，广州市严格贯彻执行中央八项规定

精神，聚焦突出问题，紧盯重要节点，强化监督执纪问责，逐步构建起暗访、查处、追责、曝光“四位一体”抓作风建设的长效机制，始终保持纠治“四风”的高压态势，风清气正干事创业的政治生态环境正逐步形成。

压实作风建设的主体责任和监督责任。全市各级党组织把贯彻落实中央八项规定精神作为落实党风廉政建设责任制的重要内容，与中心工作一同部署、推进、检查、考核，重点抓好确责、履责、追责等关键环节，切实把纪律和规矩立起来、严起来。2015年9月22日，市党风廉政建设暨廉洁广州建设领导小组印发《关于贯彻落实“两个责任”实施意见的指导意见》《关于强化落实“两个责任”责任追究工作的意见（试行）》，进一步压实作风建设的主体责任和监督责任，将贯彻落实中央八项规定精神作为落实党风廉政建设“两个责任”的重要内容。

探索治理“为官不为”。2016年9月，市纪委、市监察局印发《关于进一步强化对“为官不为”监督执纪问责的工作意见》，明确对八大方面“为官不为”问题进行监督执纪问责，同时，将探索推进治理“为官不为”作为作风建设的一个重要抓手。坚持对“为官不为”问题线索100%核查，把“为官不为”问题纳入巡察内容，对严重“为官不为”问题实行“一案双查”，并对典型问题和问责情况点名道姓公开曝光。在整治“为官不为”方面，各区也各出奇招，各显神通。“除了坐等群众上门信访，我们还主动下基层接访。”天河区纪委相关负责人称，2015年以来，天河区纪委领导班子成员、各室主任及派驻组组长轮流到街道、村里设点，接访群众，搜集线索，每次都在街道、村社宣传栏张贴告示。“每月两次的信访下基层活动，我们将‘为官不为’问题纳入基层党员违纪违法线索排查的主要内容，不仅收集到不少‘为官不为’的投诉，还有官员不廉洁等问题。”该负责人说。运用“通报”整治“为

官不为”是白云区的特色做法。据介绍，白云区纪委查处的典型案例，一律向全区各单位印发通报，不仅指名道姓地通报基本情况、提出问责处分意见，还剖析案发原因，并从完善制度的角度提出整改要求或者探讨治理对策。

设立作风建设“曝光台”。这是广州市贯彻落实中央八项规定精神的一项重要创新举措。从2013年6月开始，在市委、市政府机关单位设立作风“曝光台”展板，每月曝光作风问题。在曝光问题的同时，设置“回访台”通报整改情况、督促问题整改，设置“排头兵”栏目，加强先进典型的宣传引导，传递作风建设的正能量。此外，还创设作风建设“排行榜”。2015年1月后，将展板式“曝光台”调整为网络式“曝光台”，进一步扩大震慑效果。2013年至2016年10月，全市共查处违反中央八项规定精神的顶风违纪问题215个，责任追究308人，其中225人受到党纪政纪处分；发布“四风”曝光台41期，向社会公开曝光各类作风问题386个。

近年来，广州市还通过纪律教育学习月、领导干部党纪政纪法纪培训班、新提任市管干部廉政谈话、试点党员干部“八小时以外”监督等多种形式，进一步强化党员干部尤其是领导干部的纪律教育。

广州临空经济示范区设立

2016年12月，国家发展改革委、国家民航局联合下发《关于支持广州临空经济示范区建设的复函》，同意广州设立临空经济示范区。示范区规划范围东至流溪河、南至新石路、西至铁山河—106国道—镜湖大道、北至花都大道，总面积135.5平方千米，其中机场区域面积41.64平方千米。示范区内的广州白云国际机场是中国三大国际枢纽机场之一，已

入驻南方航空、九元航空等70多家航空公司，开通国际航线136条，通达全球216个航点。2016年，旅客吞吐量近6000万人次、货邮吞吐量163.83万吨，同比分别增长8.1%和6.5%，均位居全国第三；预计到2020年，预计两项数值将分别达到8000万人次、250万吨。

《广州临空经济示范区总体方案》明确示范区重点打造国际航空枢纽、生态智慧现代化空港区、临空高端产业集聚区、空港体制创新试验区四大功能定位，重点发展航空商务商贸、航空金融、航空维修制造、航空物流及其他临空指向性强的先进制造业和现代服务业，规划建设航空总部商务区、航空高端制造区、航空维修制造区、航空物流区、综合保税区、公共服务区和生态保护区，并创新性提出优化通关服务、创新监管模式、加强对外开放与国际合作、推进投资便利化四方面共十一条体制机制改革创新举措。

2017年

建设广州“单一窗口”促进通关提速

2017年3月1日，在质检总局在广东、辽宁、四川等地试点上线全国检验检疫无纸化系统后，广州市口岸办、广州检验检疫局攻克广州国际贸易单一窗口（简称广州“单一窗口”）技术难题，完成两个系统的互联互通，将一单多报、无纸化报关报检等服务覆盖到检验检疫通关申报全流程，实现货物申报、电子支付、移动查验、签证放行等报检全流程电子化、无纸化作业通关，大幅减少企业录入工作量，实现“数据多跑路，企业少跑腿”，提高了口岸通关效率。

“单一窗口”是连接企业和政府监管部门的桥梁和信息枢纽，是广州贯彻供给侧结构性改革、切实为外贸进出口企业降低成本的重大改革举措。广州“单一窗口”建成货物申报、运输工具申报、跨境电子商务、信息查询、舱单申报等16大业务功能，覆盖海关、检验检疫、边检、海事、港务等21个部门业务，广泛服务各类型国际贸易企业。

3月20日，威时沛运货运（广州）有限公司一批价值95.92万美元的进

口机械设备在广州“单一窗口”进行申报，并上传随附单证资料，成功实现检验检疫无纸化申报。这标志着广州“单一窗口”在全国范围内率先实现与质检总局全国检验检疫无纸化系统无缝对接。

市场采购贸易方式试点正式启动

2017年3月6日，广州花都皮革皮具市场举办市场采购贸易方式试点启动仪式，成为华南地区唯一获批市场采购试点实施地区，标志着广州在推进外贸供给侧改革、培育外贸新业态、提升贸易便利化水平等方面迈出具有历史意义的一步。

市场采购贸易方式，是指在经认定的市场集聚区内采购的，单票报关单商品货值15万美元（含）以下，并由符合条件的经营者在海关指定口岸办理出口商品通关手续的贸易方式，即“现场采购，直接出口”。允许通过该市场采购贸易的商品范围非常广，除了规定禁止出口的商品外，其他的商品都可以进行通关贸易。广州市场采购贸易方式集聚区范围是花都皮革皮具市场1～10期。国际贸易服务中心设在市场6期圣地环球商品贸易港一楼，相关职能部门集中办公，联网信息平台具有主体备案、供货商（商户）交易登记、组货装箱、报关/报检、查验/放行、免税管理、收结汇管理等功能，可实现一点接入、一次申报、多家联办、一点反馈、信息共享。为充分释放改革红利，广州海关统筹优化资源配置，大胆创新通关模式，进一步提升试点便利化水平；优化创新“线上海关”建设，企业足不出户就能完成申报、海关“秒审”。

市场采购贸易方式试点的启动，有效地凝聚和统筹配置全省乃至华南区域各省市的资源，为多品种、多批次、小规模的出口探索一条新路。截至2017年，广州市场采购贸易联网信息平台共备案企业3184家，

市场采购出口618.3亿元，占广州市全年出口的10.7%，对广州出口增长的贡献率达97.6%。

率先实施“租购同权”政策，构建租购并举体系

2017年，广州住房限购全面升级。3月30日，广州市政府办公厅发布《关于进一步加强房地产市场调控的通知》。该政策要求“新购住房满两年才能交易”“商住房不能转让个人”等内容。特别对商服类房产项目实施严格限制，不仅要求商服类项目不得改变为居住用途，还要求房地产开发企业销售商服类物业，销售对象应当是法人单位。该政策令原先相当好卖的商服类公寓产品陷入“冰封”。6月30日，广州市政府办公厅印发《广州市加快发展住房租赁市场工作方案》，加快构建租购并举的住房体系，推动住房租赁市场快速发展。新政共有16条，从商改租、入学、税收、水电等多个方面对住房租赁进行了大力扶持。明确赋予符合条件的承租人子女就近入学等公共服务权益，保障租购同权。10月19日，广州智慧阳光租赁平台暨广州市房屋租赁信息服务平台正式上线运行。

提出并实施“IAB”等先进制造产业发展计划

2017年3月，广州宣布推进“IAB”计划，大力发展新一代信息技术（I）、人工智能（A）、生物医药（B）等战略性新兴产业，以科技产业创新和供给侧结构性改革推动人才、技术、资本等高端要素的集聚，提升广州科技创新能力，力争三年内引进500个高精尖技术项目，助力广州打造形成高端产业技术创新资源聚集高地。

8月31日，广州无线电集团正式挂牌成立广电研究院、广电平云资本，并同时正式启用中国电子信息行业广东研究院、广州新一代信息技术产业发展基金和广州无线电集团院士工作站，引进了迄今为止广州市国资系统人数最多、领域最广的一支院士团队，助力广州“IAB”计划发展，为人工智能、云计算、信息安全、大数据、区块链、物联网、生物识别、核心芯片等重点领域做好布局。

为打破广州“缺芯”局面，带动广州“IAB”产业发展，形成千亿产业集群，12月26日，广州首座芯片制造厂在中新广州知识城动工，广州开发区集成电路产业创新园同日启动建设。这是广州首座12寸芯片厂，标志着广州科技产业的新跨越。至此，以粤芯项目为龙头，关联15家企业的“芯片设计—晶圆制造—封装测试—终端应用”为一体的作业模式开始构建，产业项目集聚集群集约的全产业链生态圈开始形成，推动战略性新兴产业的发展。

2018年3月22日，广州市政府印发《广州市加快IAB产业发展五年行动计划（2018—2022年）》。明确提出广州市将打造10个IAB产业重点价值创新园区，涉及广州市7个区。其中，新一代信息技术价值创新园区有5个，分别落户5个区；人工智能价值创新园区有3个，分属3个区；而生物医药价值创新园区有2个，全部分布在黄埔区。提出未来五年发展总体目标——到2022年，广州成为影响全球、引领全国的IAB产业集聚区，建成“世界显示之都”、“国际软件名城”、国际一流的人工智能应用示范区和具有全球影响力的生物医疗健康产业重镇。其中，全市IAB产业规模年均增长15%以上，总规模超10 000亿元，新一代信息技术、人工智能、生物医药产业规模分别超7000亿元、1200亿元、1800亿元。

全面启用电子往来台湾通行证

为进一步提高往来台湾通行证、签注的签发和查验效率，增强证件防伪性能，广州市公安局出入境管理部门自2017年4月24日起开始全面启用电子往来台湾通行证，同时停止签发现行本式往来台湾通行证。

电子往来台湾通行证为参照有关国际标准设计制作的卡式证件，内嵌非接触式集成电路芯片，前往台湾签注不再采取贴纸方式，而是直接打印在证件背面，并可重复擦写。广州籍市民、广东省内异地人员及全国异地人员只要符合条件均可在广州申领电子往来台湾通行证。广州市户籍及广东省内异地人员首次、换补发申请签发时间为10个工作日，再次签注申请签发时间为7个工作日；全国异地人员申请签发时间为30个工作日。

成人电子往来台湾通行证有效期延长为10年，对未满16周岁的仍签发5年有效通行证。根据《中华人民共和国出境入境管理法》有关规定，经国务院批准，申领电子往来台湾通行证应当按规定留存持证人指纹信息。留存指纹信息的持证人出入境时，可以按规定自助通关。经国家发展改革委、财政部批准，新版通行证收费标准调整为100元/张，签注收费标准不变。

中国建设银行并购金融中心落户广州

2017年5月5日，国内首家商业银行并购金融中心——中国建设银行并购金融中心在广州挂牌成立，这是建行继2016年在广东设立科技金融创新中心之后，在广东打造的又一专业化金融平台。中国建设银行并购金融中心是中国建设银行打造的专业化并购金融平台，依托中国建设银

行集团资源优势，立足广东，对接深港澳，辐射全国，面向全球，充分发挥总分行业务联动及母子公司业务协同优势，全面构建包含政府机构、上市公司、金融机构、高新企业等主体组成的并购金融生态圈，满足客户个性化、多样化的并购金融需求。通过组建并购专业化团队，研发具备竞争力的创新产品，加强撮合信息平台电子化建设，采取“线上+线下”的运作模式，全面对接省内近500家上市公司、1700多家新三板公司、1万余家国家级高新技术企业，为并购金融市场提供全方位、多角度、系统化的支持，有效提升中国建设银行并购业务的服务效率，全力支持广东省供给侧结构性改革，推进产业升级转型，促进广东并购市场的健康发展。

近年来，广东省并购重组交易持续活跃。中国建设银行发挥集团优势，建立总行各部门、境内外分行和建银国际、建信信托、建信基金等子公司联动协作的并购大平台，创新投融资工具，推出“金融全面解决方案”，为企业客户提供“融资+融智”的全方位、一揽子的并购顾问服务。2017年初正式推出并购金融专属品牌“金色成长”，整合行内外并购资源，树立良好的范本，全力助推实体经济转型发展。

首届中国创新大会在广州举行

2017年5月26日，2017中国创新创业成果交易会在琶洲国际会展中心开展，该交易会经国家批准正式永久落户广州，成为继广交会后，广州承办的又一“国字号”交易会。

6月24日，首届中国创新大会在广州举行。大会采用“1+5”的模式，全体大会以“创新创造未来”为主题，邀请有关国家部委、广东省领导、世界和中国500强企业家代表、知名专家学者等1000多人参加，

共同探讨推动中国智能科技与互联网创新、经济投资创新、汽车智造创新、文化产业创新和医药健康创新等课题。广州市市长温国辉在开幕式上作了“创新引领城市发展”的主题演讲。他提出，广州坚持创新、协调、绿色、开放、共享的发展理念，把创新驱动发展作为核心战略和总抓手，着力打造全球重要的创新资源集聚地和创新产业发展地。

本届大会充分肯定广东的创新发展实践，进一步明确建设国家科技产业创新中心的总定位。以全球视野搭建创新创造前沿的交流平台、“一带一路”创新合作平台、创新能力的学习平台、创新资源的融汇平台、创新产业的推助平台，实现智库咨询、政府决策、科技带动、资金支撑、市场引领的深度融合，促进企业、产业及区域经济创新发展。

全国首个国际金融岛启动

2017年6月1日，广州南沙开发区管委会与国际金融论坛（IFF）签署《战略合作协议》，标志着南沙国际金融岛正式启动，IFF永久会址项目正式落户南沙。

IFF是全球金融领域高级别常设对话交流和研究机构，被誉为全球金融领域的“F20”。南沙国际金融岛由广州市人民政府、南沙区开发区管委会联合国际金融论坛（IFF）共同规划、统筹建设。以IFF永久会址为依托，充分发挥IFF金融外交平台和战略智库作用，将IFF南方总部、各国常设金融机构驻广州总部、南沙国际会议中心、国际绿色增长基金小镇、国际金融学院学术智库区及配套设施等导入南沙国际金融岛，吸引国际资本和高端金融人才集聚南沙，形成具有世界地标性质的城市空间。通过共商、共建、共享的丝绸之路精神，共筑21世纪海上丝绸之路金融合作示范区，助力广东高水平对外开放门户枢纽和广州南沙新区城市副中

心建设，在粤港澳大湾区的发展中发挥示范和辐射带动作用。

截至2018年3月，落户南沙的金融及类金融企业共4086家，较自贸区挂牌时增加了33倍，已开展贸易融资项下跨境资产转让、跨境人民币直贷等56项跨境金融创新试点。其中，南沙融资租赁企业数量达800家，融资租赁合同余额超过1800亿元，引进租赁飞机44架，陆续实现全国首单跨境美元船舶租赁资产交易，广东自贸区首单资产包跨境转让、跨境租赁、保税进口租赁、离岸租赁、联合租赁、出口租赁等多项租赁创新业务模式，已成为华南地区融资租赁产业集聚区，全国融资租赁“第三极”正加速形成。国际金融岛落户广州，对于提升广州城市的国际知名度和金融的国际化水平都将产生深远的积极影响。

穗澳提升区域合作竞争力

2017年7月1日，《深化粤港澳合作　推进大湾区建设框架协议》在香港签署。按照协议，粤、港、澳三地将完善创新合作机制，促进互利共赢合作关系，共同将粤港澳大湾区建设成为更具活力的经济区、宜居宜业宜游的优质生活圈和内地与港澳深度合作的示范区，打造国际一流湾区和世界级城市群。2017年7月5日，穗澳合作专责小组第六次会议在澳门举行。穗澳双方围绕粤港澳大湾区建设及金融、服务贸易、人才等领域合作交换意见。双方同意重点推动五个方面合作：一是发挥南沙自贸试验区和澳门中葡平台优势，携手参与“一带一路”和粤港澳大湾区建设。二是加快穗澳重点领域合作，争取在教育、环保、金融、会展、文化、旅游、职业培训等领域取得更大突破。三是推进穗澳青年交流合作，支持两地青年创新创业。四是合作建设南沙自贸试验区重大发展平台，积极推动澳门业界在南沙投资发展。五是深入推动穗澳服务贸易自

由化及跨境电商合作，分享内地发展红利。会上，澳门贸易投资促进局和广州市商务委员会签署《穗澳会展业合作备忘录》。穗澳启动新一轮合作，将助力粤港澳大湾区建设成为更有竞争力的世界级经济区。

早在2011年4月19日，经广东省政府批准，广州与澳门成立穗澳合作专责小组，双方签署了《关于穗澳共同推进南沙实施CEPA先行先试综合示范区合作协议》。同年7月18日，穗澳合作专责小组第一次会议在南沙召开，双方签署《广州澳门加强会展业合作协议》《穗澳加强旅游合作备忘录》等合作协议，深化双方经贸、会展、旅游和服务业等方面的交流与合作，共同提升区域合作竞争力。

2012—2016年，穗澳合作专责小组先后召开四次会议，双方加强合作策划和磋商，推进广州与澳门在经贸、科技、教育、文化创意、旅游、专业服务等方面的合作，共同推进南沙实施CEPA先行先试综合示范区建设。

广州地区152家公立医院同步启动综合改革

经广东省政府同意，2017年7月15日，启动广州地区公立医院综合改革工作。全市行政区域内的中央、省、市、区、事业单位和国有企业及解放军、武警部队兴办的共152家公立医院同步实施，全面取消药品加成，执行新的医疗服务价格政策，全面推进公立医院管理体制、补偿机制、价格机制、人事编制、收入分配、行业监管等方面的综合改革。

医疗服务调价按照“总量控制，结构调整，有升有降，逐步到位”原则实行，重点调升了2000多项诊疗、手术、康复、护理、中医等体现医务人员技术劳务价值的基本医疗服务项目，调降了1000多项大型医用设备检查治疗和检验等项目。调价后，符合医保目录规定的基本医疗服

务项目全部纳入医保报销范围。门诊诊查费被纳入医保报销，不占用每月门诊报销额度，总体上不增加病人负担。与国内大部分城市医改中的“91”补偿机制原则截然不同，广州创造性地提出“811”补偿机制，即公立医院取消药品加成后减少的合理收入，通过调整医疗服务价格、加大政府投入和降低医院运行成本等方式予以补偿，其中调整医疗服务价格补偿80%、财政专项补偿10%、医院自我消化10%。通过此次公立医院综合改革，广州地区基本建立起政府有效主导、市场充分调节的现代医院管理制度，体现公益性、调动积极性、保障可持续的医疗卫生新机制有序运行。

中越班列开通

2017年8月9日，国内首列发往越南河内的中越班列从广州大朗站开出，经广西凭祥口岸出境，全程1200千米。该班列运输效率较海运节省七天，运输成本比公路低50%。货源主要包括市场采购商品、电子产品、通信设备和日用百货等。该班列将成为联通粤港澳大湾区和东盟国家的快速稳定运输通道，服务区域经济发展，进一步增强珠三角地区企业及产品出口东盟各国的竞争力。

针对新业态、新物流特点，海关和检验检疫部门采取一系列措施支持和保障该班列首发，全力支持开展市场采购业务，创新监管模式，促进两种新业态有效结合，扩大班列影响力。作为起运地海关，广州海关对跨直属关区流转过来的货物采用二次转关模式，对下属不同隶属海关之间的流转采取场所直接对接，企业可不办理转关手续；检验检疫机构将广州国际贸易“单一窗口”和广东检验检疫“智检口岸”平台对接，实现货物全申报、全监管、全反馈，与沿线检验检疫机构加强沟通协

作，实行“进口直通、出口直放”检验检疫通关一体化模式，做到信息互认、监管互认、执法互助，保障道路联通、物流畅通，助力“一带一路”倡议，支持粤港澳大湾区建设和东盟之间贸易运输联通。

中越班列的开通开行，标志着广州在融入国家“一带一路”倡议，实现粤港澳大湾区和东盟之间贸易运输联通等方面取得了又一重要的实践成果；进一步增强了珠三角地区企业及产品出口东盟各国的竞争能力，促进了广州国际商贸中心建设。

广州拥有中国内地最大的互联网出口

2017年8月13日，中国互联网协会、工业和信息化部信息中心联合发布2016年“中国互联网企业100强”排行榜。广州共有8家企业入榜，其中网易、唯品会两家企业更是跻身前十，总数在全国位列第四、广东位列第一。

作为中国三大通信枢纽、互联网交换中心和互联网国际出入口之一，广州互联国际出口带宽超2000G，是中国内地最大的互联网出口，国际局电路可直达70多个国家和地区，基本形成通达全球的网络架构。2017年，广州基本实现城乡4G网络全覆盖。4G用户约915.8万户，增长232%，规模全国第一，首次超过3G用户数。全市所有镇区和珠三角所有行政村基本实现4G网络覆盖。建成无线局域网（WLAN）接入点17万个，通过政府购买服务方式在99个主要公共场所为市民提供免费无线上网服务，公共区域覆盖率达到70%以上。全市共1142个行政村开通光纤业务，100%行政村实现光缆覆盖。

该互联网出口支撑了广州在互联网领域的创新创业。2016年全年广州规模以上互联网和相关服务业实现营业收入增长近100%。仅天河一个

区就聚集了1600家互联网企业，年营收规模超过1000亿元。从这里走出了微信、网易、UC、YY语音等知名企业，天河的IT互联网从业人员，仅次于北京中关村。截至2017年底，广州市高新企业达到8700家，其中电子信息类的企业占3699家，互联网企业超过3000家，拥有一批具备核心竞争力的创新型企业，牢牢占据了国内各细分产业领域的龙头位置。

全国首创工商管理无人大厅无人审批新模式

2017年10月10日，广州市工商局试点启动“人工智能+机器人”（AIR）全程电子化商事登记，正式上线全程电子化商事等级系统。12月28日，广州市“人工智能+机器人”（AIR）全程电子化商事登记系统在全市全面推广。

广州市“人工智能+机器人”（AIR）全程电子化商事登记系统，由国家大型信息化工程和电子政务领域的领军企业——航天信息股份有限公司自主开发，该系统以大数据和新一代信息技术为支撑，推行“人工智能+机器人”申报、签名、审核、发照、公示、归档全流程电子化，带来了审核模式的颠覆性转变，实现预警指挥智能化、线上线下一体化、材料流程标准化、政务应用移动化、评价体系电商化。

商事登记系统通过标准化数据采集和系统自动比对，对申请文件和电子签名进行自动校验审核。申请人办理营业执照整个过程最快只需用时10分钟，实现商事登记“免预约”“零见面”“全天候”“无纸化”“高效率”办理。此外，申请人可以通过电脑终端、手机app，以及设置在各政务大厅和银行网点的智能机器人办理全程电子化商事登记业务，提高企业办事便利度。其中，“人工智能+机器人”的商事登记无人审批模式在全国属首创，实现智能审核、即时办理。人脸识别签名、智

能地址比对、智能推荐经营范围等技术，在国内属独有设计，实现无介质、移动签名，极大地方便了申请人，真正实现“群众免跑路，数据高速路”，推动政务领域向便民化、智能化发展。

广州率先实现“银龄安康行动”全覆盖

2017年10月31日，广州市民政局、广州市老龄工作委员会办公室联合印发了《关于推进“银龄安康行动”全覆盖的通知》。全市所有60周岁及以上户籍老年人自动纳入该行动的保障范围，如发生意外，每年最高可获赔付16 800元。广州成为全国率先实现“银龄安康行动”全覆盖的省会城市。

“银龄安康行动”通过引入保险的互助型机制，实现老人保险的“小补助”获得“大保障”的价值，突破商业保险不能覆盖65岁以上老年人的限制，弥补社保、基本医疗保险在保障范围和保障程度上的不足，大大提升老年人抵御风险能力，有效减轻个人、家庭和政府的负担。自2014年该项目启动以来，至2017年累计理赔受益超过14 000人次，赔付金额近2100万元，人均赔付金额达1500元。

2017年《财富》全球论坛在广州举行

2017年12月6—8日，2017年《财富》全球论坛在广州举行，并永久落户广州。52家世界500强企业、1100多名嘉宾出席论坛，参会嘉宾层次与规模超过历届水平，充分展现了广州开放与创新的新形象，在构建全球经济新格局中留下了深刻的广州印记。

《财富》全球论坛创办于1995年，通过邀请方式组织，已成为“把

握世界经济走向最清晰和最直接的窗口”，而每一届举办地也被认为是“全球范围内最具经济活力的地方”。此前，《财富》全球论坛曾先后在上海、香港、北京、成都四地举行，中国成为举办《财富》全球论坛次数最多的国家。

此届论坛首创“国际科技头脑风暴大会”，由《财富》方和广州共同举办，以“开放与创新：构建经济新格局”为主题，聚焦于跨国公司在中国和全球经济处于变革的关键时期所面临的关键问题，关注中国的创新企业与技术变革。广州市积极利用《财富》全球论坛契机开展招商引资，通过在论坛筹备及举办阶段开展形式多样的招商推介，广泛宣传推介广州投资环境。论坛期间，10位市领导以“一对一”“全覆盖”的形式密集会见了114家企业，洽谈了一批合作意向；累计安排企业对口洽谈83次，企业实地考察20次，签订合作备忘录1份，签订合作协议8份，促成11个在谈项目取得重大进展。

广州召开本届《财富》全球论坛，让世界更好了解中国、了解广州，推动广州更好走向世界、融入世界，有利于深化中外经贸交流与合作，进一步提升广州城市的国际知名度，吸引更多国外企业来华投资兴业，有利于打造促进全球多元财富传播与合作的高端平台，揭开财富资源全球优化配置的序幕。

广州PM2.5浓度首次达国家二级标准

2017年，广州PM2.5（细颗粒物）年平均浓度为35微克/立方米，比2012年下降16微克/立方米，达到国家二级标准，广州成为国家中心城市及地区生产总值超万亿元、常住人口超千万的超大型国家中心城市中率先实现PM2.5达标的城市。广州二氧化硫年平均浓度从2013年的20微克

/立方米下降至2017年的12微克/立方米，降幅40%；PM10（可吸入颗粒物）年平均浓度从72微克/立方米下降至56微克/立方米，降幅22.2%；空气质量达标天数较2013年增加34天，全面完成了国家“大气十条”空气质量改善终期考核目标任务。

广州空气治理工作始于顶层设计的不断完善。2012年2月，国务院发布空气质量新标准，增加了PM2.5值监测，标志着全国的空气治理进入新阶段。2012年3月8日，广州在全国率先向公众发布PM2.5的实时监测结果。2012年，广州PM2.5的年平均浓度为51微克/立方米，距离国家二级标准的35微克/立方米，相去甚远。2012年，广州市政府成立了由42个部门及各区政府组成的广州市环保工作领导小组，市领导担任组长，建立完善重大环保工作统一领导、统筹推进的综合决策机制；同年，新一轮空气环境大整治五年行动方案《广州市2012—2016年空气污染综合防治工作方案》出台，方案中部署了10大防治行动、57项具体措施、8方面保障措施和3000多项具体任务。

从2014年起，广州开始在全国率先推进燃煤电厂“超洁净排放”改造，截至2017年底，全市有35台总装机容量为535.9万千瓦的燃煤发电机组或企业自备发电锅炉完成改造。中心四区建成“无燃煤区”，淘汰落后产能，大力发展清洁能源和可再生能源，削减煤炭消费。从2017年7月起，广州将黄标车（老旧车）限行区扩大至全市行政区范围，同时出台经济鼓励政策促进提前淘汰黄标车，促使6.05万辆汽车报废，发放奖金约4.02亿元，淘汰黄标车21.6万辆。

2018年

掀起学习党的十九大精神热潮

2018年1月5—6日，中共广州市第十一届四次全会召开。全会强调，要把学习宣传贯彻落实习近平新时代中国特色社会主义思想和党的十九大精神作为长期政治任务，深入开展“不忘初心，牢记使命”主题教育，深化“大学习、深调研、真落实”活动，持续在学懂弄通做实上下功夫，牢固树立“四个意识”，坚定“四个自信”，坚决维护习近平总书记在党中央和全党的核心地位，坚决维护以习近平同志为核心的党中央权威和集中统一领导。坚持以习近平新时代中国特色社会主义思想总揽广州工作全局，把握广州迈向高质量发展的黄金期、窗口期、机遇期，突出抓重点、补短板、强弱项，坚决打好防范化解重大风险、精准脱贫、污染防治三大攻坚战，着力解决发展不平衡不充分的问题，把广州建设成为向世界展示习近平新时代中国特色社会主义思想的重要“窗口”和“示范区”，到2020年高质量高水平全面建成小康社会。

为推动全市各级迅速掀起学习十九大精神热潮，广州市委先后组织

全市正局级主要领导干部在市委党校举办了四期市局级干部研讨班，并以“讲习所”等形式宣讲习近平新时代中国特色社会主义思想。2月28日，在中共广东区委旧址纪念馆，全省首个区级以宣讲习近平新时代中国特色社会主义思想为主旨的讲习所——新时代越秀讲习所揭牌成立。3月13日，“新时代红色文化讲习所”启动暨首场宣讲活动在中共三大会址举行。3月14日，“新时代红色文化讲习所”以“不忘初心，牢记使命”为主题在广州农讲所首场开讲。4月26日，广州市首个镇级“新时代讲习所”在花都区炭步镇塱头古村正式揭牌成立。通过不同形式，帮助广大党员加强党性锻炼及提升基层工作能力。

“中国制造2025”试点示范城市建设

2016年初，工业和信息化部（简称“工信部”）开展“中国制造2025”城市试点示范工作。中共广州市委、市政府对此非常重视，把创建“中国制造2025”城市试点示范作为广州贯彻落实“中国制造2025”、振兴实体经济的重要抓手。广州市工业和信息化委员会认真开展创建“中国制造2025”城市试点示范研究及申报材料编制工作，在工信部、广东省经济和信息化委员会的指导支持下，多次征求各方意见，并修改完善《“中国制造2025”城市试点示范申报书》。2016年底，正式向工信部上报申报书。

2017年2月24日，工信部、中国工程院组织对广州市创建“中国制造2025”城市试点示范工作进行现场考核评估。2017年4月17日，工信部发文《工业和信息化部关于广州市创建“中国制造2025”试点示范城市的批复》，批准广州为“中国制造2025”试点示范城市。2017年10月3日，

市政府印发《广州市建设“中国制造2025”试点示范城市实施方案》。

从2018年开始，全市把加快做强做优以先进制造业为主体的实体经济，作为推动“中国制造2025”试点示范城市建设的着力点。设立广州市“中国制造2025”产业发展资金。2018年2月9日，《广州市“中国制造2025”产业发展资金管理办法》以及相关配套实施细则出台。通过设立基金等方式，为全市集中力量扶持新一代信息技术等重点产业发展提供资金保障。此外，大力引进新动能，开工建设一批重大项目，搭建新的招商引资平台；加快优化升级步伐，打造创新平台，加大技术改造力度，支持绿色发展；加大扶持工业企业服务力度，拓宽工业中小微企业投融资渠道，培育“小升规”企业，推进中小企业中外合作区建设等。

《广州市城市总体规划（2017—2035）》草案公示

2018年2月25日，《广州市城市总体规划（2017—2035）》草案公示正式出炉。广州有了新的定位——“美丽宜居花城、活力全球城市”。新版总规提出，到2035年广州常住人口规模控制在2000万人左右。城市格局方面，本轮总规提出构建枢纽型网络城市空间结构。首先是区域协同发展，网络化城市群格局，交通设施互联互通，市政基础设施衔接共享，生态环境共同维育。其次是构建枢纽型网络城市空间结构，以“山、水、城、田、海”为基底，以珠江水系为发展脉络，以生态廊道相隔离，以交通骨架为支撑，聚焦航运、航空和科技创新三大国际战略枢纽，构建枢纽型网络空间结构。再次，还要以珠江为纽带，优化提升“一江两岸三带”。本轮总规还提出，形成“主城区—副中心—外围城区—新型城镇—乡村”的城乡空间网络体系，将南沙区全域定位广州唯一的城市副中心与功能完整的滨海新城。

在生态空间网络方面，构建连通山水、贯穿城区、蓝绿相融、功能复合的生态空间网络。维育市域生态资源集中分布的9大重要生态片区。结合生态廊道控制构建市域6条通风廊道，形成利于通风与空气流通的空间环境。

在城市景观塑造方面，提出彰显岭南山水特色，挖掘地域文化特征，塑造依山、沿江、滨海的风貌。以珠江母亲河为纽带，展现广州山水相连的生态特色，以南北12千米的城市新轴线为统领，凸显广州国际化、现代化的都市魅力。

在历史名城保护方面，保护修复珠江文化带、城市传统中轴线、城郭和骑楼文化景观，实施七条最广州历史文化步径，串联一批最能反映广州历史底蕴、传统风貌的建筑、街道、街区。

在交通建设方面，提出建设世界级空港、海港和铁路枢纽。此外，还有医疗和养老、社会福利方面的规划。

从近几轮的城市总体规划看，广州的城市定位不断提升。2005年12月22日，国务院原则同意《广州市城市总体规划（2001—2010年）》，并对广州作出如下定位：广州市是广东省省会，华南地区中心城市之一，国家历史文化名城。2016年2月5日，国务院原则同意《广州市城市总体规划（2011—2020年）》，并指出：广州是广东省省会、国家历史文化名城，我国重要的中心城市、国际商贸中心和综合交通枢纽。首次确立了广州国家重要中心城市地位，同时还出现了“国际”二字，广州城市定位上升到全球、国际的层面。从最早期定位为广东省的政治、经济、文化中心，到华南地区中心城市之一，再到我国重要的中心城市，广州城市定位在国务院的批复中逐渐提升，新一轮总规更是将广州放在国际一流城市的层次来谋划和建设。

广州市南粤公证处开业

2018年3月26日，广州市南粤公证处正式成立，这是广东省第一家新设立的合作制公证处。广州作为全国合作制试点改革城市，肩负着为公证行业深化体制改革探路的重任。该机构在司法部启动公证体制改革的背景下，按照中共中央国务院《关于分类推进事业单位改革的指导意见》的精神和要求，由符合条件的11名公证员自愿组合、共同参与、共同出资，不占用国家编制和经费，自主开展业务，独立承担民事责任，其财产由合作人共有，以其全部资产对债务承担有限责任；实行民主管理，按市场规律和自律机制运行。南粤公证处作为合作制公证处试点，保持“三个不变”，即公证处作为国家法律授权的证明机构的性质不变，公证员依法行使公证证明权的身份不变，公证文书的法律效力不变。试点成立的南粤公证处推出电子数据保管平台、电子合同公证签约平台、知识产权保护平台等创新型公证法律服务产品。为此开发了电子数据存证系统，客户登录后可以自助取证。为满足互联网金融行业发展对电子证据保存的需求，南粤公证处推出电子合同签约公证平台，通过公证机构提供的线上签约系统，以公证机构第三方的公信力保障电子合同签约过程的真实性、合法性，消除电子合同签约各方的不信任，促进交易。电子数据保管平台可以通过公证云系统，让有数据需求的当事人自行取证，公证处负责存证并出具保管证书或公证书，给当事人的维权提供有力证明。

深潜坐底起重工程船全球首制

2018年4月27日，中船黄埔文冲船舶有限公司为正力海洋工程有限公

司建造的1600吨深潜坐底多功能风电工程船在广州南沙命名。该船为国际首创，多项技术指标均达到世界领先水平，综合作业能力全国第一。1600吨起重机最大吊高距离基线161米，相当于50多层楼的高度，最大吊重与最大吊高均为世界领先，可以完成包括10兆瓦（及以下）海上风机的基础、风机塔筒、机舱及叶片的安装，吊重覆盖范围广，可完成目前各类海上风电安装作业。

1600吨深潜坐底起重工程船由中船集团自主研制，由上海船舶研究设计院进行详细设计。根据海洋环境条件以及风机厂商的个性化要求，该船拥有漂浮或者坐底两种作业模式，漂浮作业最大水深达80米，深潜坐底作业最大水深达32米。

此外，该船主作业甲板的有效作业面积达到3000平方米，最大甲板可变载荷约4000吨，可以同时装载2套10兆瓦风机部件及整套打桩设备；装备3000千焦的液压打桩锤，是国内打击能量最大的打桩锤，另配有多种先进的震动打桩锤和抱桩器等设备，可以完成各种打桩施工作业；采用压缩空气排压载系统，排压载效率高；配置8点锚泊定位系统，便于定位和风场内近距离移位。

首版广州米其林指南公布

2018年6月28日，首版广州米其林指南正式公布，63家餐厅最终入选此次榜单，其中8家米其林一星，均为粤菜餐厅。分别是：炳胜公馆、炳胜私厨、玉堂春暖（白天鹅宾馆）、江餐厅（广州文华东方酒店）、丽轩（广州富力丽思卡尔顿酒店）、利苑酒家（越秀）、惠食佳（海珠）、愉粤轩（广州四季酒店）。在首版广州米其林指南中，首次设置两个特别奖项，分别授予两家优秀餐厅。坚记获得“传承匠心奖”，坚

持使用耗时又费力的传统工序和配方，自家手工制作并销售伊面超过50年。啫八被授予“活力粤菜奖”，它令颇为传统、具有代表性的广东煲仔饭广受欢迎，并赋予其更为现代的表现形式。

评出的必比登推荐餐厅：天都里、坚记、云轩、啫八、新泰乐（越秀）、创发、新泰乐（海珠）、同记鸡粥粉面、榕意（天河）、老西关濑粉（文明路）、西关婆婆面（德政中路）、西关婆婆面（文昌北路）、朱仔记食府（江南大道）、向群（龙津东路）、半岛名轩、南园、西关竹园（十八甫）、达扬原味炖品（文明路）、西关竹园（荔枝湾）、靓姐蒲庙生榨米粉。

评出的米其林餐盘餐厅：悦景轩、源记肠粉、新浩文、吴财记、随轩、意轩、宏图府、韵轩、悦铂尼、桃园馆、和苑（天河）、风味、东兴（天河）、鹅公村（荔湾）、怡、空中1号、乐排馆、禅意茶素、北园、陶然轩（荔湾）、泮溪、六合茶居、荔雅图、荔湾亭、夏宫、好酒好蔡工作室、御宝轩、广州酒家（文昌南路）、常来（陵园西路）、悦轩、徐博馆岭南养生菜、中国元素、海晏楼（滨江东路）、海门鱼仔店（燕岭路）、炳胜品味（东晓路）。

米其林是可以向世界展示粤菜魅力和广州饮食文化实力的平台，对广州品牌的影响有非常大的促进作用。标杆性的餐饮品牌将更加注重提升品质，培育出更多的餐饮工匠；米其林餐厅的诞生也有利于带动餐饮消费水平的逐步提升，活跃本地市场，吸引更多游客。

广州首家民营企业上榜世界500强

2018年7月19日，财富中文网与全球同步发布2018年《财富》世界500强排行榜。来自广州的民营企业——雪松控股集团有限公司（以下简

称“松雪控股”）以327亿美元（约合2210亿元人民币）营业收入首次入榜，排名第361位，这是广州地区首家入围世界500强的扎根本土实体经济的民营企业。松雪控股创立于1997年，旗下拥有供通云供应链集团、化工集团、文化旅游集团、君华地产集团、社区生态运营集团和金融服务集团六大产业集团，同时拥有齐翔腾达、希努尔两家A股上市公司。为了促进民营经济发展，广州在2017年9月出台“民营经济20条”，包括畅通民间投资渠道、支持民营实体经济发展、促进民营企业创新创造、扶持民营企业做大做强、优化民营企业发展政务环境、构建“亲”“清”新型政商关系等六个方面，还选择100家民营先进制造企业作为综合试点进行重点扶持。截至2017年底，全市实有登记私营企业71.99万户，同比增长26.2%，占市场主体的41.1%，注册资本（金）34 418.94亿元，同比增长75.6%。全市科技企业中90%以上是民营企业，企业发明专利申请量的98%以上是民营企业，高新技术企业中97%是民营企业，新三板挂牌企业中95%是民营企业；省级企业技术中心中70%是民营企业；设有博士后创新实践基地和博士后工作站的企业中，三分之二是民营企业。

广州住房公积金租售中心上线

2018年7月31日，广州住房公积金租售中心正式上线。该中心是广州住房公积金管理中心发起建设并参与运营的官方房屋买卖、租赁平台，是国内第一个由公积金中心提供的租售服务平台。在广州住房公积金租售中心进行房产交易的市民，可以在平台上直接提交公积金贷款申请。广州住房公积金租售中心运用“互联网+大数据”技术，通过试行实名制、真实房源、真实价格的房产信息发布，系统后台将通过住房公积金系统内部的贷款情况，以及通过不动产部门数据共享或通过技术级实勘

手段验证发布人是否为房屋的产权人。有效避免房地产交易过程中的虚假房源，哄抬房屋价值、利用信息不对称等严重干扰市场交易秩序的行为，为广州地区住房公积金缴存职工提供安全、便捷、真实的住房租购服务。平台上线的业务包括：新房业务、二手房租售业务、长租公寓业务、住房金融服务业务等信息服务。用户可在平台上发布房产出售出租信息，寻找适合自己的房源促成租房、购买等交易。截至2017年末，广州住房公积金缴存职工已经达425万人，累计已经为50多万缴存职工、家庭发放个人住房贷款2000多亿元。

附录：大事记

1978年

12月23日 华南地区最大的现代化石油化工联合企业——广州石油化工厂基本建成投产。

1979年

1月8日 广州市委发出通知：根据中共中央文件精神，广州市的“右派分子”帽子已全部摘掉，要求各单位做好安置、改正、回城复户和就业工作。

3月1日 中国国民党革命委员会广州市委员会、中国民主同盟广州市委员会、中国民主建国会广州市委员会、中国民主促进会广州市委员会、中国农工民主党广州市委员会、中国致公党广州市委员会等民主党派基层组织恢复活动。

11月5日 广州白云小汽车出租公司成立。19日，首批70辆出租小汽车投入营运，这是中国改革开放后第一家中外合作经营出租车的企业。

1980年

1月6日 广州市一座新型鸡场——白云肉鸡场第一期工程建成投产。此项工程的机械设备和良种肉鸡皆从美国引进。

3月4日 广州市举行科技成果颁奖大会，为87项科技成果颁奖，其

中KX-1型全明室X线速显像装置获重大成果奖。

7月4日　广州市第一间工农联营企业——红山联合印刷厂成立。该厂是由市东方红印刷厂和花县花山公社合资开办的独立核算企业。

11月22日　广州市委召开县（科）级以上党员干部大会，市委第一书记梁灵光提出，要把广州建设成为华南地区的经济中心、外贸中心、旅游中心和科技中心。

1981年

4月8日　我国从日本引进的第一套电子计算机控制的自动转报中心在广州市电信局建成。

4月12日　全国第一个超级商场——广州友谊公司超级自选商场开业。

8月　广州市区245间饮食合作商店全部试行体制改革，恢复实行“独立核算、自负盈亏、自主经营”。

9月1日　东方宾馆实行经营管理责任制。这是广东省内第一家实行经济责任制的国营宾馆。

9月25日　广州市第一个个体户中共党组织——荔湾区向阳街个体户党小组成立。

10月16日　法国国家巴黎银行中国代表处驻广州办事处在东方宾馆开业。这是中国人民银行总行批准在广州设立的第一家外商银行办事处。

是年　广州日报与广州市财政脱钩，率先实现了“自筹自支，自负盈亏”的新财务制度，广州日报社由单一经营转向以广告为中心的多种经营。

1982年

2月20日　日本株式会社东红贸易经广东省政府批准在广州设立事务所，成为日本福冈第一个在广州设立事务所的贸易社团。

5月14日　华南地区第一个打破部门和地区界限的专业公司——广州船舶工业公司在广州正式成立。

8月20日　由广州市工艺品进出口公司主办的广州市出口工艺品展销会在澳门举行，展销会于31日结束。这是中华人民共和国成立以来广州首次在澳门单独举办的工艺品展销会。

9月16日　广州造船厂为美国一船运公司设计建造的1.11万吨全集装箱船“巴布亚”号下水，这是我国建造的第一艘较先进的万吨级全集装箱船。

10月6日　郊区东圃公社珠村大队潘景练等6户社员联合与大队签订承包美溪农场合同，这是广州市第一份“一定二十年”的农业生产承包合同。

11月19日　广州机床研究所研制成功的791新型合成固体磨削剂通过技术鉴定，这是我国首次研制成功的新型合成磨削剂。

1983年

2月6日　广州珠江造纸厂制成多功能涂布机，填补了广东省过去不能生产静电记录纸、复合商标纸、鱼群探测记录纸等特种纸的空白。

3月20日　广州华南电子计算机公司从法国引进的第一条电子计算机生产装配线投入试产，成为国内第一家以生产电子计算机为主的专业公司。

6月25日 广州塑料包装材料厂的建设工程基本完工。该厂设计能力为年产聚丙烯薄膜6400吨，是国内最大的聚丙烯薄膜生产基地。

7月22日 中山眼科中心在广州成立，成为我国第一个专门从事眼科医学研究和提供眼科医疗、教育服务的机构。

9月8日 广州市第一个个体户青年之家——广州郊区矿泉街个体户青年之家成立。

10月21日 广州市超声仪器厂根据哈尔滨工业大学的科研成果试制成的UG-02型超声发生器通过部级鉴定，填补了国内采用超声电火花复合应用技术的一项空白。

11月12日 我国从国外引进的第一条电冰箱生产线，在广州电冰箱厂安装完毕并试产。

11月18—27日 1983年广州国际女子足球邀请赛在广州举行，这是中国首次举办的国际女子足球邀请赛。

12月29日 广州机床研究所研制成功的工业机器人通过技术鉴定，这是国内首次研制成功的用微型计算机控制的工业机器人。

1984年

2月26日 广州市清远县龙塘公社养鸡专业户张纲明因创建了广东省内第一间自办的养鸡技术培训所，被团中央授予“全国农村学科学用科学青年标兵”称号。

2月27日 由广州市罐头厂和广东省食品工业公司工程技术人员组成的专家小组，赴美国艾奥瓦州得梅恩指导美国珠江食品工业公司生产广东风味的肉类、家禽罐头。这是我国首次向美国输出罐头生产技术。

3月18日 广州市海珠区联星农工商总公司兴建的28层江南大酒店破

土动工，1988年9月全面营业。这是中国第一家由农民与外商合办的大型酒店。

5月1日 广州市电信局租赁香港兴达投资有限公司的寻呼系统设备和电脑控制数字显示传呼设备（俗称BP机）正式在广州使用。

7月18日 广州市委批准广州第一橡胶厂、广州第二橡胶厂、广东玻璃厂、广州啤酒厂和广州油脂化工厂为广州市第一批实行厂长负责制的试点单位。

7月31日 广州运动员陈伟强在美国洛杉矶举行的第二十三届奥林匹克运动会上，以282.5公斤的总成绩，获60公斤级举重金牌，成为广州第一个获奥运会金牌的运动员。

8月12日 广州市海珠区建成全市第一间具有南方特点的新型副食品综合市场，在全国十大城市十大菜场工作经验交流会上，被列入全国十大菜场行列。

9月20日 广州市消费者委员会成立。这是全国城市中第一个维护消费者利益的群众性组织。

10月21日 广州市第二建筑公司第一批劳务建筑工人30人赴利比亚，这是广州市建筑业首次输出劳务工人进入国际建筑市场。

1985年

1月1日 是日起，广州市取消生猪派购和城镇居民凭票定量供应牌价猪肉，居民定量部分实行差价补贴。同时，牛羊肉、禽、蛋取消牌价，全部实行议购议销。

3月13日 国务院对外经济贸易部原则同意广州市对外经贸体制改革方案，赋予广州市相当于省一级对外经贸管理权限。

4月10日 广州工业品贸易中心成立进出口服务公司，成为广州市第一家自营进出口业务的商业企业。

5月30日 广州市政府发出《关于区、县财政管理体制问题的通知》。从1985年起，市属各区实行“核定收支，总额分成，一定五年”的财政管理体制。

8月6日 广州市委经济工作部召开市直属企业领导体制改革会议，宣布在市直属的15个大型国营企业中推行厂长（经理）负责制，年底前基本完成。

8月26日 广州万宝电器工业公司研制的“万宝牌”155升双门无霜电冰箱通过技术鉴定，正式投入批量生产，填补国内无霜冰箱生产的空白。

9月4日 广州市政府决定建立新闻发布制度，不定期向广州地区的新闻单位发布新闻。9月11日，市政府举行首次新闻发布会。

11月18日 广州珠江啤酒厂举行投产剪彩仪式，该厂是国内第一间从国外引进全套和工艺的现代化啤酒厂。

1986年

1月6日 国家体制改革委员会与中国人民银行决定以广州、重庆、沈阳、武汉和常州5个城市为金融体制改革试点城市。

3月20日 广州市委决定，广东玻璃厂、广州啤酒厂、广州油脂化工厂为首批厂长（经理）任期目标责任制单位。

5月20日 广州电风扇工业公司、广州蓄电池厂、广州电池厂、广州电筒工业公司、广州造船厂集装箱分厂被列为全国第一批机电产品出口基地企业，广州钟厂、广州造船厂被列为全国扩大对外贸易自主权

企业。

8月21日 广州市建委和广州市城建开发总公司越秀分公司签订合同，后者承担东风街小区开发改造工程，计划总投资2亿元，期限6年半。这是广州市第一个采用招标和土地有偿使用办法改造旧城区的试点。

9月21日 日用工业品在广州全部敞开供应。广州市百货公司取消最后一张票汇证——沪产缝纫机购买票，结束了近30年来凭票证购买紧俏日用工业品的历史。

10月17—18日 广州市外经工作会议召开，提出进一步改善投资环境，增强对外资的吸引力，使广州在利用外资方面继续走在全国沿海城市的前列。

11月19日 广州市轻工、机电、纺织三大工业系统全部撤销原有的行政性工业公司，组建成立新型的企业性公司。

1987年

1月17日 广州市政府办公厅转发市外事办《关于授予国外专家及友好人士以“广州市荣誉市民”称号的请示》，开展授予“广州市荣誉市民”称号工作。

1月20日 广州市政府召开商业体制改革会议，提出改革的重点是放开小型企业，选择亏本、微利、边远商业、小企业试行租赁经营。

3月2—4日 广州市外经贸工作会议召开，通过《广州市关于鼓励企业利用外资的规定》和《关于进一步扩大县、区外贸出口自主经营的意见》。

6月1日 广州氮肥厂厂长以上缴所得税递增包干的承包方式，与市

政府签订了厂长任期目标责任制合同书，这是广州市首家大中型企业以经营承包方式直接与市政府签约。

7月1日 是日起，广州市电筒工业公司、广州市制伞工业公司、广州市机床工具工业公司、广州绢麻纺织厂、广州电饭煲厂、广州钢琴厂等10家企业实行出口创汇的特别优惠政策。

8月18日 广州市八届人大常委会举行第31次会议，审议通过《广州市经济社会发展战略纲要》《广州市文化发展战略纲要》《广州市科学技术发展战略纲要》，成为指导广州今后经济社会及文化、科技发展的纲领性文件。

11月11日 亚洲饮料集团公司成立。这是广州市第一个由集团成员投资参股，以股份制形式组建而成的跨行业、跨地区的紧密型企业集团。

12月5日 珠江外资建设总公司和广州市城市建设开发总公司实行总经理负责制和总经理任期目标责任制，这是广州市推行总经理负责制的首批总公司企业。

1988年

3月1—2日 广州市外贸体制改革会议召开，决定广州市外贸体制实行“自负盈亏、放开经营、工贸结合，推行代理制”的方针，宣告经营者不负盈亏的吃国家“大锅饭”的外贸旧体制结束。

3月24日 万宝工业公司、广州市家用电器工业公司与英国中国产品有限公司正式签订万宝系列产品出口总经销协议，这是广东省内家电行业首次与国际销售网建立大规模销售关系。

3月25日 珠江钢琴集团公司成立，这是广州市第一个与境外企业联

合组建的集团公司。

7月15日 广州市试行开放办事制度试点工作会议召开，决定从7月份开始，先在越秀区及市工商、财税等81个基层单位进行试点，从第四季度起在全市由点到面逐步推行。

10月21日 广州至香港光缆通信系统开通。该系统全长251千米，是国内最长的一条跨域光缆。

11月19日 国内首次实行的旅游涉外饭店星级评定工作在广州开展，广州市是全国第一个实行评定饭店星级工作的试点城市。

1989年

1月30日 中华人民共和国成立以来广州市最大规模的一次社会科学界集会举行，会议表彰“十年改革系列理论研讨活动”的先进单位，并对广州市1986—1987年度社会科学优秀成果进行颁奖。

2月14日 总投资额6亿元的珠江水泥厂投料试产成功，公司由广州越秀集团有限公司及德国海德堡水泥集团共同投资合作经营，是一家以生产和销售水泥为主营业务的大型中外合资企业。

3月13日 广州市政府印发《广州市发展私营企业的若干规定》，规定采取多种措施，放宽对私营企业的发展限制。

3月13—18日 广州市第九届人大第二次会议召开，通过《广州市人民代表大会议事规则》，并首次设立旁听席。

9月1日 广州全市取消议价食油凭证定点限量限价供应，敞开供应食油，价格随行就市。

1990年

1月9日 国内最大的移动电话网——珠江三角洲移动电话网开通。该网的覆盖范围包括广州、深圳、珠海、佛山、东莞、中山、惠州等11个县市。

3月9日 广州电梯工业公司的广日牌YP-15-3C 090电梯获建设部优质产品称号，成为国产电梯第一个获“部优”的产品。

4月5日 广州市政府批准南方大厦股份集团公司为广州市第一个放开经营的试点企业。

5月31日 广州造船厂建造的2.55万吨成品油轮“海豪”号下水。这是华南地区首次自行设计、建造的成品油轮，也是华南地区建造的吨位最大的船舶。

7月 广州经济技术开发区与香港远东集团旗下的享茂有限公司签订合同，以每平方米260元人民币的价格出让260 076平方米地块的使用权，这是广州经济技术开发区首次出让成片开发土地。

12月2日 广州环城高速公路首期工程正式通车。首期工程于1987年1月18日动工，由沙贝至瑶台，共7.8千米。

是年 广州市白云区和增城县通过执行《中华人民共和国义务教育法》的检查和初中办学条件验收，至此，广州市基本普及九年义务教育。

1991年

1月11日 国内产量最大、纸板幅度最宽的瓦楞纸生产线——七层重型瓦楞纸箱生产线在广州东方纸箱厂投产。

2月中旬 广州市政府制订“八五”期间扶贫工作计划。此事列入市政府1991年为市民办的十件实事的第一件事。

2月22日 广州市迎来“民工潮”，从18日起至是日晚12时止，到达广州的外来务工人员近24万人。

2月28日 国家“七五”建设重点工程——黄埔新沙港首期工程5个3.5万吨级泊位全部通过交通部验收。

4月5日 天河区寺右村向广州市保险公司天河营业部交纳养老保险费，成为广州市第一个全体农民有养老保险保障的自然村。

9月23日 总投资3.5亿元的广州油制气厂经过2年8个月的建设投油试产，当年11月1日向用户供气，是市内生产管道煤气的唯一气源厂，也是华南地区最大的现代化煤气生产厂。

9月26日 广州万宝集团公司生产的世界上第一台不用“雪种”的冰箱——万宝HFC-152a（氢氟碳化合物）制冷工质电冰箱，通过技术鉴定。

10月23日 广东轻工机械厂正式晋升为国家一级企业。这是全国轻工机械行业首家、广州市第二家国家一级企业。

12月1日 广州人民广播电台（立体声96.2兆赫）开播。该台24小时播音，在全国大城市属首家。

12月 第一届世界女子足球锦标赛在广州举行。

是年 广东国际大厦主体工程建成，主楼63层，高200.18米，一度成为20世纪90年代中国大陆楼层最多、高度最高的大厦，也是广州市标志性建筑，俗称“63层”。

1992年

1月27日 中意广州乙烯合作项目签字仪式在意大利国宾馆马达马宫

举行，国务院总理李鹏和意大利总理安德烈奥蒂出席仪式。协议约定，广州将从意大利进口价值1.5亿美元的化工技术与设备，乙烯年生产能力可达11.5万吨。

2月20日　全国第一个盲人过马路音响交通信号在中山五路与吉祥路交界处启用。

3月6日　广深铁路公司投资250万元兴建的广九站新售票厅启用，专售广州至香港九龙、深圳的车票。

6月11—12日　广州市政府决定对市属四区三县以及番禺市共73个基层供销社试行一区一社建制，区供销社联社改为供销总公司，基层社并入区供销联社。

7月18日　广州市政府发出《关于印发〈广州市十五年基本实现现代化总体发展方案〉的通知》，明确广州市在21世纪初叶跻身于现代化国际大都市行列的目标任务。

9月14日　广州市政府办公厅印发《关于对口支援三峡工程库区工作的意见》，召开工作动员会安排部署对口支援工作。

11月26日　广州市荣获国务院环境保护委员会授予的“城市环境综合整治十佳城市”称号。

12月17日　“中国城市综合实力50强”在北京揭晓，广州城市综合实力首次跻身三强，位列上海、北京之后。同日，广州被中国城市社会经济发展水平评价中心评为“首批投资硬环境40优城市”。

1993年

1月7日　《现代育儿报》创刊。这是国内第一份以学龄前儿童家长为主要读者的报纸。

1月16日 广州市政府颁发《广州市贯彻全民所有制工业企业转换经营机制条例实施办法》，规范广州市国有企业改革工作，全面推动企业转换经营机制。

1月19日 广州飞行造船企业有限公司与中国船舶科研中心联合研制的“飞行一号”高速豪华水翼客船在新中国造船厂下水。这是国内第一艘铝合金全焊接水翼船。

8月25日 “首届华语电视周”在广州市开幕。

12月29日 广州市交通指挥控制中心启用。

1994年

4月21日 广州市政府召开物价工作会议，决定采取15项具体措施，加强物价管理，落实调控工作。

7月16日 数字式定点无线电话系统——“天地通”（CT2）无线电话在广州正式开通。

9月15日 广州至汕头的SDH622兆光纤通信系统正式运行。这是全国首条投产的信息传输高速公路。

10月9日 “今日巨画”创作活动在天河体育中心举行。2400名少年儿童在一张面积逾7000平方米的画布上绘出以“生命、健康、和平”为主题的和平鸽，创造了新的吉尼斯世界纪录。

11月10日 北环高速公路的通信、监控和电子收费系统开始运行。这是中国第一套引进国外先进技术、运用现代电子和计算机技术对高速公路交通和收费进行全面监控的设备。

1995年

1月15日 国内首批冷气电车在广州市电车公司投入营运。

2月16日 广州市首次开展换发身份证工作，本次换证人数达120万人。

4月19日 广州市壹加壹实业有限公司党支部成立。这是在广州私营企业中成立的第一个党组织。

5月9日 广州市建设银行牵头组成的跨分行、跨地区银团向南沙发电厂发放贷款1762万美元。这是国内专业银行首次实现地区间资金优化流动。

5月10日 中共广州市委作出《关于深化外贸体制改革、扩大外贸出口、增创广州国际贸易大口岸新优势的若干决定》。

5月18日 中共广州市委印发《关于加快“三高”农业发展步伐的决定》。

6月12日 广州市远洋渔业船队起航赴南太平洋。这是广州市首次独立组队与外商合作开发远洋渔业。

6月30日 珠江啤酒集团与比利时英特市鲁啤酒集团合资成立的“珠江啤酒（欧洲）有限公司”在比利时首都布鲁塞尔开业。

7月1日 广州市政府颁布实施《广州市主要副食品价格管理办法》。该办法适用范围是市属八区，规定对蔬菜类、鲜猪肉类和塘鱼类实行差率管理。市菜篮子报价中心同时启用。

9月30日 上下九商业步行街开放，这是广州市首条商业步行街。

10月5日 广州摩托集团举行全员劳动合同暨集体合同签字仪式，成为广州市第一家签订集体合同的国有企业。

11月8日 全国首个跨省市实时寻呼系统——万声寻呼网广州台

开通。

12月28日 广州市开通国内第一个电话缴费系统，并推出“铃通”电话理财业务。

是年 广州市自来水公司东山供水管理所和工商银行天河支行签订委托银行通过电脑代划收水费合同。至此，广州全市区基本实行新的收水费办法，成为国内第一个供水管理电脑化的大城市。

△花园酒店实行董事会领导下的总经理负责制。结束了10年来一直由境外酒店管理公司管理的历史。

1996年

2月13日 广州市政府与香港新世纪发展有限公司签订全面投资长期合作暨四个项目协议。

5月29日 广州日报报业集团挂牌成立。它是我国第一家报业集团。

6月7日 原市第一、第二商业局转制组建的广州百货大厦企业集团公司等七大商业集团公司正式挂牌成立。

6月28日 广州市医药公司健民医药连锁店成立。它是全国第一家大型西药连锁店。

9月1日 由番禺南沙新技术船舶工业有限公司制造的国内第一艘超豪华型铝合金高速双体客轮“南沙38号”下水。

9月28—30日 第二届亚洲太平洋城市首脑会议在广州召开。

10月8日 广州医药集团有限公司挂牌成立。

11月18日 东鹏（集团）股份有限公司挂牌营业。它是广州市首家农民集团股份公司。

12月18日 珠江钢琴集团有限公司暨广州珠江钢琴企业集团成立。

1997年

3月13日 广州Internet节点正式开通到美国西北电讯网的2M出口线，成为继北京、上海后CHINANET第三个出口局。

4月2日 中国南方航空（集团）公司与美国达美航空公司在广州白天鹅宾馆签订代号共享协议，这在国内民航史尚属首次。

8月20日 位于人民公园前的广州地铁公园前站主体工程竣工。它是当时国内规模最大的地铁站。

10月9日 设有辅助电源和自动脱杆装置的新型电车投入107线路运行。这是国内电车历史上第一条能够“脱杆运行”的线路。

10月27日 广州产权拍卖行公开拍卖破产企业广州异型钢材厂、广州照相机厂曾注册使用的“方圆牌”“珠江牌”商标权，这是全国第一例公开拍卖破产企业商标。

11月6日 广州市住宅建设办公室举办第13期预售解困房。这是广州市最后一次举办预售解困房活动。

1998年

1月12日 香雪制药股份有限公司成立。这是广州医药制药行业中首家由公有制转制为以非公有制成分为主的医药工业企业。

1月13日 广州市包装行业协会成立。它是广州市被列为全国实行行业协会管理试点城市后的第一家行业协会。

3月上旬 国内首座“农民大厦”——中国农村外向型经济大厦在白云区落成。该大厦有名、优、特农产品展示中心，内外资合作信息中心，是国内农业外向型经济的一个窗口。

3月16日 广州电信局163电子邮局（http：//www.163.net）成立。这是国内首家全中文免费电子邮局。

4月7日 广州双鱼体育用品集团有限公司与国际乒乓球联合会签约。双鱼集团向第45届世界乒乓球锦标赛提供双鱼牌乒乓球运动器材。这是我国乒乓运动器材首次走出国门，成为世界锦标赛的官方指定器材。

4月19日 广州—西安—兰州—乌鲁木齐行包快运专列正式开行。这是国内最长的行包快运专列，也是国内首列由私营企业参与经营的行包快运专列。

5月3日 南海季风试验海洋探测船“实验3号”，在广州新洲码头起航，标志着国家重点基础研究项目——四大气象科学试验正式启动。

6月3日 广汽集团有限公司成立。

6月23日 首次举行广州市国有土地使用权拍卖会。

7月23日 全国首家旅游紧急救援机构——广州旅游紧急救援中心正式成立。

7月31日 中共广东省委、省政府召开广州市城市建设现场办公会议，进一步明确提出把广州建设成为现代化中心城市。

8月18日 广州云香酒楼正式转制为股份合作制企业。

1999年

1月5日 广州“虎头”牌电池商标被国家商标局认定为驰名商标。这是全国电池行业以及广州市第一个中国驰名商标。

2月3日 广州市人民政府公众信息网正式开通，并通过互联网向全世界开放。

2月6日 中共广州市委、市政府印发《关于进一步扩大对外开放的若干意见》。

2月8日 22时35分，256次“广州外来务工青年火车专列”载着1700名青年外来工从广州驶向湖南张家界。这是全国首趟为外来工返乡而开行的专列。

2月9日 天河城广场全面开业。该商业广场占地5.4万平方米，建筑面积32万平方米，总投资额20亿元，是当时广州市商业网点建设史上最大的项目。

3月1日 广州白云国际机场与广州交通投资有限公司签署《广州白云国际机场有限责任公司章程》和《投资组建广州白云国际机场有限责任公司合同书》。机场建设由中央和地方合营的方式在国内属首次。

3月7日 由南方航空（集团）公司湿租给孟加拉国航空公司的2架B777－200型客机从广州直飞孟加拉国首都达卡。这是中国民航首次对外湿租大型客机。

3月10日 广州市政府建立外资工作联席协调会议制度，会议成员由市外经贸委等19个单位的主要负责人组成。

4月1日 广州市建设投资发展有限公司与私营企业广东安成路桥投资有限公司正式签订《合作经营广州广园东城市快速路合同》。这是广东私营企业首次参与城市大型基础设施建设。

4月7日 广州市政府颁布《关于广州市建立统一的企业职工基本养老保险制度实施意见的通知》，从1998年7月1日起实施。

4月13日 广州市政府召开动员会，在全市范围内全面实施《广州21世纪议程》。

5月21日 市政管理事权下放交接仪式在广州市政园林局举行，原市管的580条道路中的553条下放到各区管理。

6月1日 广州市规划局在全市八区全面推行城市规划管理体制改革。

6月7日 广州市政府局域网联入163、169网，广州市“政府上网工程”正式启动。8日，广州市人事信息网公众网开通，广州市“电子政府”开始办公。

7月1日 △是日起，全市地方税务实行“属地征收”模式。

△中国民航最大的中外合资企业——华南蓝天航空油料有限公司在广州正式成立。

7月30日 广州市国有商业企业按照政企分开和政府经济管理职能与国有资产所有者职能分开的原则进行改革，政府部门不再直接管理企业。

8月18日 广州市政府办公厅转发市科委《关于深化市属独立科研机构体制改革实施办法》。

8月20日 广州贸易网正式开通。广州市商业系统的13个企业集团上网营销。

9月20日 《广州年鉴》1999年刊及其多媒体光盘同时出版发行，成为全国第一部实现纸介质年鉴和光盘版年鉴同步出版的地方综合年鉴。

9月28日 中共广州市委、市政府举行城市管理综合执法实施动员大会，宣布广州市城市管理综合执法机制正式建立。

10月1日 是日起，《广州市蓝印户口管理规定》施行。2004年1月1日起，广州市内申办蓝印户口手续停止受理。

11月中旬 天河区在全市率先完成区属企业的产权制度改革。

12月13日 美晨股份有限公司收购广州市轻工研究所，成立广州市美晨科技开发中心。这是广州由股份制企业并购科研机构的首家科研开发中心。

12月17—21日　亚洲第四届数学大会（简称“ATCM’99”）在广州召开。这是首次在中国举行亚洲数学大会。

是年　广州港完成货物吞吐量10156.5万吨，集装箱吞吐量117万标准箱，成为继上海港之后第二个跨入世界亿吨大港行列的中国港口。

2000年

1月1日　广州市福利分房制度结束，全面启动住房货币分配制度。

1月3日　广州市调整街道行政区域设置工作基本完成，全市原有98条行政街道，调整合并为73条，其中新成立5条。

1月6日　广州市首次对4条公交线路经营权实行有偿使用竞投。由一汽公司、三汽公司、电车公司、新福利巴士有限公司分别投得，有偿使用期为10年。

1月25日　广州市政府采购中心成立。

1月26日　广州市农村工作会议召开，决定将农业区分为“内环、中环、外环”，使农业从城郊型向都市型转变。

4月3日　广州市政府常务会议通过对广氮集团实行关闭的方案。这是广州有史以来关闭的最大的国有企业。

4月12日　举行广州市企业改革转制投资多元化洽谈会，标志着广州企业产权交易市场正式启动。

5月12日　广州市政府首次向13名在广州创业的留学人员给予每人10万元留学人员科技创业资金，标志着广州市留学人员科技创业基金正式启动。

5月19日　广州市委、市政府颁布实施《广州市城市建设管理“三年一中变”规划》。

6月22日　广州市电子商务门户网站正式启动。

7月　广州市改革公粮（农业税）征收方式，将现行公粮（农业税）实物任务按早籼三级稻谷每50公斤45元折算成货币额，由财政部门分解下达农户，一定三年不变。

8月1日　广州市委、市政府印发《关于加强个体、私营经济工作的若干意见》。

10月11日　广州市委、市政府批准市技术监督管理体制改革的实施方案，市、县级市政府原设置的技术监督局，统一改名为质量技术监督局。

10月13日　国内首家中外合资的人寿保险公司——信诚人寿保险有限公司在广州正式成立。

2001年

1月15日　穗港澳直通车总站在广州正式投入使用。

2月9日　广州市委、市政府正式建立广州市党政领导干部任期经济责任审计制度。

2月21日　广州市财政局、国资局召开聘任财务总监大会，向首批试点的广州机电工业资产经营有限公司、广州轻工工贸集团有限公司等5家国有资产授权经营机构委派财务总监。

2月28日　广州港出海航道工程通过国家正式验收。该航道全长115千米。

3月1—2日　第一届中国蓝牙技术国际交流会在广州举行。广州市成为国内最早推动蓝牙技术产业化的城市。

4月17日　《广州市国民经济和社会发展第十个五年计划纲要》颁

行，进一步强调“以率先基本实现社会主义现代化，建设现代化中心城市为总目标、总任务”。

6月1日 是日起，广州市全面推行暂住人员IC卡管理制度。

6月23日 首届中国（广州）龙舟邀请赛在广州举行，来自湖北、福建、广东及香港、澳门等地的70多支龙舟代表队共6000多名运动员参加。

6月28日 14时40分，广州宽带主干网首期主体工程（最大宽带160G）开通试运行。这是我国第一个开通试运行的宽带大容量城域主干网，是全国第一个集计算机、电信和有线电视三网融合的网络。

7月3日 广州广船国际股份有限公司为瑞典格特兰航运公司建造的1600米车道高速车客滚装船下水。这是中国造船业首次进入车客滚装船产品市场，代表中国最高造船技术水平。

7月5—6日 香港40多家企业和跨国公司第一次组团在广州举办首届赴港专才招聘会。这是国内第一次举办赴港专才招聘会。

7月10日 广州文冲船厂有限责任公司成立，成为广州第一家债转股的国有企业。

7月23日 全国最大的全功能综合性邮件处理中心——广州邮件处理中心在白云区江高镇正式投产。

8月下旬 广州市政府常务会议审定《广州市城市建设总体发展战略概念规划纲要》，明确“南拓、北优、东进、西联”城市空间拓展战略。

9月10日 国家重点建设工程——武昌至广州的电气化铁路正式竣工通车，标志着京广铁路大动脉全线实现电气化。

9月18日 国内自行设计建造的第一艘半潜船“泰安号”在广州下水。

10月23日 广州市新闻办公室举行首场广州市对外新闻发布会，市长林树森向境内外近50家媒体上百名记者介绍广州市政府开发南沙的总体思路及南沙开发对广州城市发展的影响。

11月11—25日 第九届全国运动会在广州举行。

12月25日 广州首条电力隧道——珠江新城电力隧道正式投入营运。

2002年

1月8日 《广州市药品监督管理体制改革实施方案》出台。

1月23日 广州市国税局率先在全国开通12366纳税服务热线，向纳税人提供税法宣传、资料查询等服务。

1月24—25日 首届穗台经贸合作研讨会在广州举行，来自中国台湾地区180多家企业的260多名代表参加会议。

2月5日 广州市经委、市委组织部、市人事局联合发出公告，首次面向全国为27家广州市属国有企业招聘60名工业企业高级经营管理人员。

3月25日 是日起，香港东亚银行广州分行在广州开办包括国内居民和企业在内的各类客户的外汇业务。这是外资银行分支机构首次获准在广州全面经营外汇业务。

3月28日 广州市与美国关岛签订加强交流合作备忘录。

4月11日 广州保税区和香港机场合作的华南地区首条物流配送“超级中国干线”陆空联运通道正式开通。

4月26日 慈爱医院正式成立。该院是广州市首家以董事局领导作为运作机制的综合性医院。

4月29日 广州决定开放银行、电信、保险、商业、旅游、运输等领域，首次将电信、燃气、热力、供排水等城市管网领域列为对外开放领域。

5月24日 广州市委印发《关于广州市市、区、县级市人大、政协机关机构改革的意见》。

6月5日 广州市委办公厅、市政府办公厅印发《关于在区、县级市以上政权机关全面推行政务公开制度的实施意见》。

6月28日 广州港至美国西部的国际集装箱干线班轮正式开通。这是广州港开通的首条欧美远程航线。

7月1日 是日起，广州市所有出口企业的出口报关单全部通过“口岸电子执法系统”运作。

8月5日 《广州市社会工伤保险工伤康复管理试行办法》正式实施。这是全国第一个地方性工伤康复管理规定。

8月12日 广州市委、市政府印发《关于促进个体、私营经济上新水平的若干意见》，进一步放宽对个体、私营企业的限制。

9月16日 广州市花都区狮岭镇荣膺“中国皮具之都”称号，成为我国第四个皮革皮具产业的重点发展区域。

9月27日 是日起，广州市商业银行所辖自动柜员机受理香港银行卡异地提现业务正式开通，在广东银行业中率先实现了穗港两地银行卡的互联互通。

10月14日 香港特别行政区驻内地首家经贸派出机构——香港驻粤经济贸易办事处在广州挂牌成立。

11月1日 是日起，广州市常住居民可凭身份证、户口簿按需申请护照。

11月25日 瑞典驻广州总领事馆在广州开馆。

11月27日　“中国广州政府”（www.guangzhou.gov.cn）综合门户网站正式开通。

12月9日　广州市政府常务会议通过《广州市外商投资企业委托审批管理规定（草案）》。市政府下放给各区、县级市政府的审批权限，由原来总投资额1000万美元以下，提升到3000万美元以下。

2003年

1月25日　广州珠江啤酒股份有限公司挂牌成立。该公司实行国有股、外资股和民企股并存，开创我国国有企业股份制改造的先河。

2月12日　广州市在广东省率先实行医疗服务价格实施专家审议制度。

3月8日　广州市劳动力中心市场的“远程见工”系统正式启动。这种运用现代科学技术实行远距离大批量招工的方式在国内尚属首次。

3月20日　珠江新城I3—1、I3—2、I3—3地块和琶洲PZB11地块分别由保利房地产股份有限公司和广州市环博展览有限公司以2.13亿元和3.23亿元竞得。这是广州国有土地使用权挂牌出让第一次成交。

6月23日　广州市政府首次与全球著名的门户网站雅虎合作，在美国、日本、英国和香港、台湾地区同一时间用中、英、日三种语言在网络直播“中国广州汽车产业投资新商机网上介绍会”。

7月1日　是日起，羊城通系统正式投入运营。

8月1日　广州市政府印发《决定取消和改变管理方式的一批行政审批项目目录的通知》，取消273项行政审批项目，并将20项行政审批项目

移交行业组织或社会中介机构管理。

8月8日 《广州新接触》英文杂志举行首发仪式。该刊是广州市第一个全面地、系统地向世界介绍广州的文化载体。

8月20日 是日起，广州市民可凭身份证和户口簿申领通行证赴港澳旅游。

8月29日 广州市第一座由民营企业独资建设的大桥——琶洲大桥正式通车。

10月13日 中共越秀区北京街、大新街、人民街非公有制经济组织党委正式成立并挂牌。这是广州市首个街道地区性非公有制经济党委。

11月28日 广州—泰国曼谷—埃塞俄比亚的斯亚贝巴定期往返航线正式开通。这是广州与非洲大陆的首次通航。

12月11—13日 由广州市政府主办的首届中国（广州）民营企业名优商品博览会在广州举行。此次博览会开创全国性民营企业会展业的先河。

12月31日 中央电视台国际频道中英文双语元旦晚会《迎接2004——魅力广州》在广州举行。这是广州首次举行的向全世界直播的元旦晚会。

2004年

1月15日 全国首个“香港零关税商品城”在广州市北京路浚泰商城正式开业。

5月11日 中国首个国家天然气水合物研究中心“中国科学院广州天然气水合物研究中心”在广州挂牌成立。这是中国“可燃冰”研究的一个重要里程碑，标志着中国天然气水合物的研发工作正式全面启动。

6月9日 中国大酒店合约期满，中外双方业主代表签署合作期满、财产移交协议。该酒店开业9年已偿清本息，成为全国最早还本取得利润的中外合作酒店。

6月26日 广州国际龙舟邀请赛在珠江解放桥至人民桥之间河段举行。8个国家和广州地区的101支队伍近8000名运动员参赛。这是1994年广州市恢复在珠江河段赛龙舟以来规模最大的一次。

7月1日 20时40分，在卡塔尔多哈举行的第23届亚奥理事会代表大会上亚奥理事会主席艾哈迈德郑重宣布，广州获得2010年第16届亚洲运动会的主办权。广州市政府在广州国际会展中心举办《中国心·亚运情》文艺焰火晚会，7000多名群众到会欢庆。

7月14—17日 首届泛珠三角区域经贸合作洽谈会在广州国际会展中心举行。11个省、区代表团出席开幕式。会上正式签署《关于加强泛珠三角区域教育交流合作框架协议》。

10月15日 广州市南洲水厂正式竣工投产，日供饮用净水量达100万立方米，是国内规模最大、工艺最先进、自动化程度最高的饮用净水厂。

12月6日 海口—广州跨海旅客列车抵达广州火车站，标志着中国第一条跨海铁路粤海铁路客运列车线路正式开通。

2005年

1月6—8日 《南方日报》报道：日前，合众汽车销售服务（中国）有限公司在广州成立。这是中国对外开放以及CEPA（《关于建立更紧密经贸关系的安排》）实施以来，首家获准设立的汽车零售领域的外商独资企业。

1月15日 位于天河路商圈的正佳广场正式开业。该广场占地5.7万平方米，建筑面积42万平方米，由一个48层的五星级酒店和公寓、30层超甲级写字楼及30万平方米的时尚购物中心组成，是亚洲单体面积最大的购物中心。

4月17—21日 首届海峡两岸名优产品博览会在广州花城会展中心举行。这是48年来台商首次可以通过该博览会共享广交会万商云集的采购商资源。

7月2日 广州南沙开发区南沙货运实业码头正式投入使用。拥有1个万吨级泊位和3个千吨级泊位，岸线总长480米，码头设计年吞吐量24万标准箱，码头配套堆场总面积45 000平方米。

8月8日 广东移动与新华社广东分社以及南方日报、广州日报和羊城晚报三大报业集团联合推出手机报纸，这是中国发行的第一份手机报纸。

8月9—13日 中共中央政治局常委、国务院总理温家宝先后到珠海、中山、佛山、广州、东莞、深圳。在穗期间，考察了广州本田汽车有限公司、中科院广州生物医药与健康研究所、中山大学、星海音乐学院，并到广州市荔湾区逢源街耀华社区看望居民。

2006年

1月1日 《广州市行政规范性文件管理规定》正式实施。该规定在全国首创行政规范性文件应当设立有效期，自文件发布之日起最长不超过5年。

4月6日 广州港集团和广州水产商业集团正式成立广州黄沙水产交易中心有限公司。该交易中心是国内最大的鲜活水产品批发市场，2005

年交易量25万吨，交易额超过72亿元。

4月19日　中远集团“中远广州”轮命名暨首航广州港仪式在南沙码头举行。这是世界上第一艘以广州命名的大型集装箱船，其最大载箱量达9500标准箱，载重107 277吨，船长350.57米，型宽42.8米。

5月20日　中共中央政治局常委李长春考察广州南沙开发区。

7月18日　11时57分，瑞典国王卡尔十六世·古斯塔夫和王后西尔维娅乘坐大型仿古船“哥德堡号”抵达广州南沙客运码头。“哥德堡号”于7月22日至8月13日向市民开放。“哥德堡号”在广州停留期间，中方和瑞方举办了涉及经贸、文化、旅游等领域的一系列活动。

8月22日　中远太平洋有限公司与A.P.穆勒—马士基集团合作经营广州港南沙二期码头协议签字仪式在广州举行，双方联合广州港集团，建设广州港南沙港区二期6个集装箱专用深水泊位以及相应配套设施，总投资约40亿元。

8月28日　广州小虎石化码头正式投产，建成1000吨至5万吨级共13个泊位群专业码头，新增年吞吐能力1236万吨。

9月25日　广州市智能交通管理指挥系统开通。该系统历时5年开发研制，耗资2.1亿元，由15个子系统组成，全部投入使用后，城市主干道交通监控和电子警察覆盖面从目前的50%提高至90%。

10月15—30日　第100届中国出口商品交易会在广州举行。15日晚，在广州国际会展中心广场举行开幕式暨庆祝大会，中共中央政治局常委、国务院总理温家宝出席大会并作重要讲话，宣布从下届（第101届）起，中国出口商品交易会正式更名为中国进出口商品交易会。本届广交会共设展位31 408个，展览面积28.2万平方米，共有50个交易团，14 001家企业参展，累计成交额340.6亿美元。广州交易团在本届广交会出口成交10.54亿美元，首次突破10亿美元。

2007年

1月16日 由广州日报报业集团控股的广东九州阳光传媒股份有限公司（股票简称“粤传媒”）在深圳证券交易所挂牌上市。粤传媒是第一家经国家新闻出版总署批准在境内主板上市的传媒公司，也是首家成功由三板转到主板的公司。

6月1日 广州南岗污水处理系统工程区域合作协议书在广州正式签订。这是国内首个全球环境基金组织赠款区域合作项目。该项目由广州市、广州经济技术开发区共同投资建设，全球环境基金组织赠款227万美元。

6月28日 全国首条城际轨道交通线——珠江三角洲城际快速轨道交通广州至佛山段正式开工。

8月13日 “中远亚洲”轮从广州港南沙港区起航，直航英国费利克斯托、德国汉堡、比利时安特卫普等欧洲城市，标志着广州港具备接卸世界最大型集装箱的能力。

10月12日 广州市第一巴士有限公司、市第二巴士有限公司、市第三巴士有限公司正式挂牌成立。广州14家公交公司实行资源整合，三大旗舰公司整合10家公交企业。

10月27日 广州东部（增城）产业基地落户仪式在增城市新塘镇举行，包括汽车零部件、机械装备制造业等在内的20个项目同时落户增城，项目总投资超过43亿元。

10月28—31日 广州市市长张广宁率市政府代表团出席在韩国济州举行的世界城市和地方政府联合组织第二届世界大会。张广宁市长当选联合主席，这是中国城市市长首次当选该组织领导人。

2008年

2月16日 广州首个限价房也是全国首个双限房（限户型比例、限房价）的保利西子湾首批843套限价房正式发售。

3月27日 中国服务外包基地城市广州示范区和国家汽车及零部件出口基地广州分基地授牌仪式在广州举行，标志着广州这两个国家级基地的建设正式启动。

7月10日 “中医药防治病毒性传染病产学研联盟”在广州成立，这是国内中医药界首个跨领域产学研联合体。

7月18日 广州市番禺区迎宾变电站正式宣布投产，广州成为全国第一个拥有200个变电站的省会城市及副省级城市。

7月19日 是日至20日，中共中央政治局常委、国务院总理温家宝考察广州永胜钢铁制品有限公司等地，调研广东经济运行情况，总结广东30年改革开放的经验。

9月1日 全国第一个综合性供用电地方规章《广州市供电与用电管理规定》正式施行。

9月24日 广州保税物流园区通过国家八部委联合验收。

11月4日 广州港务局公布《国务院关于同意设立广州南沙保税港区的批复》，这是继青岛前湾保税港区后由国务院批准的国内第9个保税港区。

12月17日 中国银行与广州市政府正式签订总额达2800亿元的《全面金融服务协议》，这是中国银行与地方政府签署的第一个全面战略合作协议。

2009年

1月8日 国务院颁布《珠江三角洲地区改革发展规划纲要（2008—2020年）》，明确广州要强化国家中心城市、综合性门户城市和区域文化教育中心的地位。

2月6日 广州市水务投资集团有限公司与中国银行等14家金融机构组成的银团签订广州治水项目贷款合同，总金额达500亿元。

3月29日 全国首个跨地区产权交易平台——珠三角产权交易统一市场在广州成立。

6月15日 国产首台百万千瓦级核反应堆压力容器正式完工，并运送往岭澳核电站投产发电。

7月14日 南沙客运港—香港国际机场新航线正式启航。

8月21日 广州城市形象表述词揭晓。“千年羊城，南国明珠”成为广州新的城市形象表述词。

9月30日 粤剧正式被联合国教科文组织批准列入《人类非物质文化遗产代表作名录》。

10月19日 番禺区南村镇坑头村入选首批“全国生态文化村”。

11月5日 广州市油制气厂全面停产，人工煤气正式退出广州。

12月12日 广州市政府决定，每年12月12日为“广州慈善日”。

12月24日 全国首个无线城市官方网站——广州无线城市门户正式开通。

2010年

1月1日 《广州市人民代表大会常务委员会讨论决定重大事项办

法》正式实施。

1月18日　全国首个综合性的24小时自助办税服务厅在广州启用。

1月　广州入选首批国家创新型试点城市。

5月1日　羊城通公交、地铁联乘优惠方案在广州市全面施行。搭乘公交或地铁，使用羊城通每月混合累计搭车超过15次后，自动享受票价6折优惠。

5月9日　广州大剧院落成，与国家大剧院、上海大剧院并列为全国三大剧院。

6月6日　广州首座厨余垃圾处理厂——番禺厨余垃圾生化处理厂正式开始试运作。

6月20日　世界上第一个±800千伏直流输电工程——云广特高压直流输电工程在广州竣工投产。

8月8日　首部体育地方性法规《广州市全民健身条例》正式开始实施。

8月11日　增城经济技术开发区挂牌，这是广州市第三个国家级经济技术开发区。

9月20日　中国烹饪协会、世界中国烹饪联合会分别授予广州“中华美食之都”“国际美食之都”称号。

11月3日　广佛地铁首通段（广州西朗—佛山市魁奇路）开通试运营，这是中国首条地下城际轨道交通线。

11月19日　广州市首条纯电动车公交线路正式开通运营，成为继北京、上海之后第三个批量使用纯电动公交车的大型城市。

12月20日　广州港货物吞吐量正式突破4亿吨，位列世界港口第五。

2011年

1月11日　广州港股份有限公司成立。

1月21日　白云山风景区获国家旅游局批复，成为国家5A级旅游景区。

3月31日　天河中央商务区（天河CBD）管委会揭牌暨进驻项目签约仪式举行。

4月17日　广州市政府门户网站在全国率先推出的便民服务新举措——广州市民个人网页（http：//my.gz.gov.cn）正式开通。

5月18日　新“羊城八景”揭晓。新八景为：塔耀新城、珠水流光、云山叠翠、越秀风华、古祠流芳、荔湾胜境、科城锦绣、湿地唱晚。

7月6日　广州南车城市轨道装备有限公司制造的首列地铁车辆下线，标志着广州装备制造业实现战略性主导产业的新突破。

7月18日　南沙游艇会正式落成，并获英国游艇码头协会授予的5个金锚奖，成为国内首个获得国际游艇行业最高级别奖项认证的游艇会。

8月18日　增城市经全国绿化委员会、国家林业局认定，成为全国首个“全国生态文明建设示范市”。

8月26日　广州市餐厨垃圾生态循环园暨首座生态驿站揭牌。是日起，生态驿站每周一至周五向市民免费派送大田山生态循环园生产的有机肥或无公害蔬菜。

9月8日　华南地区首家航运交易所——广州航运交易所揭牌。

9月30日　广州中心城区最大人工湖——海珠湖建成并免费对外开放。

10月　《广州市志（1991—2000）》正式出版发行。

12月1日　广州市天然气利用工程西气东输项目通气投产，来自土库

曼斯坦的天然气正式供应广州。

2012年

1月10日　广河（广州—河源）高速公路全线开通运营。

2月14日　国家科学技术奖励大会在人民大会堂举行。广州地区有14项成果获奖，其中自然科学二等奖4个，技术发明二等奖1个，科技进步奖一等奖1个、二等奖8个。

3月29日　广州汽车集团股份有限公司A股在上海证券交易所上市。

4月26日　中国首个隧道盾构机刀盘生产基地在广州南沙区落成。

5月30日　广州超级计算中心揭牌暨先导系统开通仪式在广州大学城中山大学举行。

9月24日　广州、佛山、肇庆三市“通信一体化”正式实施。

9月26日　广州国际金融中心（IFC）全面开业。

9月29日　广州农民工博物馆在白云区马务村开馆。

12月1日　原属番禺区的东涌镇、大岗镇、榄核镇正式划归南沙区。

12月31日　广州岭南集团持有的“皇上皇”商标被国家商标评审委员会认定为“中国驰名商标”，实现广式腊味品牌在国家级商标认定中“零”的突破。

2013年

1月16日　广州市政协十二届八次主席会议作出决定：市政协首次公布履职量化结果。委员履职表现可以用分数来衡量，这在国内尚属首创。

1月24日 广州市人大常委会发布《广州市公众参与地方立法指南》，为公众参与立法提供详细指引，这在全国地方人大系统为首创。

2月 《广州市土地利用总体规划（2006—2020年）》正式公布，提出广州“三纵、五横、多公园”绿地生态格局。

4月18日 广州市第一个名校教育集团——广州育才教育集团成立。集团以公办学校为主体，以理事会形式实施管理，探索建立现代学校管理制度。

5月3日 广州市白云出租汽车集团全面启动司机聘任制改革，签约司机成为企业员工，享有底薪、社保、公积金和固定休息时间的待遇。广州是全国首个实行出租车司机聘任制的城市。

7月22日 广州市中级人民法院诉讼信息公众服务平台正式开通。这是广州市中级人民法院在全国“12368”司法服务热线基础上自行研发的、集查询与互动功能为一体的信息化服务系统。其中，“12368”热线电话人工服务功能在全国法院系统率先使用。

9月30日 广州市130家国有企业全部纳入国资委监管，市国资委监管企业由28家扩容至130家，资产总额由6071.4亿元扩容至15 302亿元。

11月 广州市正式入选国家“公交都市”创建城市，计划用5至10年的时间，建成世界一流水平的“公交都市”体系。

12月20日 南沙港区二期码头5—6号泊位的“斯文德马士基”轮上一个集装箱被卸下，标志着广州港南沙港区集装箱年度吞吐量突破1000万个标准箱。

12月28日 广州市委、市政府印发《关于全面建设广州区域金融中心的决定》。这是市委、市政府首个全面决策部署加快金融创新发展和区域金融中心建设的纲领性政策文件。

2014年

1月1日 广州市在全国副省级省会城市中率先全面实施商事制度改革，率先在国内实现市、区（县级市）两级行政许可审批部门的信息共享联通。

1月2日 广州“12345”政府热线整合34个市直部门及12个区（县级市）长专线开通51条服务热线，为广大市民的政务咨询、民生诉求、政民互动、投诉举报、效能监察等提供统一的渠道。

1月20日 广州市住房保障办公室举行第一批公共租赁住房轮候号摇号仪式，是广州首次举行公租房轮候号摇号。

4月29日 广州第一批398个历史建筑开始挂上“广州市历史建筑”标志牌，各区（县级市）同时开展第一批历史建筑挂牌工作。

5月1日 广州市公安局在全国率先推行“情报、指挥、巡逻、视频、卡口”五位一体立体化巡逻防控工作机制。

8月15日 广州市首次获最高级别的“中国城市公益慈善指数七星级城市”称号，其中政府支持、慈善文化两项单项指数分别排名全国第二和第三。

8月20日 白云机场第三跑道工程通过竣工验收。白云机场成为继北京首都国际机场、上海浦东国际机场后，第三个拥有三条跑道的机场。

8—12月 广州市首次海选“十件民生实事”，实现民生实事安排由过去的政府“配餐”变为市民“点餐”。

10月 世界大都市协会第十一届世界大会选举产生新一届领导层，广州市当选为世界大都市协会首任联合主席，同时承担协会亚太地区联络办公室职责。

11月24日 国务院对城市规模划分标准进行调整，城区常住人口

1000万人以上的城市为超大城市，广州由“特大城市”晋级为“超大城市”。

是年 广州市深化行政审批制度改革，发布实施《广州市行政审批备案事项动态调整办法》，市本级取消、调整行政审批、备案事项99项，首批10个政府部门权责清单向社会公布，建设工程项目审批流程进一步优化，工商登记制度改革在全市全面组织实施，行政审批标准化、信息化等工作取得新进展。

2015年

1月7日 广州市中级人民法院开审一宗涉外商事纠纷案件，6位专家以陪审员身份出席庭审，在全国首创专家陪审和专家委员咨询制度。

3月22日 广州开发区、萝岗区公布权责清单，将事业单位和群众团体全部纳入权责清单编制范围，为全国首例。

5月15日 广州市首家跨境电商交流服务中心成立，这也是广东跨境电商交流服务中心。

5月 广州市正式启动全市行政审批“条块结合、四级联动、以区为主、重心下移、集成服务”改革，实现全部行政审批、公共服务事项“前台综合受理、后台分类审批、统一窗口出件”，提供全天候、无界限的网上审批服务，全面推进行政审批制度改革。

5—9月 增城区（5月29日）、从化区（8月12日）、新的黄埔区（9月1日）相继正式挂牌，标志着广州市顺利完成部分行政区划优化调整工作。这次部分行政区划优化调整，是广州市加快推进国家中心城市建设的重要举措，促进广州市全面深化改革工作的开展。

6月15日 国内首家城中村社区大学——三元里社区大学在三元里

村举行揭牌仪式和开学典礼。该学校是广州市城乡基层社会协同治理特色平台创建试点，主要为外来务工人员和本村居民提供流动儿童早教培训、外来工社区融入培训、青年创业培训等服务。

7月5日 国内第一个通过产权交易所平台挂牌选定市场开发和赛事运行服务合作方的2015—2017年广州马拉松赛进行市场开发和赛事运行服务合作方签约，这也是华南地区首例通过产权交易平台成功运作的大型体育赛事。

7月22日 2015（第十届）城市发展与规划大会在广州召开，广州提出打造国家高铁枢纽中心（陆港）、国际航运中心枢纽港（海港）和世界级航空枢纽（空港），构建“一江三带”（即珠江经济带、创新带、景观带），重点把琶洲发展为“互联网集聚区”，与珠江新城、国际金融城共同组成30平方千米集世界级商务办公、金融服务和会展商贸于一体的广州创新核心区。

11月28日 最高人民法院批复设立广东自由贸易区南沙片区人民法院，这是全国首家以自贸区冠名的法院。

2016年

1月4日 广州市政府常务会议审议通过《广州市来穗人员融合行动计划（2016—2020年）》，率先全面规划户籍和非户籍人员的融合融入、率先探索破解中国超大城市大量流动人口服务管理难题的实际举措。

2月22日 广州公布《广州市人民政府关于进一步推进户籍制度改革的实施意见》，在全国超大城市中率先开闸取消农业户口，实行一元化登记，成为全国超大城市中率先启动户籍制度改革的城市。

5月17日 位于白云新城的广州市地方志新馆揭牌开馆。

8月15日 广州举行公车拍卖。首批100辆广州市直相关单位公车进行拍卖。

9月28日 广州市2016年第一批户籍家庭公共租赁住房摇号预配租仪式暨首次来穗务工人员公租房摇号配租仪式在市房地产大厦礼堂举行。

10月26日 广州首次划定生态保护红线，形成当前国内最为细致的生态红线方案。

11月 广州入选广东省唯一的中央财政支持居家和社区养老服务改革试点地区，加快社区居家养老服务改革，民办社工机构数量列全国首位，社工发展模式全国推广。

12月27日 广州空港经济区首个飞机租赁项目以SPV方式引进飞机交付仪式在空港经济区举行，标志着广州空港经济区已打通飞机租赁全业务流程。

2017年

1月1日 是日零点开始，广州市取消车辆通行费年票制，不再继续收取车辆通行费年票、次票或委托高速公路代收的普通公路次票，包括东环、南环、西环高速公路、新光快速路等全市所有年票项目不再设站收费。

1月6日 广百集团旗下广州市广百展贸股份有限公司在北京金融街的全国中小企业股份转让系统中心举行新三板挂牌仪式。该企业为广州首家以专业市场经营为主业的新三板挂牌企业。

3月6日 广州国家级市场采购贸易方式试点启动仪式在花都区国际贸易服务中心举行。

3月14日 广州市政府主办的“2017广州《财富》全球论坛华盛顿推介会”在美国华盛顿特区举行。同时广州驻美国“硅谷”、波士顿办事处举行揭牌仪式，标志广州首批驻国外办事处正式成立。

6月8日 “广州市公安局出入境管理局”和“国际刑警组织中国国家中心局广东联络处广州联络办公室”揭牌仪式在出入境大厦举行。

7月10日 广州国资开发联盟、广州城市更新基金在广州国际金融中心正式揭牌成立。

10月13日 广州市旅游局和中国南方航空公司为第一批全球十个目标城市“广州旅游境外推广中心”举行授牌仪式。

10月18—24日 中共十九大召开，标志着中国特色社会主义进入新时代。广州市党政机关企事业单位集中收看收听党的十九大开幕会和闭幕式直播盛况，迅速掀起学习贯彻十九大精神热潮。新时代赋予广州改革开放新使命，新目标开启广州改革开放新征程。

12月30日 由12家企事业单位组成、总资产达153亿元的广州市公共交通集团有限公司在黄埔区萝岗会议中心揭牌成立。这标志着广州市国有公共交通资源优化整合基本完成。

2018年

1月1日 广州《关于改革我市常住人口调控管理制度的若干意见》正式实施。是日起，以准入条件取代现行入户政策和城市基础设施增容费政策。

1月16日 广州市召开监察委员会成立大会。市领导、市纪委监委领导班子成员参加市监察委员会挂牌活动。

1月18日 中共广州市委书记任学锋率广州市代表团赴瑞士达沃斯

参加世界经济论坛，会见世界经济论坛创始人、执行主席施瓦布教授，就推动第四次工业革命、继续深化合作达成共识。以“广州与世界的对话”为主题举办2018广州国际传播年达沃斯推介会。

2月8日 广州市工业和信息化工作会议召开。广州在全国一线城市中首个获批“中国制造2025”试点示范城市，创建广东省首个国家制造业创新中心，入围全国数字经济“五大引领型城市”。

2月28日 《广州市2018年城市更新年度计划（第一批）》印发实施，包含165个老旧小区微改造名单和17个全面改造旧村名单。安排市财政资金3.5亿元，其中投入老旧小区改造项目的资金共计2.31亿元。

3月7日 习近平总书记参加十三届人大一次会议广东代表团审议时要求广东“四个走在全国前列”。广州市上下把学习宣传贯彻习近平总书记在广东代表团重要讲话精神，作为当前和今后一个时期的头等大事和首要政治任务，以高度的政治责任感，提高站位，确保习近平总书记重要讲话精神在广州落地生根、开花结果。

3月8日 160个来自政府机关、教育、医疗、社会团体的新媒体公众号与《广州日报》签约入驻“广州+”。“广州+”是权威政务服务、咨询及资讯发布平台，由广州市相关政府机关、媒体、文教医疗类公共服务机构、重点企业等机构的公众号进驻并发布内容。

3月15日 广州海格通信与国防科技大学计算机学院签订战略合作协议，以国家“863计划”软件重大专项课题科研成果——“麒麟”操作系统为切入点共同推进各类移动终端设备安全性的延伸开发及推广探索军民融合“产学研”合作新模式。

4月9日 “新时代　新广州　新机遇”2018广州城市形象国际传播年博鳌推介会走进海南博鳌，这是广州国际传播年的第5站活动。来自广州人工智能、无人驾驶、传媒广告、医疗援外、城市规划等领域的成功

人士，与世界500强企业高层管理者分享广州发展新机遇。

4月17日　广州市政府印发《广州市汽车产业2025战略规划》。规划提出，到2025年，广州市汽车总产能达500万辆，力争产销规模居中国汽车创造基地第一，力争实现汽车制造业年产值1万亿元。广州市新能源汽车产能达100万辆，进入国内前三位。智能网联汽车进入世界先进行列。

4月25日　广州市规委会全票通过《主城区综合医院优化提升方案控制性详细规划》。规划涉及4家大型医院：中山大学孙逸仙纪念医院（中山二院）将在海珠区的洛溪桥脚新建总院部，原来沿江路老院区的历史建筑将改造成为医疗博物馆；广东省中医院二沙岛分院、广东省第二人民医院、中山大学附属第三医院将进行原址优化。

6月6日　官洲生命科学圆桌会开幕，广州国际生物岛建设推进工作会议举行，14个项目集中签约、揭牌、动工，国际生物医药专家为广州生命科学产业发展建言献策。

后 记

1978年中共十一届三中全会以来，广州沐浴着改革开放的春风，走过了一段不平凡的改革与创新发展历程，取得了辉煌成就。为客观记录广州政治、经济、文化、社会、生态方面发展的历史与现状，总结改革创新的好经验、好做法，更好地为各项事业科学发展服务。2017年6月，中共广州市委宣传部部署编纂丛书，明确由广州市人民政府地方志办公室（以下简称“市地方志办”）牵头，与中共广州市委党史研究室（以下简称“市委党史研究室”）、广州市档案局（以下简称“市档案局”）共同编纂《广州当代“大事纪略”》（以下简称“大事纪略”），综合反映1978—2018年间广州改革开放、创新发展进程中具有重要影响的事件。

2017年7月，市地方志办党组书记、主任黄小晶主持召开市地方志办、市委党史研究室、市档案局共同编纂大事纪略工作方案讨论会，会议就编写形式、编写主题、基本要求、条目字数、任务分工、工作进度等进行了讨论。会议明确大事纪略编纂体例为纪事本末体，附录的大事记为编年体，主要反映广州努力突破体制机制束缚，推进创新发展、开放发展的大事，突出时代特色和地方特色；明确由市委党史研究室负责1978—1990年大事纪略（大事记）条目的编写，市地方志办负责1991—

2018年大事纪略（大事记）条目的编写，市档案局提供有关馆藏档案史料及该局历年汇编的每月《广州大事记》给撰稿单位参考。市地方志办、市委党史研究室成立了编辑组，编辑人员分别负责相关年份条目的编写工作，主要分工如下：卢玉华（1978—1981年）、和孟（1982—1984年）、罗玲（1985—1987年）、周颖（1988—1990年）、朱忠泽（1991—1994年）、杨宏伟（1995—1998年）、李启伦（1999—2003年）、李玉平（2004—2008年）、胡建平（2009—2012年）、郑剑锋（2013—2018年），郝红英、贺坤、刘新峰、王娜、王艺霖参加了条目补充、编写以及交叉审稿工作。市地方志办研究规划处及市委党史研究室征集研究处作为大事纪略编写的牵头处室，在联络、沟通、协调和文稿汇总方面做了大量工作。全体编写人员认真查阅了两轮《广州市志》大事记、《广州近现代大事典（1840—2000）》、《中共广州党史纪事（1919—2006）》、《广州大事记》、《广州之最（1949—2009）》、《十四个沿海城市开放纪实（广州卷）》、《广州年鉴》大事记（1978—2017年）、《“十二五”广州大事记》、《“十二五”广州大事纪实》、《“十二五”广州之最》和年度入载地方志十件大事候选条目等资料，以及相关报刊、官方网站资料。2017年12月、2018年5月市地方志办党组书记、主任黄小晶先后主持召开大事纪略条目初选及初稿评稿会，副主任胡巧利参会。2018年5月，市地方志办副主任胡巧利、市委党史研究室副主任廖惠霞、市地方志编纂委员会特聘的地方志专家吴智文进行了审稿和修改。6月，市委宣传部聘请的专家陈鸿宇、陈泽泓、林子雄提出了审稿意见。7月，市地方志办党组书记、主任黄小晶主持

召开评审会，副主任胡巧利参会，与会人员对《广州当代大事纪略》进行了交叉评议和修改。市委党史研究室主任李汉强、副主任廖惠霞也组织编写人员，根据审稿意见对1978—1990年的书稿做进一步的修改和完善。市档案局也指定由该局征集利用处组织人员审稿，提出修改意见。7月底至8月初，大事纪略经市地方志办主任黄小晶、市委党史研究室主任李汉强、市档案局局长冯秋航审定全稿，报市委宣传部审定后交付出版。

由于资料收集难以穷尽，编纂时间紧，编辑人员水平有限，错漏之处和不当之处在所难免，敬请读者批评指正。

编　者

2018年11月